KB091322

유니티 2D 게임 개발

Korean edition copyright © 2020 by acorn publishing Co. All rights reserved.

First published in English under the title Machine Learning and AI for Healthcare: Big Data for Improved Health Outcomes
by Arjun Panesar edition: 1
Copyright © 2019 by Arjun Panesar
This edition has been translated and published under licence from APress Media, LLC, part of Springer Nature.
APress Media, LLC, part of Springer Nature takes no responsibility and
shall not be made liable for the accuracy of the translation.

이 책은 APress Media, LLC와 에이콘출판㈜가 정식 계약하여 번역한 책이므로
이 책의 일부나 전체 내용을 무단으로 복사, 복제, 전재하는 것은 저작권법에 저촉됩니다.

유니티 2D 게임 개발

유니티와 C#으로 시작하는 인디 게임 개발

재레드 할펀 지음 김홍중 옮김

i!i
에이콘

에이콘출판의 기틀을 마련하신 故 정완재 선생님 (1935-2004)

재레드 할펀 Jared Halpern

컴퓨터 과학을 전공한 뒤 12년 넘게 다양한 방면의 실무 경험을 쌓아 왔다. 최근에는 애플과 유니티를 전문으로 다루고 있다. 게임, 증강 현실, 사진 촬영, 전자 상거래, 동영상, GIF 등 다양한 아이폰 앱을 만들었으며, 스위프트, 유니티, AR, 게임 개발 그리고 이런 기술을 활용한 창의적인 애플리케이션 개발에 흥미를 느끼고 있다. 다른 매체가 할 수 없는 방식으로 이야기와 경험을 전달하는 양방향 미디어인 게임의 잠재력에 열정을 쏟고 있다. 지금은 프리랜서 개발자로 일하고 있으며 트위터 계정 @JaredEHalpern과 웹사이트(https://JaredHalpern.com)를 통해 만나볼 수 있다.

기술 감수자 소개

제이슨 화이트혼 Jason Whitehorn

노련한 사업가이자 소프트웨어 개발자로 현장 데이터 수집, SCADA, 머신러닝을 통해 수많은 정유 회사의 자동화와 현장 업무 개선을 돕고 있다. 아칸소 주립 대학에서 컴퓨터 과학 학사 학위를 받았으나, 이미 훨씬 전인 중학생 시절부터 집에 있는 컴퓨터로 베이식 프로그램을 독학하면서 개발에 열정을 불태워왔다.

자신의 팀에 개발에 관한 조언을 하거나 도움을 주고 집필을 하거나 부수적으로 다양한 프로젝트를 진행하지 않을 때는 아내 그리고 네 아이와 함께 오클라호마의 털사에서 시간을 보낸다. 웹사이트(https://jason.Whitehorn.us)에서 더 많은 소식을 볼 수 있다.

저녁 시간과 주말까지 책을 쓰며 보낸 1년 동안 끊임없던 아내 드루의 지지, 사랑, 조언, 인내, 간식, 격려에 감사한다. 당신이 없었으면 절대 끝내지 못했을 거야.

그리고 책을 쓸 기회를 준 에이프레스 출판사에게 감사의 인사를 전하고 싶다. 편집자인 아에론 블랙Aaron Black과 제시카 바킬리Jessica Vakili와 작업한 경험은 처음부터 끝까지 즐거움의 연속이었다. 매 순간 두 사람의 프로 정신, 통찰력, 지원이 준 영향은 아무리 강조해도 지나치지 않다. 기술 감수자 제이슨 화이트혼Jason Whitehorn과 개발 편집자 제임스 마크햄James Markham은 이 책의 방향 안내에서 세세한 부분에 이르기까지 많은 도움을 줬다. 에이프레스 소셜 미디어팀 리즈 아큐리Liz Arcury의 도움에도 감사한다.

프로그래밍에 관한 지식은 gamedev.stackexchange.com의 커뮤니티와 관리자인 더글라스 그레고리Douglas Gregory에게 많은 도움을 받았다. 또 유니티 포럼을 통해 의견을 나누며 전문 지식을 전수해준 여러분, 특히 그레고리 라뷰트Gregory Labute에게 감사한다. 최신 기술과 저술에 관한 호기심을 항상 지지해주시던 부모님과 투철한 직업의식을 불어넣어 준 누이 샘, 언제나 내 편인 동생 재키에게도 큰 신세를 졌다.

또 친구와 가족 특히 저스틴 맨과 데리나 맨, 브라이언 웨스노프스키, 조지 퍼랄타, 넬슨 페레이라, 졸린 슈와츠와 마리스 슈와츠, 멜리사 고든, 콘스탄티노스 새브디노글로우, 벤 버클리, 진 고이만의 끝없는 지지, 확신, 열정에 감사한다.

김홍중(planetar@gmail.com)

중앙대학교 컴퓨터공학과를 졸업했다. 재학 중 삼성소프트웨어 멤버십 회원으로 활동하다가 삼성전자에 입사했다. DM 연구소, VD 사업부에 근무하면서 윈도우 CE, 임베디드 리눅스 환경에서 PDA, 셋톱박스, DTV 등 다양한 기기에 들어가는 애플리케이션을 개발했다.

2007년, 답답한 삶을 털어내고 훌쩍 미국으로 날아가 한껏 여유를 즐기다가 빈손으로 돌아왔다. 이후 웹호스팅사, 게임 개발사, 스타트업 등 여러 회사를 거치며 다양한 iOS 앱을 개발했고 한동안 번역가, 프리랜서로 연명하기도 했다. 언제 이룰 수 있을지 모르지만, 독립 개발자로 우뚝 서는 꿈을 포기하지 않고 있다.

에이콘출판사에서 출간한 『게임프로그래밍 알고리즘』(2015), 『유니티 5.x와 함께하는 C# 첫걸음』(2016) 등을 번역했다.

제9의 예술로 인정받은 만화에 이어 제10의 예술 자리를 놓고 논의가 일고 있는 게임은 예술이기 전에 이미 전 세계적으로 151조, 국내만 해도 14조가 넘는 시장을 거느리고 있는 거대 산업이다(2018년 기준). 시장의 규모만큼이나 다양한 수요를 바탕으로 매년 AAA 게임은 물론, 인디 게임도 끊임없이 성공 신화를 써 내려가고 있다. 자본, 인력의 규모와 상관없이 성공의 길이 열려 있다는 뜻이다.

이 책은 AAA 게임 개발자가 아닌 인디 게임 수준의 작은 게임을 개발하려 하는 초보 개발자를 대상으로 유니티와 C#으로 게임을 만드는 방법을 소개한다. 단순히 소개에 그치지 않고 실제로 예제를 통해 간단한 탑다운 방식의 2D RPG를 만드는 과정을 함께 보여 준다. 책을 읽으면서 예제를 잘 따라 하다 보면 2D 게임 개발에 필요한 지식을 얻는 동시에 어느새 유니티에 익숙해져 있을 거다. 그 정도만 해도 이 책의 역할은 충분하다고 본다. 도구에 익숙해야 창의성을 발휘할 수 있다. 유니티라는 멋진 도구를 통해 창의성을 한껏 발휘할 기회를 손에 쥐기 바란다.

차례

들어가며

저자의 비디오 게임 "역사"는 공공도서관에서 "베이직으로 컴퓨터 게임을 만드는 법"과 비슷한 제목의 낡은 책 여러 권을 찾았을 때부터 시작됐다. 책의 코드를 그대로 입력하면 아주 기초적인 어드벤처 게임을 만들 수 있었다. 대학생 시절에는 C++와 다이렉트X를 사용해 스타트렉을 주제로 한 비주얼드 아류작을 만들었다. 그리고 iOS 개발자로서 애플의 SceneKit, SpriteKit 프레임워크를 사용해 가상 애완동물 게임을 만들었다. 유니티 게임 엔진을 만난 순간 지금까지 노력해온 모든 일이 한 번에 이뤄졌다. 스프라이트 조각을 파싱하는 코드를 작성하느라 사나흘씩 보내지 않아도 유니티에서 스프라이트 시트를 끌어다 놓고 버튼을 클릭하면 필요한 작업이 끝났다. 드디어 대부분의 시간을 코드 작성이 아닌 게임 제작에만 집중할 수 있었다.

물론 유니티나 다른 게임 엔진 없이도 멋진 비디오 게임을 만들 수 있다. 하지만 필요 이상으로 긴 시간이 걸린다. 게임 엔진이 알아서 해결해주는 문제를 직접 해결하느라 시간과 노력을 들여야만 한다. 완성까지 몇 년이 걸릴 수도 있다. 어찌어찌 완성할 수도 있겠지만, 사실 게임을 완성하지 못할 가능성이 크다. 경험을 바탕으로 이야기하자면, 유니티를 알기 전에 진행했던 게임 프로젝트 중에 완료한 프로젝트는 몇 개 없다.

테디 루스벨트는 자신의 자서전에서 "지금 바로 여기서 네 능력으로 할 수 있는 일을 하라"라고 했다. 전적으로 동의한다. 또 아무리 혼자 열심히 해도 항상 목표에 도달할 수는 없다고 믿는다. 흔히 성공이란 활용의 문제라 할 수 있다. 자신이 지닌 자원을 상황에 따라 가장 큰 효과를 볼 수 있는 방식으로 활용해야 한다. 시간을 효율적으로 활용하려면 생산성을 높일 수 있는 방법을 찾아야 한다. 유니티가 그런 방법의 하나다. 유니티를 사용하면 밤, 주말, 점심시간 30분 등의 시간을 게임 개발에 활용할 수 있다. 그렇게 시간을 최대한 활용하면 게임을 완성할 가능성이 더 커진다.

유니티를 처음 배우는 사람의 입장에서 읽고 싶은 책을 만들고 싶었다. 실제로도 그랬으면 좋겠다. 이 책을 통해 유니티로 비디오 게임을 만들 때 필요한 기본적인 기술을 배워서 게임 역사에 자신만의 흔적을 남길 수 있길 바란다. 시작해보자.

이 책의 대상 독자

유니티를 사용해서 비디오 게임을 만드는 데 관심이 있는 프로그래머를 대상으로 한다. 이 책을 통해 유니티 프로그램을 처음 접하는 것은 추천하지 않는다.

이 책에서 사용하는 프로그래밍 언어는 C#이다. 이 책에서 C# 언어의 기초를 다루지는 않지만, C# 언어의 문법은 널리 쓰이는 다른 프로그래밍 언어와 비슷하다. 자바 같은 언어에 익숙하다면 C# 문법도 자연스럽게 이해할 수 있을 것이다. C#과 관련된 설명은 게임을 만들면서 사용한 코드 예제와 함께 수록했다.

소스 코드 다운로드

이 책에 사용된 소스 코드는 에이프레스 홈페이지(https://www.apress.com/book/9781484237717)와 에이콘출판사의 깃허브 저장소(https://github.com/AcornPublishing/2d-unity-game)에서 다운로드할 수 있다.

이 책에서 만들 게임

이 책은 8개의 장을 통해 유니티를 사용해서 2D RPG 방식의 게임을 만들어가는 방향으로 구성했다. 1990년대에 유행하던 탑다운 방식의 RPG를 만들 예정이지만, 책에서 설명하는 모든 개념은 다른 방식의 게임을 만들 때도 적용할 수 있다.

자유롭게 코드를 이리저리 손대서 망쳐도 보고, 위치도 바꿔보고, 값도 바꿔보기 바란다. 망쳐놓고 고칠 방법을 못 찾겠으면 에이프레스 깃헙 계정[1]을 참고해서 원래대로 되돌려 놓을 수 있다. 이 책으로 열심히 공부하더라도 다른 방식의 설명이 더 이해하기 쉬울 때가 있다는 점을 잊지 말기 바란다. 이 책의 설명으로 만족할 수 없거나 다른 설명 방식을 원한다면 유니티 온라인 문서를 살펴봐야 한다.

gamedev.stackexchange.com과 공식 유니티 포럼을 살펴보고 질문을 남겨라. 확실히 이해하고 넘어가야 한다. 반쯤 이해한다고 만족하면 자신만 손해다.

준비 사항

하드웨어 요구사양은 높지 않다. 몇 년 정도 지난 PC나 맥북으로도 충분하다. 유니티 2019 실행에 필요한 소프트웨어 요구 사항은 64비트 버전의 윈도우 7 SP1+, 8, 10 또는 macOS 10.12 이상이다. 이 책에서는 무료인 유니티 퍼스널 버전을 사용할 예정이다.

이미지 출처

이 책에서 사용한 적 스프라이트는 로버트 노렌버그가 만든 멋진 스프라이트 자동 생성 도구로 만들었다. https://0x72.itch.io/pixeldudesmaker에서 확인할 수 있다.

이 책의 예제 게임에서 사용한 서체의 이름은 실크스크린Silkscreen이다. 실크스크린은

---

1   https://github.com/Apress/Devel-2D-Games-Unity

제이슨 코트크^{Jason Kottke}가 만든 서체로 https://www.1001fonts.com/silkscreen-font.html에서 다운로드할 수 있다.

하트와 동전 스프라이트는 OpenGameArt.org의 ArMM1998라는 사용자가 만든 스프라이트 모음에서 따왔다. CC0 라이선스를 따르는 공유 리소스다.

맵 타일은 하트와 동전 스프라이트를 따온 OpenGameArt.org의 스프라이트 모음의 픽셀 그래픽을 바탕으로 저자가 직접 만들었다. 플레이어 스프라이트는 전부 저자가 새로 만들었다. 맵 타일과 플레이어 스프라이트는 CC0 라이선스에 따라 누구나 사용할 수 있다.

한글 용어

이 책의 용어는 유니티 2019.2.18f1 한글 버전과 유니티 온라인 매뉴얼에서 사용하는 한글 용어를 최대한 따르려고 노력했다. 그러다 보니 한글 외래어표기법에 맞지 않아도 그대로 사용한 용어가 상당히 많다. 언젠가 올바른 한글 용어를 사용하는 버전이 나오길 기대한다.

정오표

한국어판의 정오표는 에이콘출판사의 도서정보 페이지 http://www.acornpub.co.kr/book/2d-unity에서 찾아볼 수 있다.

질문

이 책과 관련해 질문이 있다면 이 책의 옮긴이나 에이콘출판사 편집 팀(editor@acornpub.co.kr)으로 문의해주길 바란다.

게임과 게임 엔진

1장에서는 먼저 게임 엔진의 뜻과 게임 엔진을 사용하는 이유에 관해 짧게 설명한다. 또 역사적으로 의미가 있는 게임 엔진 몇 가지와 함께 유니티의 강력함을 소개한다. 당장 게임 제작을 시작하고 싶다면 1장은 대충 훑어보거나 건너뛰고 나중에 다시 읽어도 좋다.

게임 엔진

게임 엔진은 비디오 게임 개발의 비용과 복잡성을 줄이고 출시일을 앞당길 수 있도록 만들어진 소프트웨어 개발 도구이다. 비디오 게임 개발에서 공통적인 작업을 추상화하는 역할을 하며, 이 추상화 계층에 상호운용할 수 있는^{interoperable} 컴포넌트, 즉 서드파티 컴포넌트로 아예 대체하거나 서드파티 컴포넌트로 기능을 확장할 수 있는 컴포넌트로 만들어진 도구가 하나로 묶여져 있다.

게임 엔진을 사용하면 게임 제작에 필요한 지식을 자세히 몰라도 게임을 만들 수 있어 효율성 면에서 엄청난 장점이 있다. 기능의 일부 또는 전부를 미리 만들어 제공하므로 게임 개발자는 온전히 게임 플레이에 관한 코드에만 집중할 수 있다. 게임 엔진은 최대한 멋진 게임을 만드는 데 주력하려는 개인 개발자나 개발 팀이 바닥부터 시작할 때와 비교하면 엄청난 이점을 제공한다. 이 책의 예제 게임을 따라 만들면서 복잡한 수학 라이브러리를 다시 만들거나 화면에 픽셀을 그리는 방법을 알 필요가 없다. 유니티 개발자가 이미 다 만들어놨기 때문이다.

요즘 게임 엔진은 내부적으로 기능을 잘 나눠놨다. 플레이어와 인벤토리를 표현하는 코드로 이뤄진 게임 플레이 코드는 mp3 파일의 압축을 풀어서 메모리에 로드하는 코드와 따로 구성됐다. 게임 플레이 코드는 잘 정의한 엔진 API를 통해 "여기에 이 스프라이트를 그려라" 등과 같이 요청할 수 있다.

잘 설계한 게임 엔진의 컴포넌트 기반 구조는 확장성을 염두에 두고 있다. 게임을 개발할 때 엔진이 제공하지 않는 기능이 필요할 수도 있기 때문이다. 게임 엔진의 소스 코드가 오픈소스가 아니거나 라이선스가 엄청나게 비싸다면 특히 확장성이 중요하다. 유니티 게임 엔진은 써드파티 플러그인을 염두에 두고 만들어졌다. 게다가 유니티 에디터를 통해 다양한 플러그인을 제공하는 에셋 스토어^{Asset Store}도 사용할 수 있다.

크로스 플랫폼 호환을 염두에 둔 게임 엔진도 많다. 즉 작성한 게임 코드가 하나의 플랫폼에 제한적이지 않다는 뜻이다. 이런 방식의 게임 엔진은 엔진 자체적으로 특정 컴퓨터 아키텍처를 추정하지 않으며, 개발자가 직접 플랫폼을 지정할 수 있다. 게임을 콘솔, 데스크톱, 모바일용으로 내고 싶다면 게임 엔진이 제공하는 몇 가지 스위치를 통해 원하는 플랫폼으로 빌드 설정을 바꿀 수 있다.

하지만 크로스 플랫폼을 지원하려면 주의할 점이 있다. 크로스 플랫폼 지원은 게임 기술 발전의 엄청난 특징이자 증거지만, 여러 플랫폼을 지원하는 게임을 만들고 있다면 각각 다른 크기의 이미지를 제공해야 하며, 키보드 등 다양한 주변기기를 고려해서 입력을 판독하는 코드를 작성해야 한다는 점을 명심해야 한다. 게임 화면의 배치를 조정해야 할 수도 있다. 실제로 게임을 단순히 다른 플랫폼으로 이식하는 데만도 상당히 많은 작업을 해야할 수 있다. 하지만 그렇다고 게임 엔진 자체를 수정해야 할 일은 없다.

게임 엔진 중에는 시각적인 기능을 중시해 코드 한 줄 없이도 게임을 만들 수 있도록 지원하는 종류도 있다. 유니티는 레벨 디자이너, 애니메이터, 아트 디렉터, 기획자 등 프로그래머가 아닌 팀원이 사용할 수 있게 사용자 인터페이스를 원하는 대로 바꿀 수 있는 기능이 있다.

게임 엔진의 종류는 다양하며, 게임 엔진이 필수로 갖춰야 하는 기능 규칙이 따로 존재하는 것은 아니지만, 일반적으로 다음과 같은 기능의 일부 또는 전부를 제공한다.

- 2D 또는 3D 그래픽을 지원하는 그래픽 렌더링 엔진
- 충돌 감지를 지원하는 물리 엔진
- 음향효과와 음악 파일을 로드하고 재생하는 오디오 엔진
- 게임 플레이 로직을 구현하는 스크립트
- 게임 세계의 각종 정보와 속성을 정의하는 월드 오브젝트 모델
- 애니메이션 프레임을 로드하고 재생하는 애니메이션 처리 기능
- 멀티플레이, 콘텐츠 다운로드, 순위표 구현에 필요한 네트워킹 코드
- 게임 로직을 동시에 실행할 수 있는 멀티스레딩 기능
- 메모리 관리 기능. 메모리가 무한한 컴퓨터는 없다.
- 길 찾기와 컴퓨터 대전에 필요한 인공지능

아직 게임 엔진에 대해 정확하게 이해하지 못하고 있다면 다음 비유가 도움이 될 것이다.

집을 짓고 싶다고 하자. 우선 콘크리트로 다진 기초 위에 멋진 나무 마루를 깔고 튼튼한 벽과 내후성이 있는 나무 지붕을 갖춘 집을 지으려 한다. 이 집을 짓는 방법은 두 가지다.

집을 짓는 첫 번째 방법

삽으로 기초 공사에 충분한 깊이까지 땅을 판다. 석회석과 모래를 가마에 넣고 화씨 2,640도로 가열한 뒤에 잘게 갈고 약간의 석고를 섞어서 콘크리트를 만든다. 가루로 만든 콘크리트에 물과 함께 쇄석이나 고운 모래를 섞어서 기초 공사를 한다.

기초 공사를 하려면 콘크리트를 보강할 철근도 필요하다. 먼저 철근에 필요한 철광석을 모으고 제련해서 주괴를 만든다. 이 주괴를 녹이고 압연하면 콘크리트 기초에 더할 튼튼한 철근이 만들어진다.

이제 벽을 세울 골조를 올려야 한다. 도끼를 들고 나무를 벤다. 수백 그루의 나무를 베어 넘어뜨리면 재료는 충분히 갖출 수 있다. 하지만 거기서 끝이 아니라 나무를 하나하나 제재해서 목재로 만들어야 한다. 목재에 방수, 방충 처리도 잊지 말아야 한다. 그리고 목재를 가져다가 바닥을 올릴 보와 장선을 만든다. 벌써 지쳤는가? 이제 시작일 뿐이다.

집을 짓는 두 번째 방법

배합해 놓은 콘크리트 여러 포대, 철근, 제재소에서 내후 처리한 목재, 공기 압축식 못총과 못총용 못을 구매한다. 콘크리트를 잘 섞은 뒤에 부어서 기초 공사를 하고, 미리 만들어진 철근을 내려놓는다. 콘크리트가 제대로 굳을 때까지 기다린다. 그런 다음 목재로 마루를 만든다.

첫 번째 방법 평가

첫 번째 방법은 집을 지을 때 필요한 자재를 만드는 데만도 엄청난 양의 지식이 필요하다. 콘크리트와 철근에 들어가는 재료의 정확한 비율과 만드는 방법을 알아야 한다. 또 나무에 깔리지 않고 나무를 베는 법과 엄청난 공을 들여 균일하게 절단한 목재를 처리할 때 필요한 화학 약품도 알아야 한다. 모든 지식을 알고 있다 해도 수천 시간이 걸리는 작업이라는 문제는 여전히 남아 있다.

첫 번째 방법은 자리에 앉아서 게임 엔진을 쓰지 않고 비디오 게임을 만드는 방법과 비슷하다. 즉, 수학 라이브러리, 그래픽 렌더링 코드, 충돌 감지 알고리즘, 네트워크 코드, 에셋을 로드하는 라이브러리, 오디오 재생 코드 등을 처음부터 전부 직접 만들어야 한다. 전부 만들 줄 안다고 해도 직접 코드를 작성하고 디버그하려면 시간이 꽤 많이 걸릴 수밖에 없다. 선형 대수, 렌더링 기법, 컬링 알고리즘 최적화에 익숙하지 않다면 충분한 기능을 갖춘 마음에 드는 게임 엔진을 만드는 데만 몇 년이 걸릴 수도 있다.

두 번째 방법 평가

두 번째 방법은 완전히 빈손으로 시작하지 않는다고 가정한다. 용광로 사용법, 나무를 베는 법, 벤 나무를 제재하는 법 등은 알 필요가 없다. 자재를 만드는 방법이 아니라 집을 짓는 데 온전히 집중할 수 있다. 자재를 신중하게 선택하고 활용하는 방법을 안다면 결과적으로 더 적은 비용으로 더 빠르게 그리고 아마 더 높은 품질의 집을 지을 수 있을 것이다.

두 번째 방법은 자리에 앉아서 미리 만들어진 게임 엔진을 써서 비디오 게임을 만드는 방법과 비슷하다. 게임 개발자는 게임의 내용에만 집중할 수 있다. 하늘을 날아다니는 두 개의 물체가 충돌했는지 알아내는 복잡한 계산 방법을 알 필요가 없다. 게임 엔진이 알아서 해주기 때문이다. 에셋 로딩 시스템 구현, 사용자 입력을 받는 하위 레벨 코드 작성, 사운드 파일의 압축 해제, 애니메이션 파일 파싱도 필요 없다. 모든 비디오 게임이 공통으로 사용하는 이런 기능은 게임 엔진 개발자가 이미 수천 시간을 들여서 작성하고 테스트하고 디버깅하고 최적화했기 때문에 굳이 다시 만들 필요가 없다.

결론

게임 엔진이 개인 개발자 또는 대작을 만드는 대형 개발사에 주는 장점은 아무리 강조

해도 지나치지 않다. 게임 엔진의 내부 동작 방식을 모두 알고 싶어서 경험 삼아 직접 게임 엔진을 만들려는 개발자도 있다. 분명 엄청난 지식을 얻을 수 있을 거다. 하지만 게임의 출시가 목적이라면 미리 만들어진 게임 엔진을 마다하고 자신을 괴롭힐 필요가 없다.

역사적인 게임 엔진

역사적인 게임 엔진은 게임 자체와 밀접한 관련이 있을 때가 많다. 1987년 루카스필름 게임즈의 론 길버트는 칩 모닝스타의 도움을 받아 SCUMM^{Script Creation Utility for Maniac Mansion}이라는 게임 엔진을 만들었다. SCUMM은 특정 유형의 게임에 맞춰서 만든 게임 엔진의 좋은 예다. SCUMM의 "MM"은 평론가들의 극찬을 받은 어드벤처 게임이자 길버트가 고안한 포인트 앤드 클릭[1] 인터페이스를 처음 사용한 매니악 맨션을 의미한다.

SCUMM 게임 엔진은 "walk character to door"처럼 사람이 읽을 수 있는 토큰으로 이뤄진 스크립트를 게임 엔진 인터프리터가 읽을 수 있는 바이트 단위의 프로그램으로 바꾸는 역할을 담당했다. 인터프리터는 게임 화면 위의 캐릭터를 움직이고 음향과 그래픽을 표현하는 역할을 담당했다. 게임 플레이를 코드가 아닌 스크립트로 구현한 덕분에 빠르게 프로토타이핑을 할 수 있었고, 초기 단계부터 여러 팀원이 게임 플레이를 만드는 데 집중할 수 있었다. 매니악 맨션(그림 1-1)용으로 만든 SCUMM 엔진을 〈풀 스로틀〉, 〈원숭이 섬의 비밀〉, 〈인디아나 존스: 최후의 성전〉 등 여러 성공작에도 사용했다.

---

1   포인트 앤드 클릭(point-and-click): 마우스 포인터로 인물, 사물을 클릭해서 진행하는 방식의 어드벤처 게임을 말한다.
     – 옮긴이

▲그림 1-1 SCUMM 엔진을 사용한 루카스필름 게임즈의 매니악 맨션

포인트 앤드 클릭 방식 게임에 맞게 만든 SCUMM 엔진은 유니티 같은 최신 게임 엔진과 비교하면 활용도가 많이 떨어진다. 하지만 유니티를 사용할 때와 마찬가지로, SCUMM 엔진을 사용하면서 게임 개발자가 매번 그래픽과 사운드 코드를 다시 만들지 않고 게임 플레이 개발에 집중할 수 있어서 막대한 시간과 노력을 줄일 수 있었다.

게임 엔진이 게임 산업 전체에 막대한 영향을 미칠 때도 있다. 1991년 중반, 이드 소프트웨어id Software의 존 카맥이라는 스물한 살 청년이 울펜스타인 3D라는 게임을 개발하기 위해 만든 3D 게임 엔진은 게임 산업에 엄청난 파장을 일으켰다. 그때까지 3D 그래픽은 일반적으로 서서히 움직이는 비행 시뮬레이션이나 단순한 폴리곤을 사용하는 게임의 전유물이었다. 당시 컴퓨터 하드웨어는 너무 느려서 진행이 빠른 3D 액션 게임에 필요한 많은 수의 평면을 계산해서 표시할 수 없었기 때문이다. 카맥은 레이캐스팅raycasting이라는 그래픽 기법을 사용해서 하드웨어의 한계를 극복할 수 있었다. 레이캐스팅을 사용하면 플레이어 주위의 영역 전체가 아닌 플레이어가 볼 수 있는 평면만 계산해서 3D 환경을 빠르게 표시할 수 있다.

이런 독특한 기법을 바탕으로 카맥과 존 로메로, 기획자 탐 홀, 그래픽 디자이너 아드리안 카맥은 일인칭 슈팅FPS, First-Person-Shooter이라는 장르를 탄생시킨 격렬하고 속도감 넘치는 나치 소탕 게임을 만들 수 있었다. 이드 소프트웨어는 몇몇 타이틀에 울펜스타인

3D 엔진의 사용을 허락했다. 지금까지 이드 소프트웨어가 만들어낸 7개의 게임 엔진을 〈퀘이크 3 아레나〉, 〈둠 리부트〉, 〈울펜슈타인 2: 뉴 콜로서스〉처럼 파급력이 큰 타이틀에서 사용했다.

요즘 간단한 3D FPS 게임의 프로토타이핑 정도는 유니티 같은 강력한 게임 엔진을 사용하는 노련한 게임 개발자라면 며칠 만에 할 수 있는 일이다.

최신 게임 엔진

현재 베데스다 게임 스튜디오, 블리자드 엔터테인먼트 같은 AAA 게임 개발 스튜디오는 자체적으로 개발한 게임 엔진을 보유하고 있다. 베데스다는 자체적인 게임 엔진인 크리에이션 엔진을 사용해서 〈엘더스크롤 5: 스카이림〉, 〈폴아웃 4〉를 만들었다. 블리자드도 자체적인 게임 엔진을 사용해서 〈월드 오브 워크래프트〉와 〈오버워치〉 같은 게임을 만들어냈다.

주로 특정 게임 프로젝트용 엔진을 만들면서 자체적인 게임 엔진이 만들어지기 시작한다. 프로젝트가 끝나고 해당 게임 스튜디오에서 나올 차기작에 다시 사용하기로 결정을 하면 게임 엔진은 새 삶을 찾는다. 시대의 흐름을 받아들이고 최신 기술을 활용하려면 게임 엔진을 업그레이드해야 할 수도 있다. 하지만 아예 처음부터 새로 만들 필요는 없다.

자체적인 엔진이 없는 게임 개발사는 대개 오픈소스 엔진을 사용하거나 유니티같은 써드파티 엔진의 사용 허가를 받아서 사용한다. 이제 게임 엔진을 사용하지 않는 대작 3D 게임 제작은 금전적으로든 기술적으로든 어려워졌다. 실제로 자체적인 게임 엔진이 있는 게임 스튜디오라면 엔진의 기능 추가와 최적화를 전담하는 프로그래밍 팀을 따로 둬야 한다.

이런 부담이 있는데도 AAA 스튜디오가 유니티 같은 게임 엔진을 사용하지 않고 자체적으로 엔진을 만드는 이유가 뭘까? 베데스다, 블리자드 같은 회사는 이미 작성이 끝나서 가져다 쓸 수 있는 코드의 양이 어마어마하고, 자금력도 풍부하고, 재능 있는 프로그래머도 많이 고용하고 있다. 이런 회사는 프로젝트에 따라 게임과 게임 엔진을 하나부터 열까지 전부 통제하길 원한다.

이렇게 일반적인 소규모 게임 스튜디오가 갖출 수 없는 유리한 조건을 갖춘 베데스다도 폴아웃 쉘터 같은 모바일 게임을 만들 땐 여전히 유니티를 사용한다. 블리자드도 유니티를 사용해서 몇몇 플랫폼을 지원하는 카드 수집 게임인 하스스톤을 만들었다. 시간이 곧 돈일 때 유니티 같은 게임 엔진을 사용하면 빠른 프로토타이핑을 통해 여러 실험적인 기능을 적용해 볼 수 있다. 특히 게임을 여러 플랫폼으로 발표하려는 계획이라면, 시간=돈 공식이 중요하다. 자체적인 게임 엔진을 iOS, 안드로이드 같은 플랫폼으로 이식하려면 시간이 걸린다. 오버워치 같은 게임을 개발할 때처럼 게임 엔진을 제어할 필요가 있는 수준의 프로젝트가 아니라면 간단하게 유니티처럼 크로스 플랫폼을 지원하는 게임 엔진을 사용하면 그만이다.

유니티 게임 엔진

유니티는 지금까지 나온 다양한 게임 엔진을 능가하는 엄청나게 많은 장점을 제공하는 매우 인기 있는 게임 엔진이다. 유니티는 끌어다 놓기 기능 등 시각적인 작업 방식을 제공하고, 널리 쓰이는 프로그래밍 언어인 C# 스크립트를 지원한다. 또 유니티는 오래전부터 3D, 2D 그래픽을 지원해 왔고 새 버전이 나올 때마다 2D, 3D 그래픽 도구의 수준이 점점 높아지며 사용자 친화적으로 바뀌고 있다.

유니티 라이선스는 몇 가지로 나뉘어 있고, 연간 수익이나 자본금이 10만 달러 이하인 프로젝트는 무료로 쓸 수 있다. 유니티는 27종류의 플랫폼을 지원하는 크로스 플랫폼 엔진으로 시스템 아키텍처에 따라 다이렉트3D, OpenGL, 불칸, 메탈 등 해당 아키텍처 전용 그래픽 API를 사용한다. 또 유니티 팀즈는 클라우드 기반 프로젝트 협업 기능과 지속적 통합 기능을 제공한다.

2005년에 처음 등장한 유니티는 지금까지 무수히 많은 데스크톱, 모바일, 콘솔용 게임과 애플리케이션 개발에 사용되고 있다. 지난 수년간 유니티를 사용해서 만든 타이틀 중 유명한 타이틀 몇 가지를 예로 들면 〈토마스 워즈 얼론〉(2010), 〈템플 런〉(2011), 〈더 룸〉(2012), 〈림월드〉(2013), 〈하스스톤〉(2014), 〈커벌 스페이스 프로그램〉(2015), 〈포켓몬 GO〉(2016), 그림 1-2에 나온 〈컵헤드〉(2017) 등이 있다.

▲ 그림 1-2 StudioMDHR이 유니티 게임 엔진을 사용해서 개발한 컵헤드

유니티는 작업 방식을 바꾸고 싶은 게임 개발자를 위해 기본 에디터를 확장할 수 있는 기능을 제공한다. 사용자가 원하는 도구, 에디터, 인스펙터를 만들 수 있는 엄청나게 강력한 기능이다. 게임 기획자를 위해 코드를 통해 값을 수정하거나 외부 데이터베이스를 사용할 필요 없이 게임 속 오브젝트인 캐릭터의 직업별 체력, 스킬 트리, 공격 범위, 떨어뜨리는 아이템 같은 속성값을 쉽게 수정할 수 있는 시각적 도구를 만든다고 상상해보자. 모두 유니티가 제공하는 에디터 익스텐션Editor Extension 기능을 통해 간단하게 할 수 있다.

그 밖에 유니티의 장점으로 유니티 에셋 스토어를 들 수 있다. 에셋 스토어는 아티스트, 개발자, 콘텐츠 제작자가 서로 사고팔 콘텐츠를 올릴 수 있는 온라인 상점이다. 에셋 스토어에는 개발 시간을 줄여 주고 최종 결과물을 향상하는 데 쓸 수 있는 무수히 많은 에디터 익스텐션, 모델, 스크립트, 텍스처, 셰이더 등이 유료 또는 무료로 올라와 있다.

요약

1장에서는 직접 게임 엔진을 만들지 않고 이미 만들어진 게임 엔진을 사용할 때의 다양한 장점을 살펴봤다. 그리고 게임 개발 전체에 영향을 끼친 왕년의 게임 엔진 몇 가지를 간단하게 소개했다. 또 유니티만의 특별한 장점을 개략적으로 살펴봤고 유니티를 사용해서 만든 유명한 게임 몇 개를 소개했다. 머지않아 누군가 당신의 게임을 유니티로 만든 유명한 게임이라고 소개할지도 모른다!

유니티 소개

2장에서는 유니티 에디터의 설치와 구성, 각 창 소개, 도구 모음의 사용법, 프로젝트 구조를 설명한다. 당장 필요 없는 내용도 있을 수 있다. 분명 나중에 몇 번이고 2장을 다시 참고해야 할 테니 한 번에 전부 머릿속에 넣으려고 애쓸 필요 없다.

유니티 설치

먼저 https://store.unity.com/kr로 가서 유니티를 다운로드해야 한다. 학습이 목적이므로 무료인 퍼스널^{Personal} 버전을 다운로드한다.

무료 버전과 플러스 버전의 가장 큰 차이는 무료 버전은 스플래시 화면에 "Made with Unity"가 잠깐 나타나지만, 플러스 버전은 스플래시 화면을 마음대로 바꿀 수 있다는 점이다. 가격은 플러스, 프로, 엔터프라이즈 순으로 점점 올라가지만 , 데이터의 분석과 관리, 멀티플레이어 기능, 유니티 클라우드 서비스를 통한 테스트 빌드 등 흥미로운 혜택을 제공한다. 엔터프라이즈 버전은 아예 유니티의 소스 코드도 변경할 수 있다.

수익에 따라 사용해야 할 제품 버전이 달라진다는 점을 기억해야 한다. 연간 수익이나 자본금이 10만 달러 이하인 개인이나 게임 회사는 무료 버전인 퍼스널 버전을 사용할 수 있다. 연간 수익이나 자본금이 20만 달러 이하면 유니티 플러스를 사용해야 한다. 연간 수익이나 자본금이 20만 달러를 초과한다면 유니티 프로를 사용해야 한다. 나쁜 조건은 아니다.

다운로드한 파일을 설치하면 나타나는 유니티 허브Unity Hub 화면에서 **설치 > 추가**를 선택하고 최신 유니티 버전을 선택한다. 그런 다음 모듈 추가 화면에서 문서Documentation를 선택한 뒤에 설치를 진행한다. 이 책에서 만들 예제 게임은 사용자의 데스크톱(PC, 맥, 리눅스)에서만 실행할 예정이다. WebGL, iOS, 안드로이드용으로 빌드하고 싶다면 해당 빌드 지원을 선택한다.

유니티 설정

설치가 끝나면 그림 2-1처럼 유니티 허브에서 유니티 계정으로 로그인할 수 있다. 클라우드 빌드나 광고 같은 고급 기능이 필요 없다면 굳이 계정을 만들어서 로그인할 필요는 없지만, 계정을 만들어서 로그인한다고 딱히 손해 볼 일은 없다. 단, 유니티 에셋 스토어를 사용하고 싶다면 계정이 필요하다.

▲ 그림 2-1 유니티 허브의 로그인 화면

이제 유니티 허브(그림 2-2)의 왼쪽에 있는 프로젝트, 학습 탭을 살펴보자.

▲ 그림 2-2 유니티 허브의 프로젝트 화면

프로젝트 탭을 선택하면 최근에 작업했던 프로젝트의 목록이 나타난다. 여기서 프로젝트를 선택해서 열 수 있다.

이번에는 학습 탭을 선택한다.

학습 탭에는 풍부한 정보가 들어있다. 프로젝트, 튜토리얼 탭을 전부 살펴보면 몇 주 정도는 쉽게 보낼 수 있다. 자신이 알고 있는 범위를 넘어서는 듯해도 두려워하지 말고 튜토리얼 프로젝트를 열어서 뒤적여 보고, 고쳐 보고, 망쳐 보기 바란다. 그렇게 배워가는 거다. 망쳐놓고 고칠 수 없다면 프로젝트를 닫고 다시 로드하면 된다.

자, 이제 프로젝트를 만들어보자.

프로젝트 탭 화면의 오른쪽 위에 있는 **새로 생성**을 선택하면 그림 2-3처럼 새 프로젝트를 설정하는 화면이 나타난다.

새로운 유니티 프로젝트의 기본 이름은 "New Unity Project"다. 프로젝트 이름을 "RPG"나 "Greatest RPG Ever" 등 적당한 이름으로 바꾼다. 2D 게임을 만들 예정이므로 왼쪽의 템플릿에서 2D를 선택한다. 이 설정을 깜빡했다 해도 별문제 없다. 프로젝트를 만든 뒤에도 쉽게 변경할 수 있다.

저장 위치는 말 그대로 유니티가 새로운 프로젝트를 저장할 위치다. 그림에서는 "UnityProject"의 하위 디렉터리로 저장하게 했지만, 원하는 대로 설정해도 상관없다.

▲ 그림 2-3 프로젝트 생성

생성 버튼을 누르면 설정한 대로 새로운 프로젝트를 생성하면서 동시에 유니티 에디터 가 열린다.

스크립트 에디터: 비주얼 스튜디오

유니티 2018부터 C# 스크립트 개발용 기본 스크립트 에디터가 비주얼 스튜디오로 바뀌 었다. 원래 유니티에 기본적으로 들어있던 스크립트 에디터는 모노디벨롭^{MonoDevelop}이 었다. 하지만 유니티 2018.1 이후로 macOS용 유니티에는 모노디벨롭이 아닌 맥용 비 주얼 스튜디오가 들어있다. 마찬가지로 윈도우용 유니티에는 모노디벨롭이 아닌 비주 얼 스튜디오 2019 커뮤니티 버전이 들어있다.

이제 유니티 에디터를 살펴보자.

유니티 인터페이스

유니티 에디터의 맨 위쪽을 가로지르는 툴바는 각종 변환 도구, 도구 핸들 포지션 토글, 재생/일시 정지/단계 버튼, 콜라보 버튼, 서비스 버튼, 계정 선택 드롭다운, 레이어 선택 드롭다운, 레이아웃 선택 드롭다운으로 이뤄져 있다. 적당한 때가 오면 하나하나 모두 살펴볼 예정이다.

유니티 인터페이스(그림 2-4)는 조금 뒤에 설명할 다양한 창으로 이뤄진다.

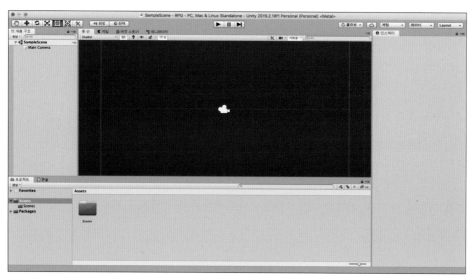

▲ 그림 2-4 유니티 에디터

각종 창 소개

기본 에디터 안에 보이는 다양한 창 또는 뷰를 살펴보자. 다음에 설명하는 뷰 말고도 더 많은 뷰가 있다. 그중 일부는 나중에 설명한다.

• 씬 뷰

유니티 작업의 대부분을 진행할 씬 뷰는 유니티 프로젝트의 기반이다. 씬 뷰는 게임을 만드는 곳이며 동시에 스프라이트와 콜라이더(충돌체)로 하는 거의 모든 작업을 진행하는 곳이다. 씬에는 게임 오브젝트^{GameObject}가 들어있고 이 게임 오브젝트는 해당 씬과 관련한 모든 기능을 담고 있다. 게임 오브젝트는 3장에서 더 자세히 소개할 예정이다. 일단 유니티 씬에 존재하는 모든 오브젝트는 게임 오브젝트라는 점만 알아두기 바란다.

• 게임 뷰

게임 뷰는 현재 선택한 카메라의 시점에서 게임을 그려내는 뷰다. 또 게임 뷰는 유니티 에디터로 작업하는 동안 게임을 실제 눈으로 확인하고 플레이할 수 있는 곳이다. 웹 브라우저나 모바일 폰에서 따로 애플리케이션을 실행하는 등 유니티 에디터 없이 게임을 빌드하고 실행하는 방법도 있다. 그중 일부는 나중에 설명한다.

• 에셋 스토어

유니티 에셋 스토어는 유니티로 게임을 만들기로 했을 때 무시할 수 없는 강력한 요소다. 1장에서 이야기했듯이 유니티 에셋 스토어는 아티스트, 개발자, 콘텐츠 제작자가 서로 사고팔 콘텐츠를 올릴 수 있는 온라인 상점이다. 유니티 에디터에는 편의상 에셋 스토어에 연결할 수 있는 탭이 있지만, 웹브라우저로 https://assetstore.unity.com에 접속해도 에셋 스토어를 사용할 수 있다. 에디터에 에셋 스토어를 띄워 놓아도 딱히 문제될 일은 없지만 감춰 놓고 필요할 때만 열어도 상관없다.

• 계층 구조 창

계층 구조 창은 현재 씬 안에 있는 모든 오브젝트의 목록을 계층 구조 형태로 보여준다. 또 계층 구조 창의 왼쪽 맨 위에 있는 "생성" 드롭다운 메뉴는 새로운 게임 오브젝트를 만드는 방법의 하나이기도 하다. 계층 구조 창의 검색창에서는 개발자가 찾고 싶은 게임 오브젝트를 검색할 수 있다.

유니티의 게임 오브젝트는 "부모 자식"이라는 관계로 다른 게임 오브젝트를 포함할 수 있다. 계층 구조 창은 이런 관계를 중첩 형태로 표시한다. 그림 2-5는 예제로 만든 씬의 계층 구조 창의 모습이다.

▲ 그림 2-5 계층 구조 창

계층 구조 창 안의 "부모 자식" 관계를 간단하게 설명하면 다음과 같다. 그림 2-5에서 사용한 예제 씬의 이름은 "GameScene"이고, 이 씬에는 Environment라는 게임 오브젝트가 들어있다. Environment는 Ground와 Car라는 게임 오브젝트의 부모 오브젝트다. Ground는 Environment의 자식 오브젝트다. 하지만 Ground는 Tree, Bush, Road 같은 자식 오브젝트를 지닌다. 그리고 Ground는 세 자식 오브젝트의 부모 오브젝트다.

• 프로젝트 창

프로젝트 창은 Assets 폴더의 모든 내용을 간략하게 보여준다. 프로젝트 창 안에 폴더를 만들고 오디오 파일, 머티리얼, 모델, 텍스처, 씬, 스크립트 등을 정리하면 편하다. 프로젝트를 사용해서 작업하는 동안 폴더 안의 에셋을 끌어서 다른 곳으로 옮기고, 인스펙터 창을 통해 확인할 에셋을 클릭하느라 많은 시간을 보낼 수밖에 없을 것이다. 이 책의 예제를 통해 프로젝트 폴더를 구성하는 방법을 보여줄 예정이다. 하지만 자신이 타당하다고 생각하는 방식 또는 작업하기 편한 방식이 따로 있다면 원하는 대로 다시 배치해도 상관없다.

• 콘솔 뷰

콘솔 뷰는 에러, 경고, 기타 유니티 애플리케이션의 출력을 보여준다. 게임을 실행하는 동안 콘솔 뷰에 정보를 출력해서 디버깅을 돕는 C# 스크립트 함수도 있다. 나중에 디버깅을 이야기할 때 설명한다. 콘솔 뷰의 오른쪽 맨 위에 있는 세 개의 버튼을 사용하면 다양한 형태의 출력을 켜거나 끌 수 있다.

팁   유니티 프레임을 업데이트할 때마다 에러 메시지가 발생해서 콘솔 뷰가 금세 가득 차버릴 때가 있다. 이럴 땐 접기 버튼을 눌러서 똑같은 에러 메시지를 하나의 메시지로 접어버리면 한결 낫다.

• 인스펙터 창

인스펙터 창은 유니티 에디터에서 가장 유용하고 중요한 창의 하나이므로 반드시 익숙해져야 한다. 유니티의 씬은 게임 오브젝트로 이뤄지며, 게임 오브젝트는 스크립트, 메시, 콜라이더, 기타 다양한 컴포넌트로 이뤄진다. 게임 오브젝트를 선택하고 나면 인스펙터를 통해 선택한 게임 오브젝트의 컴포넌트와 각 속성을 확인하거나 수정할 수 있다. 게임 오브젝트에 직접 원하는 속성을 추가할 수도 있다. 추가하는 방법은 나중에 자세히 설명한다. 또 인스펙터를 통해 프리팹Prefabs, 카메라, 머티리얼, 에셋의 속성도 확인하거나 바꿀 수 있다. 오디오 파일 같은 에셋을 선택하면 인스펙터에 로드 방식, 임포트한 크기, 압축 방식 같은 상세 정보가 나타난다. 머티리얼 맵 같은 에셋이면 렌더링 모드와 셰이더를 확인할 수 있다.

팁   사용 빈도가 높은 주요 창은 단축키를 사용해 접근할 수도 있다. PC에서 단축키는 Ctrl + 숫자키고, 맥에서는 Cmd/⌘ + 숫자키다. 예를 들어 맥에서 ⌘+1과 ⌘+2는 각각 씬 뷰와 게임 뷰를 전환하는 단축키다. 자주 사용하는 창으로의 전환은 마우스 대신 단축키를 사용하면 시간을 절약할 수 있다.

레이아웃 설정과 변경

각 창의 왼쪽 맨 위에 있는 탭을 클릭한 채로 끌고 다니면 창의 배치를 바꿀 수 있다. 유니티에서는 사용자가 창을 끌어서 옮기고, 위치를 고정하고, 크기를 바꾸고, 레이아웃을 저장해서 원하는 에디터 레이아웃을 만들 수 있다.

레이아웃을 저장하는 방법은 두 가지다.

- 메뉴에서 **창 > 레이아웃 > 레이아웃 저장**을 선택한다. 레이아웃 저장 대화 상자가 나타나면 원하는 레이아웃 이름을 입력하고 Save 버튼을 누른다.
- 그림 2-6처럼 유니티 에디터의 오른쪽 맨 위 구석에 있는 레이아웃 선택 드롭 다운을 클릭한다. 처음에는 Layout이라고 나와 있을 것이다. 드롭다운 메뉴에서 레이아웃 저장을 선택하고 원하는 레이아웃 이름을 입력한 뒤에 **Save** 버튼을 누른다.

같은 방식으로 **창 > 레이아웃** 메뉴 또는 레이아웃 선택 드롭다운을 통해 레이아웃을 불러올 수 있다. 레이아웃을 초기화하고 싶다면 레이아웃 선택 드롭아웃에서 기본을 선택한다.

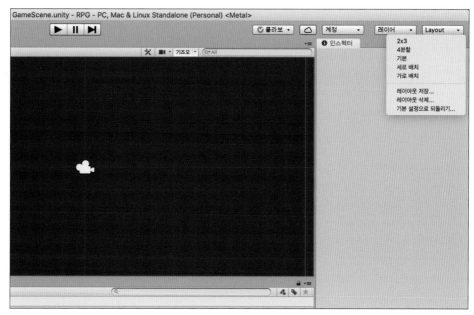

GameScene.unity - RPG - PC, Mac & Linux Standalone (Personal) <Metal>

▲그림 2-6 레이아웃 선택 드롭다운 메뉴

변환 도구

이제 툴바를 구성하는 다양한 버튼과 토글 버튼을 살펴보자. 먼저 변환 도구, 도구 핸들 포지션 토글, 재생/일시 정지/단계 버튼, 세 가지를 주의 깊게 살펴보려 한다. 나머지는 실제로 사용할 때 설명한다.

사용자는 변환 도구(그림 2-7)를 통해 씬 뷰를 둘러보거나 게임 오브젝트와 상호작용할 수 있다.

▲그림 2-7 변환 도구

총 일곱 가지 변환 도구를 왼쪽에서 오른쪽 순서로 살펴보면 다음과 같다.

• 손 도구

손 도구를 선택하고 씬 뷰를 왼쪽 클릭한 뒤에 마우스를 이리저리로 끌고 다니면 씬을 구석구석 살펴볼 수 있다. 손 도구를 선택 중일 때는 오브젝트를 선택할 수 없다는 점에 주의한다.

• 이동 도구

이동 도구를 선택하고 계층 구조 창이나 씬 뷰에서 게임 오브젝트를 선택하면 선택한 오브젝트를 움직일 수 있다.

• 회전 도구

선택한 오브젝트를 회전한다.

• 스케일 도구

선택한 오브젝트를 확대하거나 축소한다.

• 사각형 도구

선택한 오브젝트 위에 나타나는 2D 도구 핸들을 사용해서 오브젝트를 움직이거나 오브젝트의 크기를 변경할 수 있다.

• 변형 도구

이동, 회전, 스케일이 하나로 합쳐진 도구다.

• 사용자 도구

사용자가 만든 도구를 사용할 수 있다.

2D 프로젝트라면 언제든 Option 키(맥) 또는 Alt 키(PC)를 눌러서 일시적으로 손 도구로 전환할 수 있다.

팁 변환 도구의 앞쪽 여섯 개는 각각 단축키 Q, W, E, R, T, Y에 해당한다. 단축키를 사용하면 빠르게 변환 도구를 전환할 수 있다. 단축키 W인 이동 도구를 사용할 때 Ctrl 키(PC) 또는 Cmd/⌘ 키(맥)를 누른 채로 움직이면 게임 오브젝트를 정해진 단위에 맞게 움직일 수 있어서 유용하다. 단위를 변경하려면 메뉴에서 편집 > 스냅 설정을 선택한다.

도구 핸들 포지션 토글

변환 도구의 오른쪽을 보면 그림 2-8처럼 도구 핸들의 위치에 관한 토글이 있다.

▲ 그림 2-8 도구 핸들 포지션 토글

도구 핸들은 씬 안의 오브젝트를 조작할 때 사용하는 GUI 컨트롤이다. 도구 핸들 위치 토글을 통해 선택 중인 오브젝트의 도구 핸들의 위치와 회전 방향을 조정할 수 있다.

그림 2-8의 첫 번째 토글 버튼을 사용하면 도구 핸들의 위치를 설정할 수 있다.

설정할 수 있는 위치는 다음과 같다.

- 피벗: 도구 핸들의 위치를 선택한 오브젝트의 피벗 지점으로 설정한다.
- 중앙: 도구 핸들의 위치를 선택한 오브젝트의 중앙으로 설정한다.

두 번째 토글 버튼을 사용하면 도구 핸들의 회전 방향을 설정할 수 있다. 스케일 도구를 선택하면 이 버튼이 회색으로 바뀐다. 회전 방향은 확대, 축소와 관계가 없기 때문이다.

- 로컬: 로컬을 선택하면 변환 도구의 회전 방향이 게임 오브젝트를 기준으로 한다.
- 전역: 전역을 선택하면 변환 도구의 회전 방향이 월드 공간을 기준으로 한다.

팁   스프라이트의 피벗 지점을 바꾸고 싶다면 먼저 프로젝트 창에서 스프라이트를 선택하고 인스펙터
     에서 스프라이트 모드를 다중으로 바꾼 뒤에 Sprite Editor 버튼을 클릭한다. 스프라이트 에디터 창
     이 나타나면 Slice 버튼을 탭하고 피벗 드롭다운을 클릭해서 원하는 피벗 지점을 선택한다.

재생/일시정지/단계 버튼

유니티 에디터에는 실행 모드와 편집 모드, 두 가지 모드가 있다. 게임의 빌드를 막는
버그가 없다고 할 때 그림 2-9의 왼쪽에 있는 **재생** 버튼을 누르면 유니티 에디터가 재
생 모드에 진입하면서 게임 뷰로 바뀐다. 재생 모드로 진입하는 단축키는 Ctrl 키(PC) 또
는 Cmd/⌘(맥) + P다.

▲ 그림 2-9 재생/일시정지/단계 버튼

재생 모드에서 씬에 재생 중인 게임 오브젝트를 살펴보고 싶다면 창의 맨 위에 있는 씬
탭을 선택해서 씬 뷰로 전환할 수 있다. 씬을 디버깅할 때 유용한 방법이다. 또 재생 모
드일 때 언제든 일시정지 버튼을 눌러서 재생 중인 씬을 일시 정지할 수 있다. 씬을 일
시 정지하는 단축키는 Ctrl + Shift + P(PC) 또는 Cmd/⌘ + Shift + P(맥)이다.

단계 버튼을 누르면 유니티는 한 프레임을 진행하고 다시 멈춘다. 마찬가지로 디버깅에
유용한 방법이다. 한 프레임을 진행하는 단축키는 Ctrl + Alt + P(PC) 또는 Cmd/⌘ +
Option + P(맥)다.

재생 모드에서 **재생** 버튼을 다시 누르면 씬의 재생이 멈추고 유니티 에디터가 편집 모드
로 돌아가면서 씬 뷰로 바뀐다.

 재생 모드에서 아무리 오브젝트를 수정하더라도 편집 모드로 돌아가면 씬에 저장되거
나 반영되지 않는다는 점을 잊지 말자. 씬이 재생 중인 줄 깜빡 잊고 오브젝트를 완벽하

게 수정했더라도 재생을 멈추면 결국 수정한 내용이 모두 사라진다.

팁 재생 모드에 진입할 때 자동으로 에디터의 배경 색조를 변경해서 재생 모드인지 확실하게 알 수 있는 방법이 있다. 먼저 Unity ➤ 환경 설정(맥) 또는 편집 ➤ 환경 설정(PC) 메뉴를 선택하면 그림 2-10처럼 설정 화면이 나타난다. 왼쪽에서 컬러를 선택하고 "General"이라는 제목 아래에 있는 "Playmode tint"를 좋아하는 색으로 바꾸고 종료한다. 이제 재생 버튼을 눌러서 결과를 확인한다. 유니티 에디터가 선택한 색상으로 물들어 보일 거다.

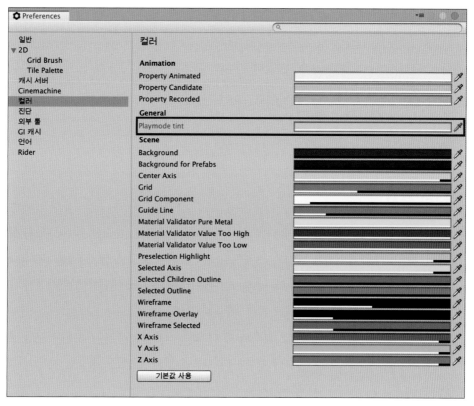

▲ 그림 2-10 유니티 환경 설정 메뉴

유니티 프로젝트의 구조

알아야 할 중요한 폴더 두 개는 Assets 폴더와 ProjectSettings 폴더다. 어떤 버전 관리 방식을 사용하든 이 두 폴더는 체크인해야 한다.

Assets 폴더에는 스크립트, 이미지, 사운드 파일 등 모든 게임 리소스가 들어있다.

이름에서 알 수 있듯이 ProjectSettings 폴더에는 물리, 오디오, 네트워킹, 태그, 시간, 메시 등 모든 종류의 프로젝트 설정이 들어있다. **편집 > 프로젝트 설정** 메뉴에서 설정한 모든 내용이 이 폴더에 저장된다.

유니티 프로젝트 구조 안에는 다른 폴더와 파일도 있지만 모두 Assets 또는 ProjectSettings의 내용을 바탕으로 만들어진다. Library 폴더는 임포트한 에셋용 로컬 캐시고, Temp는 빌드를 하면서 만들어지는 임시 파일용으로 사용한다. .csproj 확장자로 끝나는 파일은 C# 프로젝트 파일이고 .sln 확장자로 끝나는 파일은 비주얼 스튜디오 IDE가 사용하는 솔루션 파일이다.

유니티 문서

유니티는 문서화가 잘 돼 있으며 유니티 웹사이트 https://docs.unity3d.com/kr을 통해 유니티 에디터로 작업하는 방법과 스크립트 API에 관한 문서를 볼 수 있다. 또 유니티의 학습 포털인 https://unity3d.com/learn에는 모든 수준의 개발자에게 적절한 내용이 담긴 영상 튜토리얼도 엄청나게 많다. 유니티 포럼(https://forum.unity.com)은 유니티에 관한 주제를 논의하는 곳이고, 질문과 답변(https://answers.unity.com)은 질문을 올리고 커뮤니티에서 활동하는 유니티 개발자의 도움을 받을 수 있는 훌륭한 문제 해결 수단이다.

요약

2장을 통해 미래의 유니티 개발자로서 알아야 할 내용을 상당히 많이 소개했다. 게임을 만드는 곳인 씬 뷰, 실행한 게임을 볼 수 있는 게임 뷰 등 유니티 에디터에서 가장 많이 사용하는 창과 뷰를 소개했고, 계층 구조 창이 현재 씬 안의 모든 게임 오브젝트를 표시하는 방법, 인스펙터 창을 통해 게임 오브젝트의 속성을 수정하는 방법, 변환 도구와 도구 핸들 포지션 토글로 게임 오브젝트를 다루는 방법도 이야기했다. 그 과정에서 창과 뷰의 레이아웃을 변경하고 나중에 쓸 수 있게 레이아웃을 저장하는 방법도 설명했다. 또 콘솔 뷰가 에러 메시지를 표시하는 방법과 게임에 문제가 생겼을 때 콘솔 뷰를 디버깅에 사용할 수도 있다는 점도 배웠다. 마지막으로 방대한 유니티 문서, 영상 튜토리얼, 포럼, Q&A를 언급하면서 끝을 맺었다.

3장

기초 공사

이제 유니티 에디터에 익숙해졌을 테니 게임 제작을 시작해보자. 3장에서는 오브젝트를 만드는 방법과 게임을 구성하는 코드를 작성하는 방법을 차례차례 소개한다. 유니티가 사용하는 소프트웨어 디자인 패턴과 함께 수준 높은 컴퓨터 과학 개념을 몇 가지 소개하고 게임 제작과 어떤 관련이 있는지도 설명한다. 또 화면상의 플레이어를 제어하는 방법과 플레이어의 애니메이션을 재생하는 방법을 배운다.

게임 오브젝트: 컨테이너 엔티티

유니티 게임은 씬으로 이뤄지며 씬 안의 모든 것을 게임 오브젝트라고 부른다. 스크립트, 충돌체 등 앞으로 유니티를 배우며 마주할 모든 요소가 게임 오브젝트다. 게임 오브젝트를 별도로 구현한 수많은 기능을 모아놓은 일종의 컨테이너라 생각하면 이해하기 쉽다. 2장에서 이야기했듯이 게임 오브젝트는 다른 게임 오브젝트를 부모 자식 관계로 포함할 수도 있다.

이제 게임 오브젝트를 만들어보려 한다. 그런 다음 유니티가 게임 오브젝트를 게임 제작의 필수 요소로 사용하는 이유를 설명한다.

그림 3-1처럼 계층 구조 창의 왼쪽 맨 위에 있는 **생성** 버튼을 클릭하고 빈 오브젝트 생성을 선택하면 계층 구조 창에 새로운 게임 오브젝트인 GameObject를 만들 수 있다.

▲ 그림 3-1 계층 구조 창에서 새로운 게임 오브젝트를 만드는 방법

다른 방법으로도 게임 오브젝트를 만들 수 있다. 계층 구조 창 안쪽을 오른쪽 클릭하고 빈 오브젝트 생성을 선택하거나 맨 위에 있는 메뉴에서 **게임 오브젝트 > 빈 오브젝트 생성**을 선택한다.

이제 새로 만든 GameObject를 오른쪽 클릭하고 이름 바꾸기를 선택한 뒤에 이름을 "PlayerObject"로 바꾼다.

같은 방법으로 "EnemyObject"라는 게임 오브젝트를 하나 더 만든다. 플레이어가 무찔러야 할 적에 관한 모든 로직을 이 EnemyObject에 넣으려 한다.

유니티로 게임을 만드는 방법을 배우고 있는 만큼 전체적으로 더 수준 높은 프로그래머로 이끌어줄 컴퓨터 과학의 개념과 이런 개념이 개발자를 얼마나 편하게 해주는지 알아보자.

엔티티–컴포넌트 디자인

컴퓨터 과학에는 "관심사의 분리separation of concerns"라는 개념이 있다. 관심사의 분리란 하나의 소프트웨어를 수행하는 기능에 따라 여러 모듈로 나누는 방법을 설명하는 설계 원리다. 각 모듈은 모듈 자신이 완벽하게 캡슐화해야 하는 하나의 기능적 "관심사"를 책임진다. 구현에 이르면 관심사는 어느 정도 느슨하고 해석적으로 바뀔 수 있다. 즉 관심사는 화면에 그래픽을 렌더링하는 기능처럼 한껏 넓어지거나 삼각형이 공간 안의 다른 삼각형과 겹칠 때를 계산하는 기능처럼 한정적으로 바뀔 수 있다.

소프트웨어 설계에서 관심사의 분리를 부추기는 가장 큰 요인의 하나는 개발자가 기능의 일부 또는 전부를 중복으로 작성하는 낭비를 줄여야 하기 때문이다. 예를 들어 화면에 이미지를 그리는 코드가 필요하면 한 번만 작성하면 된다. 비디오 게임에서 화면에 그래픽을 그려야 할 상황은 수십 수백 번 일어나지만 개발자는 코드를 한 번 작성해 놓고 어디든 다시 사용할 수 있다.

유니티는 관심사의 분리라는 철학과 게임 프로그래밍에 널리 쓰이는 엔티티–컴포넌트라는 디자인 패턴을 바탕으로 만들어졌다. 엔티티–컴포넌트 디자인은 구현 상속이 아닌 인터페이스 상속을 바탕으로 하는 조합composition over inheritance을 선호한다. 즉 오브젝트 또는 엔티티가 특정 기능을 캡슐화한 클래스의 인스턴스를 포함하는 방식으로 코드 재사용을 장려해야 한다는 개념이다. 조합을 제대로 사용하면 코드 양도 줄일 수 있으며 이해하기 쉽고 유지 보수하기 쉬운 코드를 만들 수 있다.

이런 방식은 오브젝트가 부모 클래스에서 기능을 상속받는 일반적인 설계 방식과 다르다. 상속의 단점은 상속 트리가 깊고 넓어지면 부모 클래스에서 아주 작은 부분이 바뀌어도 자식 클래스로 줄줄이 파급 효과를 일으키면서 의도치 않은 결과로 이어질 수 있다는 점이다.

유니티의 엔티티-컴포넌트 디자인에서 게임 오브젝트는 엔티티에 해당하고 컴포넌트는 말 그대로 "컴포넌트"다. 유니티 씬 안의 모든 것이 게임 오브젝트지만 게임 오브젝트 단독으로는 아무 일도 하지 못한다. 먼저 모든 기능을 컴포넌트 안에 구현한 뒤에 게임 오브젝트에 이 컴포넌트를 추가해야 원하는 대로 동작한다. 엔티티에 기능과 동작을 추가하고 싶다면 간단하게 엔티티에 컴포넌트를 추가하기만 하면 된다. 결국, 컴포넌트란 다른 관심사, 코드와 떼어내서 하나의 기능에만 초점을 맞춘 별도의 모듈이라 생각할 수 있다.

다음 표를 통해 가상의 게임을 만들면서 엔티티-컴포넌트 디자인을 더 잘 활용할 수 있는 방법을 알아보자. 맨 위 행은 동작을 제공하는 컴포넌트고 가장 왼쪽 열은 게임의 엔티티다.

	그래픽 렌더러	충돌 감지	물리 적용	소리 재생
플레이어	O	O	O	O
적	O	O	O	O
창(무기)	O	O	O	
나무	O	O		
마을 사람	O	O		O

보다시피 플레이어와 적은 네 가지 컴포넌트 기능이 모두 필요하다. 창은 대부분 기능, 특히 던져질 때 적용할 물리가 필요하고 오디오는 필요 없다. 나무는 물리나 오디오는 필요 없지만, 그래픽 렌더링과 함께 나무에 부딪힌 다른 오브젝트가 지나가지 못하게 하려면 충돌 감지가 필요하다. 마을 사람은 그래픽과 충돌 감지가 필요하지만 씬 안을 돌아다닐 뿐이므로 물리는 필요 없다. 플레이어와 상호작용하는 마을 사람의 음성을 재생하고 싶다면 오디오가 필요할 수도 있다.

유니티의 엔티티-컴포넌트 디자인에도 한계는 있다. 특히 큰 프로젝트에 적용이 어려우며 수년의 시간이 흐르면서 조금씩 시대에 뒤처지기 시작했다. 앞으로 더욱 데이터 중심적인 설계 방식이 나오면 지금 자리를 내줘야 할 수도 있다. 자, 아무튼 방금 새로 배운 지식을 사용해보자.

컴포넌트: 구성 요소

계층 구조 창에서 앞서 만든 PlayerObject를 선택하고 인스펙터 창을 보면 그림 3-2 같은 모습일 거다.

▲ 그림 3-2 트랜스폼 컴포넌트

트랜스폼 컴포넌트는 유티니의 모든 게임 오브젝트에 공통적으로 들어 있는 컴포넌트로 씬 안에서 게임 오브젝트의 위치(포지션), 회전, 스케일을 지정하는 용도로 쓰인다. 예제 게임을 만들면서 플레이어 캐릭터를 움직일 때 트랜스폼 컴포넌트를 사용할 예정이다.

스프라이트

게임 개발이 처음이라면 스프라이트의 뜻이 궁금할 수 있다. 비디오 게임 개발의 관점에서 스프라이트란 그냥 2D 이미지일 뿐이다. 닌텐도의 〈슈퍼 마리오 브라더스〉(그림 3-3)나 〈스타듀 밸리〉(그림 3-4), 〈셀레스트〉, 〈팀블위드 파크〉, 〈테라리아〉 같은 게임을 해본 적이 있다면 스프라이트를 사용하는 게임을 해본 적이 있다는 뜻이다.

▲ 그림 3-3 닌텐도의 슈퍼 마리오 브라더스에 나오는 용감한 배관공 마리오의 스프라이트

▲ 그림 3-4 스타듀 밸리 게임 화면 안의 닭, 오리, 허수아비, 채소, 나무 등은 모두 별도의 스프라이트다.

2D 게임의 애니메이션 효과를 만들어내는 방법은 영화나 만화 영화를 만드는 방법과 비슷하다. 만화 영화의 셀과 마찬가지로 각 스프라이트를 그려서 미리 저장해 놓는다. 그려놓은 스프라이트를 순서대로 빠르게 보여주면 캐릭터가 걷거나 싸우거나 점프하거나 죽는 등 움직이는 느낌을 준다.

플레이어 캐릭터를 화면에 출력하려면 스프라이트 렌더러 컴포넌트를 사용해서 캐릭터의 이미지를 표시해야 한다. 플레이어 게임 오브젝트에 스프라이트 렌더러를 추가해보자. 게임 오브젝트에 컴포넌트를 추가하는 방법은 여러 가지지만, 먼저 컴포넌트 추가 버튼을 사용하려 한다.

그림 3-5처럼 인스펙터에서 컴포넌트 추가 버튼을 누른 뒤에 검색 창에 "sprite"를 입력하고 스프라이트 렌더러를 선택한다. 이렇게 하면 플레이어 게임 오브젝트에 스프라이트 렌더러 컴포넌트를 추가한다. 애초에 스프라이트 렌더러가 들어 있는 게임 오브젝트를 만들고 싶다면 맨 위의 메뉴에서 **게임 오브젝트 › 2D 오브젝트 › 스프라이트**를 선택한다.

▲ 그림 3-5 플레이어 게임 오브젝트에 스프라이트 렌더러 컴포넌트 추가

같은 방식으로 EnemyObject에도 스프라이트 렌더러를 추가한다.

저장은 좋은 습관이므로 지금 당장 씬을 저장해보자. 계층 구조창에서 씬 이름인 SampleScene을 오른쪽 클릭하고 **다른 이름으로 씬 저장**을 선택한다. 씬의 새로운 이름 으로 LevelOne을 입력하고 저장 위치는 Assets 아래 Scenes로 지정한 뒤에 저장 버튼 을 누른다. 프로젝트 창에서 **Assets > Scenes**를 선택한 다음 LevelOne은 남겨두고

SampleScene을 오른쪽 클릭한 뒤에 삭제한다. Ctrl(PC) 또는 Cmd(맥) + S 키를 눌러서 수정한 내용을 저장한다.

다음으로 프로젝트 창에서 Assets 폴더 안에 "Sprites"라는 폴더를 만든다. 짐작했겠지만 프로젝트의 모든 스프라이트 에셋을 저장할 폴더다. 그리고 Sprites 폴더 아래 "Player"라는 폴더와 "Enemies"라는 폴더를 만든다. 프로젝트 창에 Sprites 폴더를 선택한 채로 파인더나 탐색기를 연 뒤에 이 책의 예제 코드를 다운로드하고 압축을 풀어 놓은 폴더로 이동한다.

예제 코드의 Chapter 3 폴더에서 Player32x32.png, EnemyWalk_1.png, Enemy Idle_1.png 파일을 찾아서 유니티 프로젝트 창의 Sprites 폴더로 끌어다 놓는다. Sprites 폴더에서 Player32x32.png는 Player 폴더로, 나머지는 Enemies 폴더로 끌어다 놓는다. 프로젝트 창이 그림 3-6과 비슷한 모습인지 확인한다.

▲그림 3-6 플레이어 스프라이트 시트를 추가한 프로젝트 창의 모습. 적 스프라이트 시트는 Enemies 폴더에 있다.

이제 프로젝트 창에서 Player32×32 스프라이트 시트를 선택하고 오른쪽 인스펙터 창에 나타나는 속성을 보자. 인스펙터에서 임포트 설정을 수정한 뒤에 스프라이트 에디터를 사용해서 스프라이트 시트를 스프라이트로 자르려 한다.

텍스처 타입을 **스프라이트(2D 및 UI)**로 설정하고 스프라이트 모드 드롭다운을 눌러 **다중**을 선택한다. 여기서 다중은 스프라이트 시트 에셋 안에 여러 개의 스프라이트가 있다는 뜻이다.

그리고 단위당 픽셀을 32로 바꾼다. 단위당 픽셀PPU, Pixel Per Unit 설정은 카메라를 이야기할 때 설명한다.

필터 모드를 **점(필터 없음)**으로 바꾼다. 이렇게 하면 스프라이트 텍스처를 각진 그대로 표시하므로 픽셀 느낌을 살리려는 예제 게임에 딱 맞는다.

아래로 내려가서 **기본** 버튼을 누르고 압축을 **없음**으로 선택한다.

인스펙터 창이 그림 3-7과 같은 모습인지 다시 한 번 확인하고 적용 버튼을 눌러서 수정한 내용을 적용한 뒤에 **Sprite Editor** 버튼을 누른다. 이제 스프라이트 시트를 스프라이트로 잘라낼 차례다.

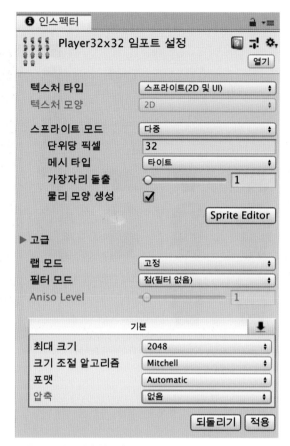

▲ 그림 3-7 인스펙터 창에서 본 Player32x32 스프라이트 시트의 속성

유니티 엔진에 기본으로 들어 있는 스프라이트 에디터는 스프라이트 시트를 불러와서 여러 스프라이트로 나눈 다음 각각 스프라이트 에셋으로 잘라낼 수 있어서 매우 편리하다.

왼쪽 위에 있는 **Slice**를 클릭하고 타입을 "Grid By Cell Size"로 선택한다. 이렇게 하면 자를 스프라이트의 크기를 설정할 수 있다. Pixel Size의 X, Y에 모두 32를 입력한다.

그리고 **Slice** 버튼을 누른다. 그림 3-8을 자세히 보면 각 플레이어 스프라이트 주위로 희미한 하얀색 윤곽선을 볼 수 있다. 이 하얀 선은 스프라이트 시트를 자를 위치를 나타낸다.

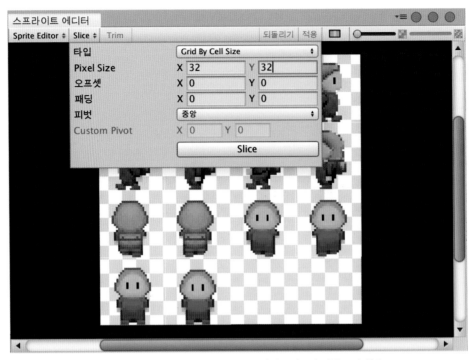

▲ 그림 3-8 임포트한 Player32x32 스프라이트 시트의 픽셀 크기 설정

이제 스프라이트 에디터의 오른쪽 위에 있는 **적용** 버튼을 눌러서 스프라이트 시트를 자른 뒤에 스프라이트 에디터를 닫는다.

방금 예제에서는 스프라이트의 크기를 미리 알고 있었으므로 자를 크기를 정확하게 입력할 수 있었다. 실제로 게임을 만들다 보면 다양한 크기의 스프라이트가 들어 있는 스프라이트 시트도 있을 수 있다. 그럴 때 스프라이트를 제대로 나누려면 크기를 조금씩 바꿔줘야 한다. 유니티 스프라이트 에디터의 Slice 메뉴에서 타입을 "자동"으로 선택하면 임포트한 스프라이트 시트에서 스프라이트 크기를 자동으로 찾아준다. 스프라이트 시트에 따라 결과가 뒤죽박죽일 수도 있지만, 이 상태로 작업을 시작하면 된다.

스프라이트를 잘라낸 결과를 확인해보자. 그림 3-9처럼 Player32×32 스프라이트 시트 옆에 달린 작은 삼각형을 클릭하고 스프라이트 시트에서 추출한 스프라이트를 확인한다. 조금 뒤에 방금 자른 플레이어 스프라이트를 사용해서 애니메이션을 만들 예정이다.

▲ 그림 3-9 Player32x32 스프라이트 시트에서 스프라이트를 자른 결과

자른 스프라이트를 사용해보자. PlayerObject를 선택하고 오른쪽 인스펙터 창을 보면 그림 3-10처럼 스프라이트 속성의 오른쪽 맨 끝에 작은 동그라미가 있다. 이 동그라미를 클릭하면 그림 3-11처럼 스프라이트를 선택하는 창이 나타난다.

▲ 그림 3-10 이 버튼을 누르면 스프라이트 선택 창이 나타난다.

그림 3-11처럼 스프라이트 선택 창에서 플레이어 스프라이트 하나를 더블 클릭해서 선택한다. 방금 선택한 스프라이트는 게임을 만드는 동안 씬에서 PlayerObject를 대신한다.

▲ 그림 3-11 게임을 재생 중이 아닐 때 씬 뷰에 플레이어로 표시할 스프라이트를 하나 선택한다.

플레이어 스프라이트의 준비는 끝났다. 이제 적 스프라이트를 임포트해보자. "Enemy Idle_1" 스프라이트 시트를 선택하고 인스펙터에서 임포트 설정을 PlayerObject와 똑같이 설정한다.

텍스처 타입: 스프라이트(2D 및 UI)

스프라이트 모드: 다중

단위당 픽셀: 32

필터 모드: 점(필터 없음)

압축: 없음

그리고 **적용** 버튼을 누른다.

Sprite Editor 버튼을 클릭하고 스프라이트 시트를 각각 32×32 픽셀 크기의 스프라이트로 자른다. 하얀 분할 선이 제 위치에 있는지 확인한 뒤에 적용을 누르고 스프라이트 에디터를 닫는다. "EnemyWalk_1" 스프라이트 시트도 똑같은 방식으로 각각 32×32 픽셀 크기의 스프라이트로 자른다.

애니메이션

앞으로 만들 애니메이션을 저장할 폴더를 만들어 보자. 만드는 방법은 물론 기억하고 있겠지만, 프로젝트 창에서 Assets을 오른쪽 클릭하고 **생성 ▶ 폴더**를 선택한다. 아니면 프로젝트 창 왼쪽 맨 위에 있는 생성 버튼을 클릭한다. 폴더 이름은 "Animations"로 한다. Animations 폴더를 선택하고 폴더 안에 "Animations"와 "Controllers"라는 하위 폴더 두 개를 만든다.

프로젝트 창에서 Player32×32 스프라이트 시트 옆에 달린 작은 삼각형을 클릭한 다음 플레이어가 오른쪽으로 걷는 모양인 첫 번째 플레이어 스프라이트를 선택한다. Shift 키를 누른 채로 바로 옆에 있는 스프라이트 세 개도 같이 선택한다. 그림 3-12처럼 선택한 스프라이트 네 개를 PlayerObject로 끌어다 놓는다.

▲ 그림 3-12 스프라이트를 PlayerObject로 끌어다 놓아서 새로운 애니메이션 생성

그림 3-13처럼 새로운 애니메이션을 생성하는 창이 나타나면 이 애니메이션을 미리 만들어 놓은 Animations > Animations에 "player-walk-east"라는 이름으로 저장한다.

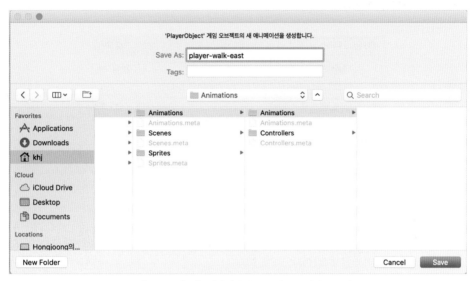

▲ 그림 3-13 새로운 애니메이션 오브젝트를 생성하고 저장

이제 PlayerObject를 선택하고 인스펙터 창을 보면 3-14처럼 스프라이트 렌더러와 애니메이터, 두 가지 새로운 컴포넌트를 볼 수 있다.

스프라이트 렌더러 컴포넌트는 스프라이트를 표시 또는 렌더링하는 역할을 담당한다. 또 유니티가 추가한 애니메이터 컴포넌트에는 애니메이션을 재생할 수 있는 애니메이터 컨트롤러가 들어있다.

▲ 그림 3-14 스프라이트 렌더러와 애니메이터, 두 컴포넌트가 자동으로 더해진다.

스프라이트를 PlayerObject로 끌어다 놓는 방식으로 새로운 애니메이션을 생성하면 이렇게 두 컴포넌트가 PlayerObject에 더해진다.

PlayerObject에 애니메이션을 추가하면 똑똑한 유니티 에디터는 애니메이션을 재생하고 제어할 수단을 마련해주려고 자동으로 애니메이션을 재생할 애니메이터 컴포넌트를 생성하고 애니메이션 컨트롤러 오브젝트인 "PlayerController"를 추가한다. 인스펙터에서 **컴포넌트 추가** 버튼을 누르고 "Animator"를 검색해서 직접 애니메이터를 추가할 수도 있다.

애니메이션 컨트롤러는 "player-walk-east" 애니메이션을 저장했던 폴더에 만들어진다. 이 애니메이션 컨트롤러의 기본 이름은 "PlayerObject"로 플레이어 게임 오브젝트의 이름인 "PlayerObject"와 같아서 헷갈릴 수 있다.

▲ 그림 3-15 첫 번째 애니메이션 오브젝트인 player-walk-east와 함께 자동으로 만들어진
애니메이션 컨트롤러인 PlayerObject

애니메이션 컨트롤러의 이름을 좀 더 의미 있는 이름으로 바꿔보자. PlayerObject 애니메이션 컨트롤러를 선택하고 Enter 키를 누르거나 오른쪽 클릭한 뒤에 이름을 "Player Controller"로 변경한다.

PlayerController 오브젝트를 선택한 뒤에 끌어서 미리 만들어 둔 Controllers 폴더로 옮긴다.

PlayerController 오브젝트를 더블 클릭해서 애니메이터 창을 연다.

애니메이터 상태 머신

애니메이션 컨트롤러는 상태 머신state machine이라고 하는 규칙을 따른다. 상태 머신은 플레이어의 상태를 바탕으로 플레이어 오브젝트를 대신할 애니메이션 클립을 결정하는 용도로 쓰인다. 플레이어 오브젝트가 사용할 상태를 예로 들면 걷기, 공격, 대기, 사망 등이 있다. 예제 게임에서는 이런 상태를 다시 방향에 따라 나누려 한다. 플레이어가 위, 아래, 좌, 우를 향할 수 있기 때문이다. 플레이어의 상태는 그림 3-16처럼 흐름도와 비슷한 형태로 애니메이터 창에 나타난다.

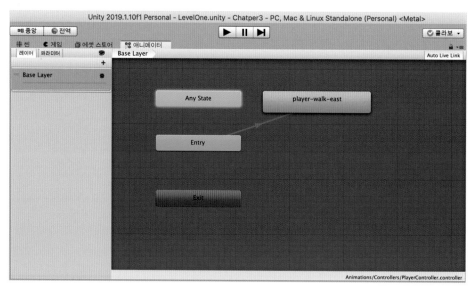

▲ 그림 3-16 애니메이터 창

애니메이션 컨트롤러는 애니메이션을 제어하는 "두뇌"로 생각하면 편하다. 상태 머신에 추가한 애니메이션 오브젝트는 애니메이션 상태 머신의 각 상태를 나타낸다. 이 애니메이션 오브젝트에는 상태에 따라 재생할 애니메이션 클립이 들어있다. 애니메이션 컨트롤러에는 애니메이션 상태를 다른 상태로 전환하는 방법에 관한 세부 내용도 들어있다.

애니메이터 창에서 보듯이 현재 애니메이션 컨트롤러는 Entry, Any State, Exit와 조금 전에 추가한 player-walk-east라는 상태를 지닌다. "Any State"는 "점프"할 때처럼 기존 상태에서 다른 상태로 전환하고 싶을 때 쓰인다.

Exit 상태가 보이지 않으면 창을 이리저리 스크롤 해서 찾아보기 바란다. 마우스의 **스크롤** 버튼이나 트랙패드로 확대 또는 축소하면 더 보기 편한 화면을 만들 수 있고, Option / Alt 키를 누른 채로 배경을 끌고 다니면 애니메이터 창을 이리저리 둘러볼 수 있다. 또 언제든 애니메이션 오브젝트를 옮겨서 자신이 좋아하는 방식으로 배치할 수 있다.

나머지 애니메이션도 추가해보자. Sprites 폴더로 돌아가서 Player32×32 스프라이트 시트에서 아까 선택했던 스프라이트 네 개 바로 다음 네 개를 선택한다. 플레이어가 왼쪽으로 걸어갈 때 사용할 스프라이트다. 조금 전에 오른쪽으로 걷는 애니메이션을 만들었던 방법과 똑같이 선택한 스프라이트 네 개를 PlayerObject로 끌어다 놓는다. 새로운 애니메이션을 저장하는 창이 나타나면 이름을 "player-walk-west"로 입력하고 Animations > Animations 폴더에 저장한다. 그리고 애니메이션 창에 새로운 애니메이션이 나타나는지 확인한다.

같은 방식으로 위와 아래로 걷는 애니메이션을 만든다. 위와 아래로 걷는 애니메이션의 프레임은 네 개씩이 아니라 두 개씩이라는 점에 주의한다. 각각 "player-walk-south", "player-walk-north"라는 이름으로 Animations > Animations 폴더에 저장한다.

그림 3-17은 네 가지 애니메이션 오브젝트를 전부 추가한 애니메이터 창의 모습이다. 네 가지 애니메이션 오브젝트는 각각 네 방향으로 걷는 상태를 나타내며 각 애니메이션 클립을 가리키는 참조를 담고 있다.

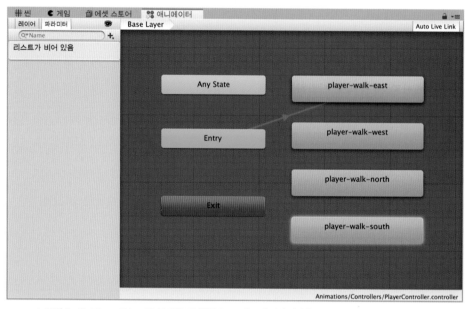

▲ 그림 3-17 PlayerObject에 추가한 네 방향으로 걷는 애니메이션을 모두 보여주는 애니메이터 창

이렇게 애니메이션을 만들었어도 아직 화면 위에는 아무런 움직임이 없다. 마지막 단계가 남았다. 계층 구조 창에서 Main Camera 게임 오브젝트를 선택하고 크기 속성을 1로 설정한다. 임시로 플레이어를 크게 표시하려고 이렇게 했다. 카메라에 관해서는 나중에 다시 설명한다.

툴바의 **재생** 버튼을 누른다. 별문제가 없다면 그림 3-18처럼 플레이어가 제자리에서 미친 듯이 달리는 모습이 나타난다.

▲ 그림 3-18 픽셀 느낌을 살려서 표현한 플레이어

날뛰는 플레이어를 진정시켜 보자. 프로젝트 창에서 PlayerController를 더블클릭하거나
애니메이터 탭을 선택해서 애니메이터 창을 연 다음 "player-walk-east" 애니메이션
을 선택하고 그림 3-19처럼 속력 속성의 값을 0.6으로 바꾼다.

❶ 인스펙터	🔒 ▾≡

player-walk-east	🗗 ✿,
태그	

Motion	🔟 player-walk-east	◎
속력	0.6	
멀티플라이어	▾	☐ 파라미터
Normalized Time		☐ 파라미터
미러	☐	☐ 파라미터
사이클 오프셋	0	☐ 파라미터
Foot IK	☐	
Write Defaults	☑	

Transitions	Solo Mute
리스트가 비어 있음	
	—

동작 추가

▲ 그림 3-19 애니메이션의 속력 변경

다시 **재생** 버튼을 누르고 플레이어가 적당한 속력으로 걷는지 확인한다. 더 자연스러워 보이는 값으로 바꿔도 상관없다.

재생 버튼을 다시 한번 눌러서 씬의 재생을 멈춘다.

플레이어가 가만히 있는 대기idle 상태에도 애니메이션을 추가해 보자. Sprites 폴더의 Player32×32 스프라이트 시트에서 Player32×32_12와 Player32×32_13 스프라이트를 선택하고 PlayerObject로 끌어다 놓는다. 애니메이션 생성 창에서 이름을 "player-idle"로 입력하고 Animations > Animations 폴더에 저장한다.

이제 EnemyWalk_1과 EnemyIdle_1 스프라이트 시트에서 적으로 사용할 애니메이션을 생성하고 저장하려 한다. 두 스프라이트 시트에 들어있는 다섯 개의 스프라이트를 EnemyObject로 끌어다 놓아 각각 enemy-walk-1, enemy-idle-1이라는 애니메이션을 만든다. EnemyObject 애니메이션 컨트롤러의 이름을 EnemyController로 바꾸고 Animations > Controllers 폴더로 옮긴다. 애니메이션은 모두 Animations > Animations 폴더로 옮긴다.

콜라이더

다음으로 콜라이더(충돌체)를 알아보자. 콜라이더는 게임 오브젝트에 추가하는 컴포넌트로 유니티 물리 엔진은 이 콜라이더를 사용해서 두 오브젝트 사이에 충돌이 일어났는지 확인한다. 콜라이더의 모양은 자유롭게 바꿀 수 있으며 대개 오브젝트의 윤곽과 거의 같은 모양으로 만들어진다. 모양이 복잡해서 윤곽을 정확하게 계산하기 어려운 오브젝트나 딱히 윤곽을 정확하게 계산할 필요가 없는 오브젝트라면 얼추 비슷한 모양의 콜라이더를 사용해서 충돌을 계산해도 실제 게임 중에 사용자가 구분하지 못할 때가 많다. 이렇게 오브젝트를 어림한 모양을 만들 때 "프리미티브 콜라이더"라는 콜라이더를 사용한다. 프리미티브 콜라이더는 프로세서의 부담을 덜어주는 장점도 있다. 유니티 2D의 프리미티브 콜라이더는 박스 콜라이더 2D와 써클 콜라이더 2D, 두 가지다.

PlayerObject를 선택하고 인스펙터에서 **컴포넌트 추가** 버튼을 누른다. 그림 3-20처럼 "Box Collider 2D"를 검색하고 선택해서 PlayerObject에 박스 콜라이더 2D 컴포넌트를 추가한다.

▲ 그림 3-20 PlayerObject에 박스 콜라이더 2D 추가.

플레이어와 적이 충돌할 때를 알아야 하므로 EnemyObject에도 똑같이 박스 콜라이더 2D를 추가한다.

리지드바디 컴포넌트

리지드바디(강체) 컴포넌트를 추가한 게임 오브젝트는 유니티 물리 엔진과 상호작용할 수 있다. 유니티는 리지드바디로 중력 같은 힘을 적용할 게임 오브젝트를 구별한다. 또 리지드바디를 사용하면 스크립트를 통해 작성한 힘을 게임 오브젝트에 적용할 수 있다. 예를 들어 리지드바디를 추가한 "car"라는 게임 오브젝트가 있을 때, 사용자가 누른 버튼이 가속 버튼인지 터보 버튼인지에 따라 car 오브젝트에 정해진 힘을 적용해서 지금 향하고 있는 방향으로 달리게 할 수 있다.

PlayerObject를 선택한 다음 인스펙터 창에서 **컴포넌트 추가** 버튼을 누르고 "리지드바디 2D"를 검색해서 PlayerObject에 추가한다. 리지드바디 2D 컴포넌트의 바디 타입 속성 오른쪽에 있는 드롭다운에서 "동적"을 선택한다. 동적 리지드바디는 다른 오브젝트와 충돌하거나 상호작용할 수 있다. 리지드바디 2D의 선 항력, 각 항력을 0으로 설정하고 질량 속성은 1로 설정한다.

바디 타입 드롭다운 메뉴를 보면 키네마틱이 있다. 키네마틱 리지드바디 2D 컴포넌트는 중력 등 외부의 물리적 힘에 영향을 받지 않는다. 속도를 지닐 수 있지만 대개 스크립트를 통해 트랜스폼 컴포넌트의 값이 바뀔 때만 움직인다. 앞서 설명한 힘을 적용해서 게임 오브젝트를 움직이는 방식과 전혀 다르다. 세 번째 바디 타입인 정적을 선택한 오브젝트는 게임 안에서 절대 움직이지 않는다.

EnemyObject를 선택하고 리지드바디 2D 컴포넌트를 추가한 뒤에 마찬가지로 동적으로 설정한다.

이제 리지드바디 2D를 추가한 플레이어와 적은 중력의 적용을 받는다. 위에서 아래로 내려보는 탑다운 시점을 사용해서 만들 게임이므로 플레이어가 화면 밖으로 떨어지지 않게 중력을 없애야 한다. 편집 메뉴에서 **프로젝트 설정 > 물리 2D**를 선택하고 중력 Y값을 −9.81에서 0으로 수정한다.

태그와 레이어

태그

게임 오브젝트에 태그를 붙여 놓으면 게임을 실행하는 동안 게임 오브젝트를 참조하거나 다른 게임 오브젝트와 비교하기 쉽다.

PlayerObject를 선택한다. 그림 3-21처럼 인스펙터 창의 왼쪽 위에 있는 태그 드롭다운 메뉴를 선택하고 PlayerObject에 붙일 Player라는 태그를 선택한다.

▲ 그림 3-21 인스펙터 창에서 PlayerObject에 적용할 Player 태그를 선택

Player라는 태그는 유니티의 모든 씬에 들어 있는 기본 태그다. 필요하다면 원하는 태그를 추가할 수도 있다.

태그 드롭다운에서 "태그 추가…"를 선택하고 "Enemy"라는 태그를 만들어서 EnemyObject에 적용한다. 나중에 게임을 만들어가면서 다른 태그도 추가할 예정이다.

레이어

레이어를 사용하면 게임 오브젝트의 컬렉션을 정의할 수 있다. 이렇게 정의한 컬렉션은 충돌을 확인할 때 서로 인식하고 상호작용할 수 있는 레이어를 정하는 용도로 쓰인다. 레이어를 정하고 나면 두 게임 오브젝트가 충돌했을 때 해야 할 일을 정하는 로직을 스크립트에 작성할 수 있다. 예제에서는 그림 3-22처럼 "Blocking"이라는 사용자 레이어를 새로 만들려 한다.

인스펙터에서 레이어 드롭다운 메뉴를 클릭하고 "레이어 추가..."를 선택한다. 그림 3-22와 같은 창이 나타나면 User Layer 8 필드에 "Blocking"을 입력한다.

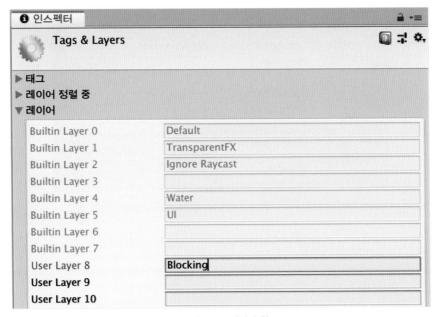

▲ 그림 3-22 레이어 창

이제 PlayerObject를 선택하고 인스펙터에서 속성을 확인한다. 그림 3-23처럼 레이어 드롭다운 메뉴를 클릭하고 방금 만든 Blocking 레이어를 선택해서 PlayerObject가 해당 레이어에 속하도록 한다. EnemyObject를 선택하고 똑같이 인스펙터에서 "Blocking"을 레이어로 설정한다.

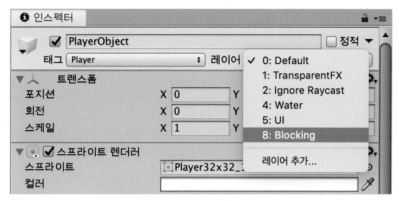

▲ 그림 3-23 드롭다운 메뉴에서 Blocking 레이어 선택

나중에는 특정 게임 오브젝트가 Blocking 레이어 안의 모든 오브젝트를 통과하지 못하게 설정할 예정이다. 예를 들어 플레이어를 모든 벽, 나무, 적과 함께 Blocking 레이어에 넣으면 적은 플레이어를 통과할 수 없고 플레이어는 모든 벽, 나무, 적을 통과할 수 없다.

정렬 레이어

이제 다른 형식의 레이어인 정렬 레이어를 알아보자. 정렬 레이어는 화면 안의 다양한 2D 스프라이트를 "렌더링"할 또는 그릴 순서를 유니티 엔진에 알려준다는 점에서 일반적인 레이어와 다르다. 렌더링과 관련이 있는 정렬 레이어는 항상 렌더러 컴포넌트에 드롭다운 메뉴로 들어 있다.

포인트 앤드 클릭 어드벤처 게임인 팀블위드 파크의 게임 화면(그림 3-24)을 통해 스프라이트를 그리는 "순서"의 의미를 좀 더 자세히 알아보자. 게임 화면을 보면 두 명의 플레이어 캐릭터가 방 안에 서 있다. 서류함, 탁자 등 다양한 가구도 볼 수 있다. 여성 연방 요원인 레이는 서류함 "앞에" 서 있다. 이런 효과를 얻으려면 게임 엔진이 서류 보관함을 그린 다음에 레이 요원을 그려야 한다.

▲ 그림 3-24 서류 보관함과 책상 앞에 서 있는 캐릭터를 보여주는 팀블위드 파크의 게임 화면

팀블위드 파크는 유니티가 아닌 독자적인 게임 엔진을 사용했지만, 모든 엔진에는 픽셀을 렌더링하는 순서를 정하는 로직이 있어야 한다.

예제 게임은 직교 투영orthographic perspective을 통해 위에서 아래로 내려보는 시점을 사용하려 한다. 카메라를 이야기할 때 정확한 의미를 설명하겠지만, 일단은 지면을 먼저 그린 뒤에 플레이어나 적 같은 캐릭터를 그려서 캐릭터가 지면 위를 걷듯이 보이게 만들려고 한다는 점만 알아두기 바란다.

주인공 플레이어와 모든 적에 사용할 "Characters"라는 정렬 레이어를 추가해보자.

그림 3-25처럼 인스펙터 창의 스프라이트 렌더러 컴포넌트에서 정렬 레이어 드롭다운을 누르고 **Add Sorting Layer...**를 선택한다. PlayerObject의 메뉴를 통해 만들고 있지만 이렇게 만든 정렬 레이어는 게임의 어디에서나 사용할 수 있다.

▲ 그림 3-25 정렬 레이어 추가

그림 3-26처럼 "Characters"라는 정렬 레이어를 추가한 뒤 다시 PlayerObject를 클릭하고 그림 3-27처럼 인스펙터 창의 정렬 레이어 드롭다운 메뉴에서 새로 만든 "Characters" 레이어를 선택한다.

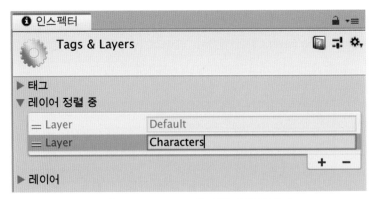

▲ 그림 3-26 Characters라는 정렬 레이어를 추가

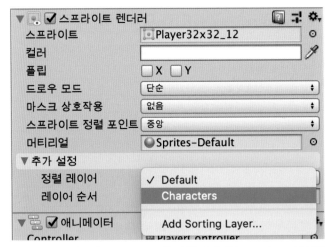

▲ 그림 3-27 새로 만든 Characters라는 정렬 레이어를 PlayerObject에 사용

그런 다음 EnemyObject를 선택하고 똑같이 정렬 레이어를 Characters로 설정한다. 적
도 지면 타일 위에 그리고 싶어서다.

프리팹 소개

유니티에서는 컴포넌트를 추가해 놓은 게임 오브젝트로 "프리팹Prefabs"이라는 에셋을 만들 수 있다. 프리팹은 미리 만들어 둔 게임 오브젝트의 복사본을 새로 만들거나 "인스턴스화instantiate"할 수 있는 조립식 템플릿이라 생각할 수 있다. 프리팹 템플릿을 수정하면 한꺼번에 모든 프리팹을 수정할 수 있어서 매우 유용하다. 한편 하나의 프리팹만 수정하고 나머지는 원본 그대로 둘 수도 있다.

예를 들어 플레이어가 여관 안에 있는 씬이 있다고 하자. 이 여관 안에는 의자, 식탁, 맥주잔 등 다양한 소품이 있다. 모든 소품을 각각 게임 오브젝트로 만들었다면 하나씩 따로 수정해야 한다. 예를 들어 식탁의 색을 밝은 색에서 짙은 색으로 바꾸는 등 모든 식탁의 속성을 하나만 바꾸더라도 식탁을 하나하나 선택해서 속성을 수정해야 한다. 식탁 오브젝트가 프리팹 인스턴스라면 하나의 오브젝트 즉 프리팹의 속성만 바꿔도 프리팹에서 파생한 모든 인스턴스의 속성을 바꿀 수 있다.

이렇게 프리팹을 통해 간단하게 처리하는 방식은 예제 게임을 만드는 동안 계속해서 사용할 예정이다.

게임 오브젝트로 프리팹을 만드는 방법은 간단하다. 먼저 프로젝트 창의 Assets 폴더 안에 Prefabs 폴더를 만든다. 그런 다음 계층 구조 창에서 PlayerObject를 선택하고 Prefabs 폴더로 끌어다 놓는다.

그림 3-28은 PlayerObject를 Prefabs 폴더로 끌어다 놓아 프리팹을 만든 모습이다.

▲ 그림 3-28 게임 오브젝트를 Prefabs 폴더로 끌어다 놓아 프리팹을 만든다.

그림 3-28의 계층 구조 창을 보면 PlayerObject가 다른 색으로 바뀌어 있다. 이 PlayerObject는 프리팹을 기반으로 한다는 뜻이다. 또 앞으로 PlayerObject 프리팹을 수정한 뒤 수정한 내용을 프리팹의 모든 인스턴스에 적용하고 싶다면 프로젝트 창에서 해당 게임 오브젝트를 선택한 채로 그림 3-29처럼 인스펙터 창의 프리팹 오버라이드를 선택하고 모두 **적용** 버튼을 눌러야 한다는 뜻이기도 하다.

▲그림 3-29 오버라이드의 모두 적용 버튼을 누르면 PlayObject에서 수정한 속성을 프리팹의 모든 인스턴스에 적용한다.

이제 계층 구조 창에서 안심하고 PlayerObject를 삭제한다. 언제든 PlayerObject를 다시 만들 수 있는 PlayeObject 프리팹이 있기 때문이다. 프리팹의 모든 인스턴스를 수정하고 싶다면 프리팹 오브젝트를 다시 계층 구조 창으로 끌어다 놓은 뒤에 원하는 대로 수정하고 프리팹 오버라이드 드롭다운 창에서 모두 적용을 누른다.

EnemyObject도 마찬가지다. Prefabs 폴더로 끌어다 놓아 프리팹으로 만들어 놓고 계층 구조 창에서 원래 EnemyObject를 삭제한다. 이쯤에서 한 번 씬을 저장하고 다음으로 넘어가자.

스크립트: 컴포넌트의 로직

이제 지금까지 만든 PlayerObject와 EnemyObject를 움직여보자. PlayerObject 프리팹을 선택하고 계층 구조 창으로 끌어다 놓는다. 인스펙터 창에 PlayerObject의 속성이 그대로 다시 나타나는지 확인한다.

인스펙터 창을 아래로 스크롤하고 **컴포넌트 추가** 버튼을 누른다. 그림 3-30처럼 검색 창에 스크립트를 입력하고 "새 스크립트"를 선택한 뒤에 새로운 스크립트의 이름으로 "MovementController"를 입력하고 **생성하고 추가** 버튼을 누른다.

▲ 그림 3-30 새로운 스크립트의 이름으로 "MovementController"를 입력

프로젝트 창에서 Assets 폴더 안에 "Scripts"라는 폴더를 새로 만든다. Assets 폴더의 최상위에 만들어진 MovementController 스크립트를 Scripts 폴더로 끌어다 놓은 뒤에 더블 클릭해서 비주얼 스튜디오를 연다.

첫 스크립트를 작성해보자. 유니티 스크립트는 C#이라는 언어로 작성해야 한다. MovementController 스크립트를 비주얼 스튜디오에서 열면 그림 3-31 같은 화면이 나타난다.

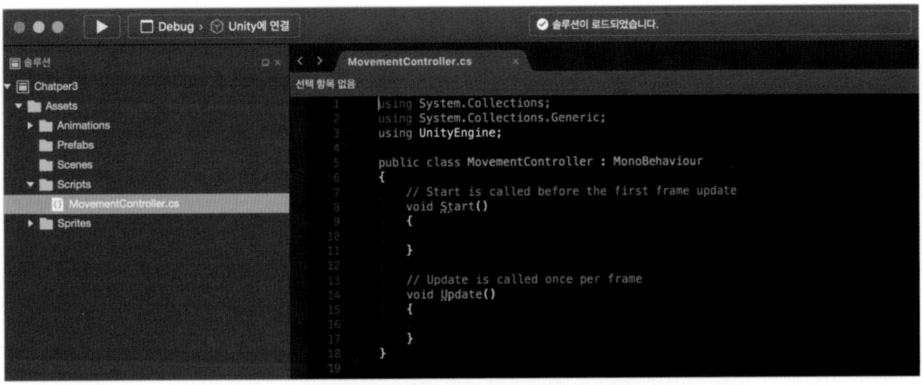

▲그림 3-31 비주얼 스튜디오로 연 MovementController 스크립트

참고 비교적 최근까지 유니티 개발자는 C#과 함께 자바스크립트와 비슷한 "UnityScript"라는 언어로 스
크립트를 작성할 수 있었다. 유니티 2017.2 베타가 나오면서 유니티는 UnityScript를 배제하는 절
차를 밟기 시작했지만, UnityScript 예제는 여전히 어디서나 쉽게 찾아볼 수 있다. 앞으로는 스크
립트를 작성할 때 C#만 사용해야 한다. UnityScript를 배제한 이유를 알고 싶다면 유니티 블로그
https://blogs.unity3d.com/2017/08/11/unityscripts-long-ride-off-into-the-sunset/을 참고한다.

유니티 스크립트의 기본적인 구조를 살펴보자. 다음에 나올 코드는 모두 보이는 그대로
정확하게 입력해야 하며 C#의 모든 행은 세미콜론으로 끝나야 한다. 프로그래밍 언어는
융통성이 별로 없어서 세미콜론, 줄 바꿈, 기타 문자나 숫자의 누락을 허용하지 않는다.
//로 시작하는 행은 설명에 쓰는 주석이라 입력하지 않아도 상관없다. C#의 주석은 맨
앞에 //를 붙이고 설명을 쓰는 방식 또는 /* 뒤에 원하는 주석을 쓰고 */로 닫는 방식으
로 작성할 수 있다.

```
// 1
using System.Collections;
using System.Collections.Generic;
using UnityEngine;

// 2
```

```
public class MovementController : MonoBehaviour
{
// 3
    // 초기화용
    void Start( )
    {

    }

// 4
    // Update는 프레임당 한 번씩 불린다.
    void Update( )
    {

    }
}
```

앞의 코드를 부분별로 살펴보자.

```
// 1
using System.Collections;
using System.Collections.Generic;
using UnityEngine;
```

네임스페이스를 사용해서 C# 프로젝트가 사용하는 클래스의 범위를 체계적으로 정리하고 관리하면 충돌을 피할 수 있다. 개발자를 좀 더 편하게 해주기도 한다. using 키워드를 사용해서 .NET 프레임워크의 네임스페이스를 구체적으로 지정하면 매번 해당 네임스페이스와 메서드의 이름을 전부 입력해야 하는 문제에서 벗어날 수 있다.

예를 들어 다음 코드처럼 System 네임스페이스를 사용했다고 하자.

```
using System;
```

이제 다음과 같이 길게 입력할 필요가 없다.

```
System.Console.WriteLine("Greatest RPG Ever!");
```

대신 이렇게 짧게 입력할 수 있다.

```
Console.WriteLine("Greatest RPG Ever!");
```

이렇게 할 수 있는 이유는 using System; 선언을 통해 이 클래스 파일의 코드가 System 네임스페이스를 사용한다고 명확하게 밝혔기 때문이다.

C#의 네임스페이스는 중첩해서 사용할 수 있다. 즉 System 안의 Collection 같은 네임스페이스 안의 네임스페이스를 참조할 수 있다는 뜻이다. 코드로 작성하면 다음과 같다.

```
using System.Collections;
```

UnityEngine 네임스페이스에는 다양한 유니티 전용 클래스가 들어있다. Mono Behaviour, GameObject, Rigidbody2D, BoxCollider2D 같은 클래스는 이미 씬에서 사용하고 있다. UnityEngine 네임스페이스를 선언하면 C# 스크립트에서도 이런 클래스를 사용할 수 있다.

```
// 2
public class MovementController : MonoBehaviour
```

씬 안의 게임 오브젝트에 컴포넌트로 추가할 클래스라면 UnityEngine 클래스인 MonoBehaviour를 상속해야 한다. MonoBehaviour를 상속한 클래스는 Awake(), Start(), Update(), LateUpdate(), OnCollisionEnter() 같은 메서드를 사용할 수 있으며 이런 메서드가 유니티 이벤트 함수 실행 주기의 적당한 시점에 불린다는 보장을 받는다.

```
// 3
void Start()
```

Start()는 부모 클래스인 MonoBehaviour 클래스가 제공하는 메서드의 하나다. 나중에 이벤트 함수 실행 주기에 관해 자세히 설명하겠지만 일단 이름에서 짐작할 수 있듯이 Start() 함수는 스크립트를 실행하자마자 불리는 메서드의 하나다. Start() 메서드는 다음과 같은 조건을 만족한다면 첫 번째 프레임을 업데이트하기 전에 불린다.

1. MonoBehaviour를 상속한 클래스여야 한다. MovementController는 Mono Behaviour를 상속한 클래스다.
2. 초기화할 때 사용할 수 있는 상태enabled인 스크립트여야 한다. 기본적으로 스크립트는 사용할 수 있는 상태다. 하지만 초기화할 때 문제를 일으킬 가능성이 있는 스크립트라면 사용할 수 없는 상태로 설정할 수도 있다.

```
// 4
void Update()
```

Update() 메서드는 프레임당 한 번씩 불리며 게임의 동작을 업데이트하는 용도로 쓰인다. Update()는 프레임당 한 번씩 불리므로 초당 24프레임 속도의 게임이면 1초에 Update()를 24번 호출한다. 하지만 호출하는 간격은 조금씩 달라질 수 있다. 메서드를 일정한 간격으로 호출할 필요가 있다면 FixedUpdate() 메서드를 사용해야 한다.

기본적인 MonoBehaviour 스크립트를 알아봤으니 이제 MovementController 클래스를 다음과 같이 수정한다.

```
using System.Collections;
using System.Collections.Generic;
```

```csharp
using UnityEngine;

public class MovementController : MonoBehaviour
{
    //1
    public float movementSpeed = 3.0f;

    // 2
    Vector2 movement = new Vector2();

    // 3
    Rigidbody2D rb2D;

    private void Start()
    {
      // 4
      rb2D = GetComponent<Rigidbody2D>();
    }

    private void Update()
    {
      // 지금은 비워둔다.
    }

    // 5
    void FixedUpdate()
    {
      // 6
      movement.x = Input.GetAxisRaw("Horizontal");
      movement.y = Input.GetAxisRaw("Vertical");

      // 7
      movement.Normalize();

      // 8
      rb2D.velocity = movement * movementSpeed;
    }
}
```

```
// 1
public float movementSpeed = 3.0f;
```

캐릭터가 움직이는 속력을 변경하거나 설정할 때 사용할 float 변수를 퍼블릭으로 선언한다. 퍼블릭으로 선언했으므로 이 스크립트를 추가한 게임 오브젝트를 선택하면 인스펙터 창에 movementSpeed 변수가 나타난다.

그림 3-32를 통해 인스펙터 창의 Movement Controller (Script)에서 퍼블릭 변수를 표현하는 방식을 살펴보자. 유니티는 자동으로 퍼블릭 변수의 첫 문자를 대문자로 바꾸고 처음 나오는 대문자 바로 앞에서 한 칸을 띄워서 표시한다. 즉 "movementSpeed"는 인스펙터에 "Movement Speed"로 나타난다는 뜻이다.

▲ 그림 3-32 퍼블릭 변수인 movementSpeed의 첫 문자를 대문자로 바꾸고 한 칸을 띄워서 보여준다.

```
// 2
Vector2 movement = new Vector2();
```

Vector2는 2차원 벡터나 위치를 표현하는 기본 데이터 구조다. Vector2를 사용해서 2D 공간 안에서 플레이어와 적 캐릭터의 현재 위치 또는 목적지를 표현하려 한다.

```
// 3
Rigidbody2D rb2D;
```

Rigidbody2D의 참조를 저장할 변수를 선언한다.

```
// 4
rb2D = GetComponent<Rigidbody2D>();
```

GetComponent 메서드는 Type 형식의 파라미터를 입력받아서 현재 게임 오브젝트가 지닌 컴포넌트 중에서 Type이 동일한 컴포넌트가 있으면 반환하는 메서드다. 예제에서는 유니티 에디터에서 PlayerObject에 추가한 Rigidbody2D 컴포넌트의 참조를 얻으려고 GetComponent〈Rigidbody2D〉를 호출한다. 이렇게 얻은 Rigidbody2D 컴포넌트를 사용해서 플레이어를 움직일 예정이다.

```
// 5
FixedUpdate()
```

앞서 FixedUpdate()는 유니티 엔진이 일정한 간격으로 호출하는 메서드라고 이야기했다. 프레임당 한 번씩 불리는 Update() 메서드와는 확연히 다르다. Update()는 속도가 느린 기기에 실행해서 게임의 프레임 속도가 떨어지는 상황이 오면 호출 빈도가 줄어들 수 있다.

```
// 6
movement.x = Input.GetAxisRaw("Horizontal");
movement.y = Input.GetAxisRaw("Vertical");
```

Input 클래스는 사용자의 입력을 획득할 수 있는 몇 가지 방법을 제공한다. 예제 코드는 GetAxisRaw() 메서드를 사용해서 사용자 입력을 획득하고 획득한 값을 Vector2 구조체의 x와 y변수에 대입한다. GetAxisRaw() 메서드는 입력을 받을 2D 축을 지정하는 Horizontal(수평)이나 Vertical(수직)을 파라미터로 받고 유니티 입력 매니저가 전달하는 −1, 0, 또는 1을 반환한다.

"1"은 오른쪽 키 또는 "d"(일반적인 w, a, s, d 입력 설정일 때)를 눌렀다는 뜻이고 "−1"은 왼쪽 키 또는 "a"를 눌렀다는 뜻이다. "0"은 누른 키가 없다는 뜻이다. 입력키 설정은 나중에 설명할 유니티 입력 매니저를 통해서 할 수 있다.

```
// 7
movement.Normalize();
```

이 코드는 벡터를 정규화normalize해서 플레이어가 대각선, 수직, 수평, 어느 방향으로 움직이든 일정한 속력을 유지하게 한다.

```
// 8
rb2D.velocity = movement * movementSpeed;
```

movement 벡터와 movementSpeed를 곱한 결과를 PlayerObject에 추가한 Rigidbody2D의 velocity에 대입하면 플레이어가 움직인다.

유니티 에디터로 돌아가서 계층 구조 창에 PlayerObject가 있는지 확인한다. 없다면 Prefabs 폴더에서 PlayerObject를 계층 구조 창으로 끌어다 놓는다.

마지막으로 매우 중요한 과정이 남았다. 작성한 스크립트를 PlayerObject에 추가해야 한다.

PlayerObject에 스크립트를 추가하려면 Scripts 폴더의 MovementController 스크립트를 계층 구조 창의 PlayerObject로 끌어다 놓는다. PlayerObject가 선택 중이면 인스펙터 창으로 끌어다 놓아도 상관없다. 이렇게 유니티 에디터에서 오브젝트에 스크립트를 추가할 수 있다. PlayerObject에 추가한 MovementController 스크립트는 PlayerObject의 다른 컴포넌트를 사용할 수 있다.

이제 **재생** 버튼을 누른다. 플레이어 캐릭터가 걷고 있으면 키보드의 방향키나 W, A, S, D 키를 눌러서 플레이어가 전후좌우로 움직이는지 확인한다.

축하한다! 이제 막 전기 신호에 불과했던 캐릭터에게 생명을 불어넣었다. 큰 힘에는 무엇이 따르는지 알고 있으리라 믿는다.

상태와 애니메이션

상태 머신 심화 과정

캐릭터를 움직이는 방법을 알았으니 이제 플레이어의 상태에 따라 애니메이션을 전환하는 방법을 알아보자.

Animations > Controllers 폴더로 가서 PlayerController 오브젝트를 더블클릭하면 앞서 설정한 상태 머신을 보여주는 애니메이터 창이 나타난다. 이미 설명했듯이 유니티의 애니메이션 상태 머신을 통해 플레이어의 다양한 상태와 함께 각 상태에 관한 애니메이션 클립을 모두 볼 수 있다.

각 애니메이션 상태 오브젝트를 클릭하고 끌어다 놓아 그림 3-33처럼 배치한다. player-idle을 한쪽으로 옮기고 player-walk-? 애니메이션 네 개를 반대쪽으로 모은다. 정확하게 줄까지 맞출 필요는 없다. 애니메이션 상태 오브젝트 사이에 있는 화살표가 잘 보여야 한다는 점이 핵심이다.

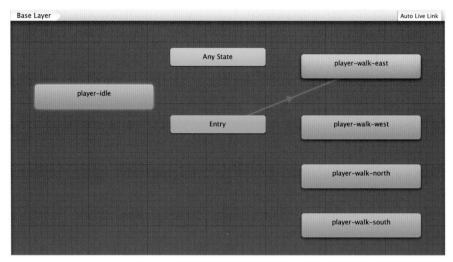

▲ 그림 3-33 애니메이터 창에서 애니메이션 상태 구성

그림 3-33을 보면 player-walk-east 상태가 주황색이다. 주황색은 이 애니메이터의 기본 상태를 나타낸다. 그림 3-34처럼 "player-idle" 애니메이션 상태를 오른쪽 클릭하고 "레이어 기본 상태로 설정"을 선택한다. "player-idle"이 주황색으로 바뀌는지 확인한다.

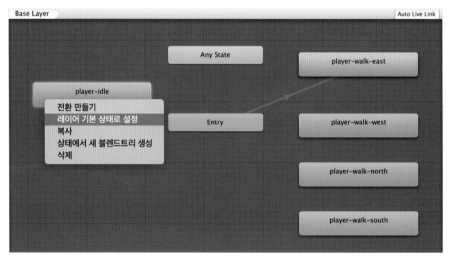

▲ 그림 3-34 Player-idle 애니메이션을 오른쪽 클릭하고 "레이어 기본 상태로 설정"을 선택해서 기본 애니메이션으로 설정한다.

player-idle을 기본 상태로 변경한 이유는 방향키를 누르지 않았을 때 플레이어가 대기 상태로 사용자를 바라보게 하고 싶어서다. 이렇게 하면 플레이어가 사용자의 행동을 기다리는 느낌을 준다.

이제 "Any State"를 선택하고 오른쪽 클릭한 뒤 "전환 만들기"를 선택한다. 마우스 커서 주위로 화살표가 달린 선이 나타나면 "player-walk-east"를 클릭해서 Any State와 player-walk-east 사이에 전환을 만든다.

제대로 했으면 그림 3-35처럼 보여야 한다.

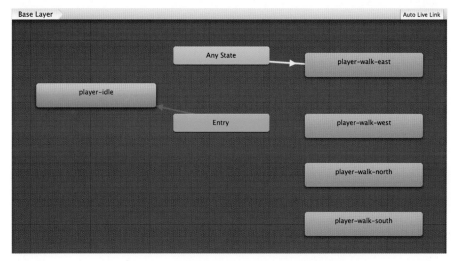

▲ 그림 3-35 Any State에서 player-walk-east로 전환 생성

이제 남은 다른 상태에도 똑같이 전환을 추가한다. Any State를 오른쪽 클릭하고 전환 만들기를 선택한 뒤에 각 애니메이션 상태를 하나씩 선택해서 전환을 만든다. 앞서 말했듯이 "Any State"는 기존 상태에서 "점프"로 전환하는 등 상태를 전환하고 싶을 때 사용하는 상태다.

그림 3-36처럼 총 다섯 개의 하얀색 화살표가 Any State에서 나와 네 개의 player-walk-? 애니메이션 상태와 player-idle 애니메이션 상태를 가리켜야 한다. 또 그림 3-36처럼 주황색 기본 상태 화살표가 Entry 상태에서 player-idle 상태로 이어져야 한다.

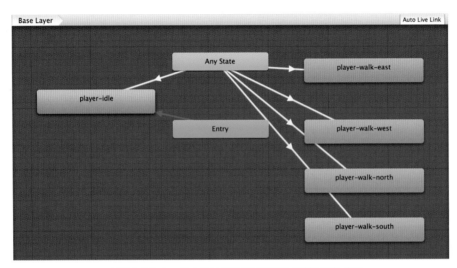

▲ 그림 3-36 Any State에서 모든 애니메이션 상태로 전환 생성

애니메이션 파라미터

지금까지 만든 전환과 상태를 사용하려면 애니메이션 파라미터가 필요하다. 애니메이션 파라미터란 애니메이션 컨트롤러에 정의하는 변수로 스크립트에서 애니메이션 상태 머신을 제어할 때 사용한다.

이제 애니메이션 파라미터를 만든 뒤에 MovementController 스크립트와 각 전환에 이 애니메이션 파라미터를 적용해서 PlayerObject를 제어하고 플레이어가 화면을 돌아다니게 하려 한다.

그림 3-37처럼 애니메이터 창의 왼쪽에 있는 파라미터 탭을 선택한다. 그림 3-38처럼 덧셈 기호를 누르고 드롭다운에서 "Int"를 선택한다. 그리고 그림 3-39처럼 만들어진 애니메이션 파라미터의 이름을 "AnimationState"로 바꾼다.

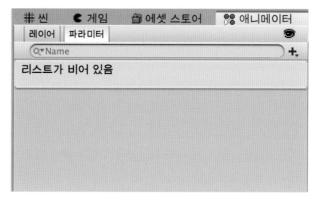

▲그림 3-37 애니메이터 창의 파라미터 탭

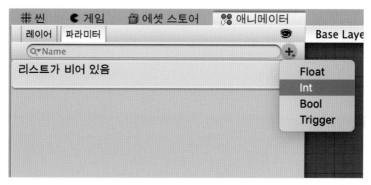

▲그림 3-38 드롭다운 메뉴에서 Int 선택

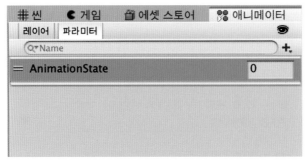

▲ 그림 3-39 애니메이션 파라미터의 이름을 AnimationState로 변경

이제 각 전환의 애니메이션 파라미터에 조건을 설정하려 한다. 게임을 플레이하는 동안 애니메이터는 언제든 조건이 참인 애니메이션 상태로 전환해서 해당 상태의 애니메이션 클립을 재생한다. 예제에서는 PlayerObject에 애니메이터 컴포넌트를 추가했으므로 애니메이션 클립은 씬 안에 있는 PlayerObject의 트랜스폼 컴포넌트의 위치에 나타난다. 애니메이션 파라미터의 조건을 참으로 설정하는 스크립트를 사용해서 상태를 전환해보려 한다.

Any State에서 player-walk-east 상태로 이어진 전환 선을 선택하고 인스펙터 창을 그림 3-40과 똑같이 설정한다.

▲그림 3-40 인스펙터에서 전환 설정

종료 시간 있음, 고정 지속 시간, 자체 전환 가능의 체크를 해제한다. **전환 지속 시간(%)**은 0으로, **중단 소스**는 "Current State Then Next State"로 설정한다.

종료 시간 있음의 체크를 해제하는 이유는 사용자가 다른 키를 누르면 애니메이션을 중단하고 싶어서다. **종료 시간 있음**을 체크하면 다음 애니메이션을 시작하기 전에 현재 애니메이션을 "종료 시간"에 설정한 %까지 재생하고 종료하므로 사용자 경험을 해칠 수 있다.

인스펙터의 아래쪽을 보면 "Conditions"라는 영역이 있다. 그림 3-41처럼 오른쪽 아래에 있는 덧셈 기호를 클릭한 뒤에 차례대로 AnimationState, Equals를 선택하고 마지막에 1을 입력한다. 방금 만든 조건에 따라 이제 애니메이션 파라미터 AnimationState가 1이면 이 애니메이션 상태로 들어와서 애니메이션을 재생한다. 앞으로 작성할 스크립트에서 상태를 전환할 때 사용할 방법이기도 하다.

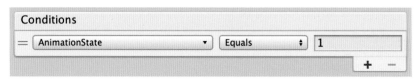

▲ 그림 3-41 애니메이션 파라미터 AnimationState의 조건 설정

참고 AnimationState 옆의 드롭다운을 "Equals"로 바꾸지 않고 기본값인 "Greater"로 그냥 두고 넘어가지 않게 조심해야 한다. 조건을 Equals로 설정하지 않으면 전환이 제대로 이뤄지지 않는다.

이제 실제로 스크립트에서 AnimationState 파라미터를 1로 설정하는 일이 남았다. 비주얼 스튜디오로 돌아가서 MovementController.cs 스크립트를 열고 `Movement Controller` 클래스의 코드를 다음과 같이 바꾼다.

```
using System.Collections;
using System.Collections.Generic;
using UnityEngine;

public class MovementController : MonoBehaviour
{
```

```
    public float movementSpeed = 3.0f;
    Vector2 movement = new Vector2( );

// 1
    Animator animator;

// 2
    string animationState = "AnimationState";
    Rigidbody2D rb2D;

// 3
    enum CharStates
    {
      walkEast = 1,
      walkSouth = 2,
      walkWest = 3,
      walkNorth = 4,
      idleSouth = 5
    }

    private void Start( )
    {
// 4
      animator = GetComponent<Animator>( );
      rb2D = GetComponent<Rigidbody2D>( );
    }

    private void Update( )
    {
// 5
      UpdateState( );
    }

    void FixedUpdate( )
    {
// 6
      MoveCharacter( );
    }
```

```
    private void MoveCharacter()
    {
      movement.x = Input.GetAxisRaw("Horizontal");
      movement.y = Input.GetAxisRaw("Vertical");

      movement.Normalize();
      rb2D.velocity = movement * movementSpeed;
    }

    private void UpdateState()
    {
// 7
      if (movement.x > 0)
      {
        animator.SetInteger(animationState, (int)CharStates.walkEast);
      }
      else if (movement.x < 0)
      {
        animator.SetInteger(animationState, (int)CharStates.walkWest);
      }
      else if (movement.y > 0)
      {
        animator.SetInteger(animationState, (int)CharStates.walkNorth);
      }
      else if (movement.y < 0)
      {
        animator.SetInteger(animationState, (int)CharStates.walkSouth);
      }
      else
      {
        animator.SetInteger(animationState, (int)CharStates.idleSouth);
      }
    }
}
```

```
// 1
Animator animator;
```

---

animator라는 변수를 만든다. 나중에 이 스크립트를 추가할 게임 오브젝트의 애니메이터 컴포넌트를 가리키는 참조를 저장할 변수다.

```
// 2
string animationState = "AnimationState";
```

문자열을 사용해야 하는 곳에 문자열 값을 직접 적는 코딩 방식을 "하드코딩"이라고 한다. 불가피하게 일어나는 오타는 곧 버그로 이어지므로 문자열을 변수에 한 번 대입해 놓고 문자열을 참조해야 할 때마다 이 변수를 사용해서 버그가 일어날 가능성을 원천 차단해야 한다.

```
// 3
enum CharStates
```

"enum" 데이터 형식을 사용하면 열거형 상수를 선언할 수 있다. 각 열거형 상수는 뒤에 적은 int(정수) 등의 값과 일치하므로 열거형을 참조하면 해당 값을 얻을 수 있다.

예제 코드는 CharStates라는 열거형을 선언하고 이 열거형을 사용해서 위, 아래, 왼쪽, 오른쪽 등 다양한 캐릭터의 상태와 int 값을 매핑한다. 곧 이 int 값을 사용해서 애니메이션 상태를 설정할 예정이다.

```
// 4
animator = GetComponent<Animator>();
```

이 스크립트를 추가한 게임 오브젝트의 애니메이터 컴포넌트를 가져와서 저장한다. 컴포넌트 참조를 저장해놓으면 나중에 필요할 때마다 다시 가져오지 않고 바로 이 변수를 사용할 수 있다. GetComponent는 스크립트 안에서 다른 컴포넌트를 사용하는 가장 일반적인 방법이다. 심지어 다른 스크립트도 사용할 수 있다.

```
// 5
UpdateState();
```

애니메이션 상태 머신을 업데이트하려고 작성한 함수를 호출한다. 코드를 깔끔하게 유지하고 가독성을 높이고자 업데이트 로직을 별도의 메서드로 옮겼다. 메서드가 길어지면 코드를 읽기 어렵다. 코드를 읽기 어려우면 디버그, 테스트, 유지보수가 어려워진다.

```
// 6
MoveCharacter();
```

코드를 깔끔하게 유지하고 가독성을 높이려고 플레이어를 움직이는 코드를 별도의 메서드로 옮겼다.

```
// 7
```

이어지는 if-else-if 구문은 호출한 Input.GetAxisRaw()의 반환 값이 -1, 0, 또는 1인지 확인하고 반환 값에 따라 캐릭터를 움직인다. 예를 들면 다음과 같다.

```
if (movement.x > 0)
{
    animator.SetInteger(animationState, (int)CharStates.walkEast);
}
```

x축 움직임이 0보다 크면 사용자가 오른쪽으로 가는 키를 눌렀다는 뜻이다.

오른쪽 키를 눌렀으니 상태를 player-walk-east로 바꾸라고 애니메이터 오브젝트에 알려야 한다. 따라서 앞서 만든 애니메이션 파라미터의 값을 설정하는 SetInteger() 메서드를 호출해서 상태를 전환한다.

`SetInteger( )`는 문자열과 int 값, 두 개의 파라미터를 받는다. 첫 번째 값은 유니티 에디터에서 만들었던 "AnimationState"라는 애니메이션 파라미터다(그림 3-42).

▲ 그림 3-42 스크립트에서 설정한 애니메이션 파라미터

편의상 `SetInteger( )`에 첫 번째 파라미터로 전달할 애니메이션 파라미터의 이름을 animationState라는 문자열 변수에 저장했다.

`SetInteger( )`의 두 번째 파라미터는 AnimationState에 설정할 실제 값이다. CharStates 열거형의 각 값은 int 값이므로 다음과 같이 사용할 수 있다.

`CharStates.walkEast`

어떤 값이 들어있든 상관없이 열거형인 walkEast를 사용하고 있다. 예제에서 walkEast는 1에 해당한다. 그리고 변수 왼쪽에 (int)를 붙여서 명시적으로 int로 형변환을 해야 한다. 열거형을 형변환해야 하는 이유를 설명하려면 이 책의 범위를 벗어난다. 일단 C# 언어의 내부 구현 방식 때문에 그렇게 해야 한다고 알고 넘어가자.

스크립트를 저장하고 유니티 에디터로 돌아가서 남은 상태도 모두 사용할 수 있게 바꿔보자. player-walk-south로 이어진 하얀색 전환 화살표를 선택하고 인스펙터에서 Conditions를 찾아서 덧셈 기호를 클릭한다. 차례대로 AnimationState, Equals를 선택하고 마지막에 2를 입력한다. 이 값 2는 방금 작성한 스크립트의 열거형에 있던 값 2에 해당한다.

이제 player-walk-west, player-walk-north, player-idle 상태로 이어진 전환 화살표를 하나하나 선택해 가면서 인스펙터 창을 통해 조건을 추가하고 CharStates 열거형에 선언한 값과 일치하는 값을 입력한다.

```
enum CharStates
{
    walkEast = 1,
    walkSouth = 2,
    walkWest = 3,
    walkNorth = 4,

    idleSouth = 5
}
```

각 전환을 설정할 때 잊지 말고 그림 3-40처럼 **중단 소스**를 "Current State Then Next State"로 선택하고 **종료 시간 있음, 고정 지속 시간, 순차적 중단, 자체 전환 가능**의 체크를 해제하고 **전환 지속 시간(%)**을 0으로 설정해야 한다.

이제 진짜 마지막이다. 각 player-walk-? 애니메이션 상태 오브젝트를 클릭하고 속력을 모두 0.6으로 수정한다. player-idle 애니메이션의 속력은 0.25로 수정한다. 이렇게 하면 플레이어 애니메이션이 자연스러워 보인다.

이제 게임에 필요한 플레이어 애니메이션은 대부분 준비가 끝났다. **재생** 버튼을 누르고 화살표 키나 **W, A, S, D**를 눌러서 캐릭터가 화면을 잘 돌아다니는지 확인한다. 확인했다면 기지개를 한 번 쭉 펴도 좋다.

팁   C# 메서드의 파라미터를 잊어버렸다면 그림 3-43처럼 비주얼 스튜디오가 팝업으로 보여주는 메서드 정보를 확인하기 바란다. Enter 키를 누르면 메서드 호출을 자동으로 완성할 수 있다.

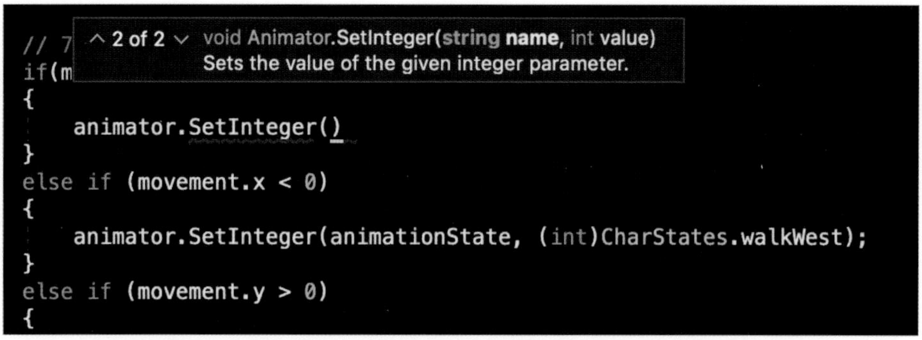

```
// 7            ∧ 2 of 2 ∨   void Animator.SetInteger(string name, int value)
if(m                          Sets the value of the given integer parameter.
{
    animator.SetInteger()
}
else if (movement.x < 0)
{
    animator.SetInteger(animationState, (int)CharStates.walkWest);
}
else if (movement.y > 0)
{
```

▲ 그림 3-43 비주얼 스튜디오는 메서드 파라미터의 이름과 형식을 팝업으로 보여준다.

요약

3장을 통해 유니티로 게임을 만들 때 필요한 핵심 지식을 두루 설명했다. 먼저 유니티를 뒷받침하는 설계 철학과 컴퓨터 과학 원리를 설명했다. 유니티 게임이 씬으로 만들어진 다는 점과 씬 안의 모든 것이 게임 오브젝트라는 점도 설명했다. 콜라이더와 리지드바 디 컴포넌트를 사용해서 두 게임 오브젝트의 충돌을 확인하는 방법과 유니티 물리 엔진 이 상호작용을 처리하는 방법을 배웠다. 태그를 사용해서 게임을 실행하는 동안 스크립 트에서 PlayerObject 같은 게임 오브젝트를 참조하는 방법도 배웠다. 그 밖에 게임 오 브젝트를 묶을 때 사용하는 유용한 도구인 레이어도 빼놓을 수 없다.

3장에서 배운 가장 유용한 개념의 하나는 프리팹이다. 프리팹은 미리 만들어 놓은 에셋 템플릿이라 할 수 있으며 프리팹을 사용하면 에셋의 복사본을 새로 만들 수 있다. 예를 들어 게임을 진행하는 동안 수백 개의 적 오브젝트가 필요한 게임 또는 플레이어를 죽 일 작정으로 한 번에 수백 명의 적을 쏟아붓는 게임을 만들고 있다고 하자. 적 프리팹 하나를 만들어 놓고 이 프리팹으로 적 게임 오브젝트의 복사본을 인스턴스화 하면 수백 개의 적 게임 오브젝트를 하나하나 만들 필요가 없다. 또 유니티 스크립트를 작성하는 방법을 배우기 시작했고 이를 바탕으로 계속 지식을 쌓아갈 예정이다. 첫 번째 스크립트로 PlayerObject의 트랜스폼 컴포넌트를 옮겨서 플레이어가 화면을 돌아다니게 하는 스크립트를 작성하기도 했다. 또한, 스크립트는 애니메이터 상태 머신이 플레이어 상태와 애니메이션 클립 사이의 전환을 제어하기 위해 사용하는 애니메이션 파라미터를 설정했다. 많은 내용을 설명했지만 이제 시작일 뿐이다!

게임 세계 구축

지금까지 기본적인 캐릭터 애니메이션을 만드는 방법과 애니메이션의 상태를 전환하는 방법을 배웠다. 이제 캐릭터가 살아갈 게임 세계를 만들 차례다. 2차원(2D) 세계는 타일을 연속으로 배치해서 배경을 채우고 그 위에 다른 타일을 올려서 입체감을 주는 식으로 만들 때가 많다. 여기서 타일은 알맞은 크기로 자른 스프라이트일 뿐이며 대개 타일 팔레트를 사용해서 배치한다. 기획자나 개발자는 타일맵을 여러 겹으로 쌓아 올려서 나무, 하늘 높이 나는 새, 멀리 있는 산 등의 효과를 만들 수 있다. 4장에서는 이렇게 다양한 타일 활용법을 배운다. 자신만의 RPG 게임에 쓸 타일맵을 만들어 볼 수도 있다. 또 유니티 카메라의 작동 방식과 카메라가 플레이어를 따라다니게 하는 방법을 배운다.

타일맵과 타일 팔레트

타일맵을 도입하면서 유니티의 2D 작업 기능이 눈에 띄게 좋아졌다. 유니티 타일맵을 사용하면 별도의 프로그램 없이 유니티 에디터로도 쉽게 레벨을 만들 수 있다. 또 유니티에는 타일맵의 기능을 보태주는 다양한 도구가 있다. 일부는 4장에서 살펴볼 예정이다.

타일맵은 스프라이트를 특별한 형태의 배열로 저장하는 데이터 구조다. 유니티는 개발자가 타일맵의 사용에만 집중할 수 있게 데이터 구조의 세부 내용을 추상화하고 있다.

3장에서 주인공 플레이어와 적으로 쓸 스프라이트를 임포트했듯이 먼저 타일맵 에셋을 임포트해야 한다. 임포트하기 전에 폴더를 준비해보자. Sprites 디렉토리에 "Objects"와 "Outdoors" 폴더를 새로 만든다. 게임 세계에 배치할 다양한 오브젝트와 야외 배경 타일맵용 스프라이트 시트, 잘라낸 스프라이트를 저장할 폴더다.

다운로드한 예제 코드의 Chapter 4 폴더로 가서 "OutdoorsGround.png"라는 스프라이트 시트를 찾는다. 이 스프라이트 시트를 Sprites > Outdoors 폴더로 끌어다 놓는다. 스프라이트 시트를 선택하고 인스펙터에서 다음과 같이 설정한다.

> 텍스처 타입: 스프라이트(2D 및 UI)
> 스프라이트 모드: 다중
> 단위당 픽셀: 32
> 필터 모드: 점(필터 없음)
> 기본 버튼 아래 압축 속성을 없음으로 설정

적용 버튼을 누른다.

이제 임포트한 스프라이트 시트를 자를 차례다. 인스펙터에서 **Sprite Editor** 버튼을 누른다. 왼쪽 위에 있는 **Slice** 버튼을 누르고 타입 속성에서 Grid by Cell Size를 선택한다. Pixel Size의 X, Y에 각각 32를 입력한 뒤에 아래에 있는 **Slice** 버튼을 누른다.

제대로 잘렸는지 확인하고 오른쪽 위에 있는 **적용** 버튼을 누른다. 이제 야외 배경용 타일의 준비가 끝났다.

다음으로 타일맵을 만든다. 계층 구조 창을 오른쪽 클릭하고 **2D 오브젝트 > 타일맵**을 선택해서 타일맵 게임 오브젝트를 만들면 계층 구조 창에 "Grid"라는 게임 오브젝트가 나타난다. 이 게임 오브젝트 안에는 "Tilemap"이라는 자식 게임 오브젝트가 들어 있다.

이 Grid 오브젝트를 사용해서 자식 오브젝트인 타일맵의 배치 방식을 설정할 수 있다. 자식 오브젝트인 타일맵은 다른 게임 오브젝트와 마찬가지로 트랜스폼 컴포넌트를 포함하며, 그 밖에 타일맵, 타일맵 렌더러 컴포넌트로 이뤄진다.

이 타일맵 컴포넌트가 실제로 타일을 "그리는" 역할을 한다.

타일 팔레트 생성

타일을 그리려면 먼저 타일로 타일 팔레트를 만들어야 한다. 메뉴에서 **창 > 2D > Tile Palette**를 선택해서 타일 팔레트 창을 연다. 타일 팔레트 창의 타일 팔레트 탭을 클릭하고 인스펙터 탭 옆으로 끌어다 놓아 붙인다.

프로젝트의 구조를 체계적으로 유지하기 위해 프로젝트 창에서 Assets 폴더 안에 "TilePalettes"라는 폴더를 만든 다음 Sprites 폴더 안에 "Tiles" 폴더를 만든다. 그리고 Tiles 폴더 안에 "Outdoors"와 "Objects" 폴더를 만든다. 이제 프로젝트 창이 그림 4-1 같은 모습이어야 한다.

▲ 그림 4-1 폴더를 만들고 난 뒤의 프로젝트 창

인스펙터 옆에 붙여 놓은 Tile Palette 창에서 Create New Palette 버튼을 누른다. 그림 4-2처럼 팔레트 이름으로 "Outdoor Tiles"를 입력하고 그리드, 셀 크기 속성은 그대로 둔다.

▲ 그림 4-2 새로운 타일 팔레트 생성

생성 버튼을 누르고 미리 만들어 둔 TilePalettes 폴더에 저장하면 새로운 타일 팔레트 게임 오브젝트가 만들어진다.

프로젝트 창에서 Sprites > Outdoors 폴더를 선택한 다음 인스펙터 창 옆에 붙여 놓은 Tile Palette 창을 선택한다. 임포트해서 스프라이트로 자른 배경 스프라이트 시트를 사용해서 타일 팔레트를 만들려 한다.

OutdoorsGround 스프라이트 시트를 선택한 뒤 타일 팔레트 창의 "Drag Tile, Sprite or Sprite Texture assets here."라고 쓰인 부분으로 끌어다 놓는다.

"Generate tiles into folder" 창이 나타나면 미리 만들어 둔 Sprites > Tiles > Outdoors 폴더를 선택하고 Choose 버튼을 누른다. 유니티가 잘라 놓은 스프라이트로 타일 팔레트 타일을 만들어 줄 때까지 잠시 기다리면 타일 팔레트 창에 OutdoorsGrounds 스프라이트 시트로 만든 타일이 나타난다.

타일 팔레트로 그리기

이제 타일 팔레트를 사용해서 타일맵을 그리는 나름 재미있는 작업을 시작해보자.

Tile Palette 창에서 붓 모양 색칠 도구를 선택한 다음 Tile Palette 창에서 적당한 타일 하나를 선택한다. 이제 씬 뷰를 클릭하면 선택한 타일을 타일맵에 그릴 수 있다. 잘못 그렸다면 Shift 키를 누른 채로 클릭해서 지울 수 있다. 색칠 도구를 선택 중일 때 씬 뷰에서 Option(맥)/Alt(PC)를 누르고 **마우스 왼쪽** 버튼을 클릭하면 타일맵을 이리저리 둘러볼 수 있다.

Option(맥)/Alt(PC) + **왼쪽** 버튼으로 Tile Palette 창을 둘러보다가 왼쪽 클릭으로 타일을 선택한 뒤에 클릭한 채로 끌면 여러 타일을 한 번에 선택할 수 있다. 스크롤 휠이 달린 마우스를 쓰고 있다면 스크롤 휠로 타일 팔레트를 확대, 축소할 수 있다. 맥의 터치 패드에서는 두 손가락을 위, 아래로 밀어서 확대, 축소할 수 있다. 씬 뷰의 타일맵에서도 이런 키와 제스처가 똑같은 기능을 한다.

즐거운 마음으로 타일맵을 채운다. 마음대로 채워도 상관없지만, 예제에서는 그림 4-3처럼 기본적인 형태로 시작하려 한다.

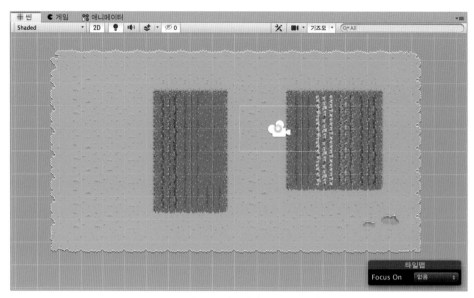

▲ 그림 4-3 기본적인 타일맵의 예

이제 기본적인 그리기가 끝났으니 타일 팔레트의 도구를 살펴보자.

타일 팔레트

선택 도구 – 그리드 영역 또는 특정 타일을 선택한다.

이동 도구 – 선택한 영역을 옮긴다.

색칠 도구 – 타일 팔레트에서 선택한 타일로 타일맵을 칠한다.

사각형 도구 – 선택한 타일로 사각형 영역을 채울 수 있다.

선별 도구 – 타일맵에 이미 칠해 놓은 타일을 새로 칠할 타일로 사용한다.

지우기 도구 – 타일맵에 칠한 타일을 지운다(단축키: Shift를 누른 상태로 클릭).

채우기 도구 – 선택 중인 타일로 타일맵 영역을 채운다.

다시 레벨 만들기로 돌아가 보자.

다운로드한 예제 코드에서 "OutdoorsObjects.png" 파일을 찾아서 Sprites > Objects 폴더로 끌어다 놓는다. 인스펙터 창에서 임포트 설정을 다음과 같이 수정한다.

텍스처 타입: 스프라이트(2D 및 UI)

스프라이트 모드: 다중

단위당 픽셀: 32

필터 모드: 점(필터 없음)

기본 버튼 아래 압축 속성을 없음으로 설정

적용 버튼을 누른다.

이제 인스펙터에서 Sprite Editor 버튼을 누른다. 왼쪽 위에 있는 Slice 버튼을 눌러 타입 속성에서 Grid by Cell Size를 선택하고 픽셀 크기의 X, Y에 각각 32를 입력한다. 3장에서 배운 스프라이트를 자르는 방법을 다시 사용하고 있다.

Slice 버튼을 누르고 스프라이트 시트에 하얀색 분할 선이 제대로 나타나는지 확인한 다음 스프라이트 에디터의 오른쪽 위에 있는 **적용** 버튼을 누른다. 이걸로 씬의 야외 배경에 놓을 오브젝트 스프라이트의 준비가 끝났다.

이제 오브젝트 스프라이트로 타일 팔레트를 만들 차례다. Tile Palette 창으로 가서 드롭다운 메뉴의 Create New Palette를 선택한다. 새 팔레트의 이름으로 "Outdoor Objects"를 입력하고 **생성** 버튼을 누른다. "Create palette into folder" 창이 나타나면 앞서 Outdoor Tiles 팔레트를 저장한 TilePalettes 폴더를 선택하고 Choose를 눌러서 저장한다.

Outdoor Tiles를 만들 때와 마찬가지로 OutdoorsObjects 스프라이트 시트를 선택하고 타일 팔레트 창의 "Drag Tile, Sprite or Sprite Texture assets here." 부분으로 끌어 놓는다.

"Generate tiles into folder" 창이 나타나면 만들어 둔 **Sprites > Tiles > Objects 폴더**를 선택하고 **Choose** 버튼을 누른다. 유니티가 잘라 놓은 스프라이트로 타일 팔레트 타일을 만들어 줄 때까지 잠시 기다리면 타일 팔레트 창에 OutdoorsObjects 스프라이트 시트로 만든 타일이 나타난다.

팁 여러 장의 타일로 이뤄진 스프라이트도 있다. 한 번에 여러 타일을 선택하려면 색칠 도구를 선택한 상태로 타일을 클릭하고 끌어서 선택하려는 타일을 모두 사각형 영역에 포함해야 한다. 그래야 색칠 도구를 사용해서 정상적으로 칠할 수 있다.

Outdoor Objects 타일 팔레트에서 적당한 바위 하나를 클릭해서 선택한다. 색칠 도구를 사용해서 씬 뷰의 타일맵에 바위를 올려놓자마자 문제가 생긴다. 그림 4-4처럼 바위 스프라이트 주위로 유니티 씬의 배경이 그대로 드러난다.

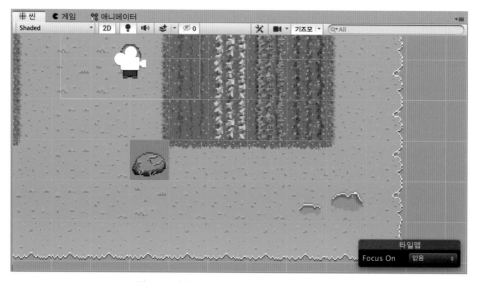

▲ 그림 4-4 바위 스프라이트 주위에 투명한 테두리가 있다.

바닥 배경을 그린 타일맵에 바위 타일을 그리면 원래 있던 타일 위에 그리지 않고 원래 있던 타일을 새로운 타일로 대체해 버린다. 방금 그린 바위 스프라이트에는 투명한 픽셀이 들어 있어서 씬 뷰의 배경이 그대로 드러났다. 복수의 타일맵과 정렬 레이어를 사용해서 이런 문제를 피해 보려 한다.

복수의 타일맵 사용

타일맵을 체계적으로 구성해보자. 계층 구조 창에서 Grid 아래에 있는 Tilemap 오브젝트를 클릭하고 이름을 "Layer_Ground"로 바꾼다.

타일맵을 여러 개 만들어서 차곡차곡 쌓을 예정이다. 먼저 계층 구조 창에서 Grid 오브젝트를 오른쪽 클릭하고 **2D 오브젝트 > 타일맵**을 선택해서 새로운 타일맵을 만든 뒤에 이름을 "Layer_Trees_and_Rocks"로 바꾼다. 이름에서 알 수 있듯이 이 타일맵에 나무, 수풀, 바위를 그리려 한다.

바위를 그릴 때 생기는 투명 테두리 문제를 바로잡으려면 두 가지 처리가 필요하다.

먼저 Tile Palette 창에서 그리고 싶은 타일맵을 액티브 타일맵으로 선택해야 한다. Tile Palette 창을 보면 Active Tilemap 드롭다운이 있다. 그림 4-5처럼 새로 만든 Layer_Trees_and_Rocks를 선택한다.

▲ 그림 4-5 Layer_Trees_and Rocks를 선택해서 액티브 타일맵으로 만든다.

3장에서 스프라이트 렌더러는 정렬 레이어를 사용해서 스프라이트를 그릴 순서를 정한다고 설명했다. 마찬가지로 Layer_Trees_and_Rocks 타일맵에 그리기 전에 타일맵의 정렬 레이어를 설정해야 한다. 이렇게 해야 나무와 바위를 그렸을 때 배경 타일 위에 나타난다.

Layer_Ground 오브젝트를 선택하고 인스펙터에서 타일맵 렌더러 컴포넌트를 찾는다.

타일맵 렌더러 컴포넌트의 정렬 레이어 드롭다운을 클릭한 뒤 **Add Sorting Layer..** 버튼을 누르고 "Ground", "Objects"라는 이름의 정렬 레이어를 만든다. 만든 레이어를 클릭하고 끌어서 그림 4-6처럼 Objects 위에 Ground가 오게 한다.

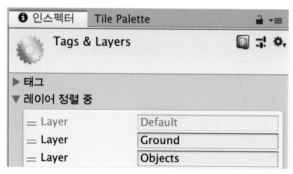

▲ 그림 4-6 Ground 레이어가 Objects 레이어 위에 있는지 확인한다.

다시 계층 구조 창에서 Layer_Ground 타일맵을 선택하고 인스펙터에서 타일맵 렌더러 컴포넌트의 정렬 레이어를 "Ground"로 바꾼다. 마찬가지로 Layer_Trees_and_Rocks 타일맵을 선택하고 정렬 레이어를 "Objects"로 바꾼다.

타일 팔레트 창에서 액티브 레이어를 Layer_Ground로 바꾸고 지우기 도구를 선택해서 조금 전에 그린 바위를 지운다. 색칠 도구를 선택하고 **Shift** 버튼을 누른 채로 타일을 클릭해서 지울 수도 있다. 지워진 부분을 Outdoor Tiles나 Outdoor Objects 팔레트에 있는 적당한 타일로 메꾼다.

이제 그릴 준비가 끝났다. 배경 타일을 그리고 싶으면 액티브 타일맵을 Layer_Ground로 설정해야 하고 나무, 바위, 수풀을 그리고 싶으면 액티브 타일맵을 Layer_Trees_and_Rocks로 설정해야 한다.

팁　타일맵에 그리기 전에 대괄호 키 "["와 "]"를 사용해서 선택한 타일을 회전할 수 있다. 타일 팔레트
에서 "편집"을 누르면 똑같이 대괄호 키로 직접 타일 팔레트의 타일을 회전할 수 있다.

Layer_Trees_and_Rocks를 액티브 타일맵으로 설정하고 Outdoor Objects 타일 팔레트를 사용해서 그림 4-7처럼 적당히 수풀과 바위를 그린다.

▲ 그림 4-7 Layer_Trees_and_Rocks 타일맵에 수풀과 바위를 그린다.

이제 좀 게임 맵처럼 보이기 시작한다. 하지만 플레이어가 탐험을 시작하기 전에 몇 가지 해야 할 일이 있다.

플레이어가 배경과 바위 앞에 그려지게 플레이어의 정렬 레이어를 설정해야 한다. PlayerObject를 선택하고 스프라이트 렌더러 컴포넌트에서 정렬 레이어 드롭다운을 찾아서 누른 뒤에 **Add Sorting Layer…**를 선택한다. "Characters"라는 정렬 레이어를 추가한 다음 Ground, Object 레이어 아래로 옮긴다. 이제 스프라이트 렌더러는 "Ground" 레이어를 가장 먼저 그리고 "Characters" 레이어를 마지막에 그린다.

정렬 레이어의 순서는 그림 4-8과 같아야 한다.

▲ 그림 4-8 Characters 정렬 레이어 추가

PlayerObject를 선택하고 스프라이트 렌더러의 정렬 레이어 속성을 방금 만든 Characters로 설정한다. 이렇게 하면 플레이어를 배경과 수풀 같은 오브젝트 앞에 그려서 캐릭터가 배경 위를 걷는 듯이 보인다.

4장 후반부에 카메라의 동작에 관해 설명하겠지만 일단 카메라 오브젝트를 선택하고 크기 속성을 3.75로 설정한다.

재생 버튼을 누르고 플레이어 캐릭터로 작은 섬을 산책해보자.

바로 다음과 같이 몇 가지 문제점이 드러난다.

- 카메라가 플레이어를 따라다니지 않는다. 사실, 원한다면 화면 밖으로 끝없이 걸어갈 수 있다.
- 플레이어가 배경 위의 모든 오브젝트를 통과할 수 있다.
- 타일맵에 어긋나 보이는 곳이 있을 수 있다. 이렇게 보이는 곳이 있다면 두 개의 타일이 만나는 곳일 거다.

4장을 마치기 전에 이런 문제를 모두 고쳐보자.

앞으로 배울 내용은 다음과 같다. 콜라이더를 사용해서 플레이어가 다른 오브젝트를 통과하지 못하게 막는 법을 배운다. 그리고 시네머신Cinemachine이라는 도구를 사용해서 카메라가 플레이어를 따라다니게 한다. 또한, 카메라를 적절하게 설정하는 방법을 배운다. 픽셀 아트의 핵심인 선명한 테두리를 살리는 그래픽 설정 방법을 배우고 머티리얼을 사용해서 타일맵이 어긋나는 현상을 없앤다.

팁   복수의 타일맵 레이어를 사용하는 도중 하나의 레이어에 집중하고 싶다면 씬 뷰의 오른쪽 아래에 있는 Focus on 드롭다운에서 타일맵을 선택한다. 이렇게 하면 다른 타일맵 레이어는 회색으로 바뀌면서 선택할 수 없다. 따라서 원하는 레이어에 집중해서 작업할 수 있다.

그래픽 설정

픽셀 아트의 장점을 극대화할 수 있는 유니티 엔진의 그래픽 설정 방법을 알아보자. 유니티는 현재 사용 중인 기기의 그래픽 성능이 부족해서 오브젝트의 테두리를 완벽하게 매끄러운 선으로 그릴 수 없을 때 안티앨리어싱anti-aliasing이라는 알고리즘을 사용한다. 먼저 오브젝트의 테두리를 매끄럽게 그리지 않고 계단처럼 삐죽삐죽하게 그린 뒤에 안티앨리어싱 알고리즘으로 오브젝트의 테두리를 확인해서 삐죽삐죽한 부분을 매끈해 보이게끔 메운다.

유니티 에디터는 사용 중인 기기의 성능에 관계없이 기본적으로 안티앨리어싱을 적용한다. 안티앨리어싱을 끄려면 편집 메뉴에서 **프로젝트 설정 > 품질 > 안티앨리어싱을 사용 안 함**으로 설정해야 한다. 이미 알다시피 유니티 엔진은 2D, 3D 게임 개발에 모두 사용할 수 있지만, 예제로 만들고 있는 픽셀 아트 방식의 2D 게임에는 안티앨리어싱이 필요 없다.

마찬가지로 **편집 › 프로젝트 설정 › 품질**에 있는 이방성 텍스처도 사용 안 함으로 바꿔야 한다. 이방성(또는 비등방성) 필터링은 멀리 있는 오브젝트의 텍스처를 뚜렷이 보이게 만드는 기법이므로 2D 게임인 예제 프로젝트와 관련이 없다.

카메라

유니티 2D 프로젝트는 모두 직교^{orthographic} 투영 카메라를 사용한다. 직교 투영 카메라는 가까운 오브젝트와 멀리 있는 오브젝트를 같은 크기로 렌더링한다. 모든 오브젝트를 같은 크기로 렌더링하므로 보는 사람의 눈에는 모든 오브젝트가 카메라에서 같은 거리에 있는 것처럼 보인다. 3D 프로젝트에서 오브젝트를 렌더링하는 방식과 다르다. 3D 프로젝트는 원근감을 주려고 오브젝트를 거리에 따라 다른 크기로 렌더링한다. 예제 프로젝트는 2D 프로젝트로 만들었으므로 직교 투영 카메라를 사용한다.

2D 그래픽 렌더링으로 최상의 결과를 얻으려면 2D 게임 카메라의 작동 방식을 알아야 한다. 직교 투영 카메라에는 화면 높이의 절반을 채울 수 있는 "월드 단위"의 개수를 나타내는 "크기"라는 속성이 있다. 월드 단위는 유니티에서 설정한 PPU$^{Pixels\ Per\ Unit}$, 즉 단위당 픽셀에 따라 정해진다. 이름에서 알 수 있듯이 단위당 픽셀은 유니티 엔진이 하나의 월드 단위 안에 그려야 할 픽셀의 수를 나타낸다. PPU는 에셋을 임포트하는 동안 설정할 수 있다. 게임에 사용할 아트를 만들 때 모두 같은 PPU에 맞춰서 원활하게 작업하고 싶다면 PPU 설정이 중요하다.

카메라의 크기를 구하는 공식은 다음과 같다.

$$(수직\ 해상도\ /\ PPU) * 0.5 = 카메라\ 크기$$

간단한 예제 몇 개를 통해 확인해보자.

해상도가 960×640이라면 화면의 높이는 640픽셀이다. 계산하기 쉽게 PPU를 64로 잡자. 640을 64로 나누면 10이다. 즉 월드 단위 10개를 위로 차곡차곡 쌓으면 화면의 높

이와 같고 월드 단위 5개를 쌓으면 화면 높이의 반과 같다는 뜻이다. 따라서 그림 4-9
에 나와 있듯이 카메라 크기는 5다.

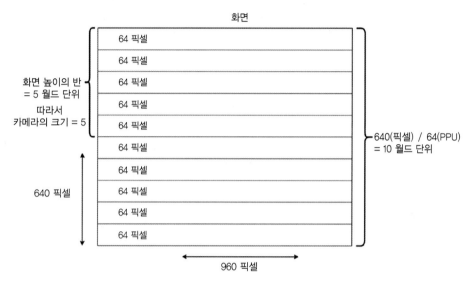

▲그림 4-9 해상도가 960×640, PPU가 64면 카메라의 크기는 5다.

다른 예를 들어보자. 1280×1024 해상도를 사용하는 게임이면 화면 높이는 1024다.
PPU를 32로 하고 1024를 32로 나누면 32가 나온다. 즉 월드 단위 32개를 위로 차곡차
곡 쌓으면 화면 높이와 같고 월드 단위 16개를 쌓으면 화면 높이의 반과 같다는 뜻이다.
따라서 카메라 크기는 16이다.

마지막 예를 보자. 화면 해상도가 1280×720이라고 하면 화면 높이는 720이다. PPU를
32로 하고 720을 32로 나누면 22.5가 나온다. 즉 월드 단위 22.5개를 위로 차곡차곡 쌓
으면 화면 높이와 같다는 뜻이다. 22.5를 2로 나누면 11.25이고 이 값이 바로 직교 카메
라의 크기다.

이해가 가는가? 직교 카메라의 크기 공식은 특이해 보일 수 있지만 사실 엄청 간단한 공
식이다.

공식을 다시 한번 확인해보자.

$$(수직\ 해상도\ /\ PPU)\ *\ 0.5\ =\ 카메라\ 크기$$

보기 좋은 픽셀 아트 게임을 만드는 비결은 해상도에 따라 직교 카메라의 크기를 신경써서 정한 뒤에 정해진 PPU에 잘 어울리는 아트 작업을 하는 것이다.

예제 게임에서 사용할 해상도는 1280×720이지만, 약간의 속임수를 써서 모든 아트를 살짝 확대하려 한다. 즉 PPU에 배율 인수 3을 곱하려 한다.

수정한 공식은 다음과 같다.

$$(수직\ 해상도\ /\ (PPU\ *\ 배율\ 인수))\ *\ 0.5\ =\ 카메라\ 크기$$

해상도 1028×720과 PPU 32를 적용하면 다음과 같다.

$$(720\ /\ (32\ PPU\ *\ 3))\ *\ 0.5\ =\ 카메라\ 크기\ 3.75$$

앞서 카메라 크기를 3.75로 설정했던 이유다.

이제 직교 투영을 사용하는 게임에서 카메라의 작동 방식을 알아봤으니 예제 게임의 화면 해상도를 설정해보자. 유니티는 기본적으로 몇 가지 해상도를 지원하지만, 따로 해상도를 설정해야 할 때도 있다. 예제 게임의 해상도는 "표준 HD" 해상도이자 지금 만들고 있는 게임 방식에 충분한 1280×720으로 설정하려 한다

그림 4-10처럼 게임 창을 클릭하고 화면 해상도 드롭다운 메뉴를 보면 기본값인 Free Aspect가 보인다.

▲ 그림 4-10 화면 해상도 드롭다운 메뉴

드롭다운 메뉴의 맨 아래에 있는 덧셈 기호를 선택해서 새로운 해상도를 입력할 수 있는 창을 연다. 그림 4-11처럼 1280×720 해상도를 새로 만든다.

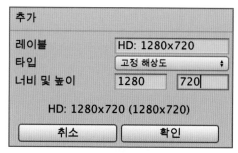

▲ 그림 4-11 새로운 해상도 추가

재생 버튼을 누르고 플레이어를 이리저리 움직여보며 새로운 해상도와 카메라의 동작을 확인해보기 바란다.

멋지지 않은가! 이제 조금 더 게임다워 보이기 시작했다.

플레이어가 돌아다닐 배경을 만들었지만 보다시피 카메라는 한자리에 머물러 있다. 퍼즐 게임 같이 카메라가 움직이지 않아도 좋은 게임이 있지만, RPG라면 카메라가 플레이어를 따라 움직여야 한다. C# 스크립트를 작성해서 카메라가 플레이어를 따라다니게 할 수도 있지만, 예제에서는 시네머신이라는 유니티 도구를 사용하려 한다.

참고 아담 마이힐이 만든 시네머신은 원래 유니티 에셋 스토어에서 유료로 판매하던 도구였다. 하지만 이제 유니티가 시네머신을 사들여서 무료로 제공하고 있다. 2장에서 설명했듯이 자신만의 도구, 그래픽, 콘텐츠를 직접 만들 수 있고 또 유니티 에셋 스토어를 통해 판매할 수 있다.

시네머신

시네머신은 유니티 게임 안의 카메라, 시네마틱, 컷씬을 자동화할 수 있는 강력한 도구 모음이다. 시네머신을 사용하면 모든 형태의 카메라 움직임, 다른 카메라로의 전환, 기타 모든 복잡한 형태의 동작을 자동화할 수 있다. 이 책에서 사용하는 기능은 일부일 뿐이다. 이제 시네머신을 사용해서 맵을 이리저리 돌아다니는 플레이어를 자동으로 추적하려 한다.

유니티 2017까지는 에셋 스토어를 통해 시네머신을 다운로드할 수 있었지만 유니티 2018.1 이후로는 유니티 패키지 매니저를 통해서 설치할 수 있다. 유니티 2017을 사용하고 있다면 여전히 에셋 스토어에서 다운로드할 수 있지만 에셋 스토어 버전은 업데이트를 멈췄고 새로운 기능 추가도 없을 예정이다.

시네머신 설치

메뉴에서 **창 › Package Manager**를 선택하면 패키지 매니저 창이 나타난다. 그림 4-12 처럼 드롭다운이 All packages인지 확인하고 Cinemachine을 찾아서 선택한다.

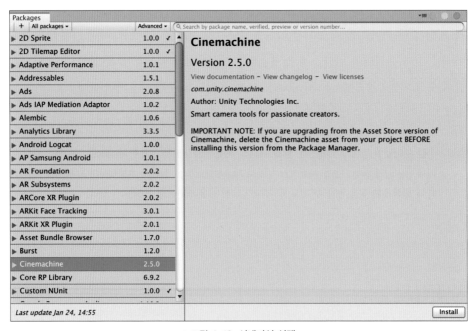

▲ 그림 4-12 시네머신 선택

오른쪽 아래에 있는 Install 버튼을 클릭한다. 시네머신 설치가 끝나고 패키지 매니저 창을 닫으면 프로젝트 창의 Packages 폴더 아래에 Cinemachine 폴더가 새로 만들어진다.

시네머신 설치 후

시네머신의 설치가 끝나면 화면 맨 위의 컴포넌트 메뉴와 창 메뉴 사이에 Cinemachine 메뉴가 새로 생긴다.

참고 유니티 패키지는 프로젝트로 끌어 놓기만 하면 바로 사용할 수 있는 파일의 모음이다. 패키지는 모듈 방식이고, 버전을 지니며, 의존성 문제를 자동으로 해결한다. 2018년 5월 유니티는 패키지가 유니티의 미래이며 다양한 신기능을 패키지로 배포할 예정이라고 발표했다.

가상 카메라

Cinemachine 메뉴로 가서 Create 2D Camera를 선택한다. 이렇게 하면 Main Camera 오브젝트에 Cinemachine Brain(Script) 컴포넌트가 생기고, "CM vcam1"이라는 시네머신 가상 카메라 오브젝트가 만들어진다.

가상 카메라가 뭘까? 시네머신 문서에 있는 멋진 비유를 소개하자면 다음과 같다. 가상 카메라는 카메라맨이라 생각할 수 있다. 카메라맨은 메인 카메라의 위치와 렌즈 설정을 자유자재로 바꿀 수 있지만, 카메라가 아니다. 또 가상 카메라는 메인 카메라의 방향을 바꾸거나 이동 방식을 지정하는 간단한 조종기라 할 수 있다. 가상 카메라가 따라다닐 대상을 설정하거나, 지정한 경로를 따라 움직이게 하거나, 지정한 경로로 가다가 경로를 바꾸거나, 이런 동작에 필요한 모든 형태의 매개 변수를 조절할 수 있다. 가상 카메라는 유니티 게임 개발 도구에서 빼놓을 수 없는 매우 강력한 도구다.

Cinemachine Brain은 씬 안의 메인 카메라와 가상 카메라를 이어주는 연결고리다. Cinemachine Brain은 활성화해야 할 가상 카메라가 있는지 지켜보다가 활성화할 카메라의 상태를 메인 카메라에 적용한다. 가상 카메라는 실행 중에 켜고 끌 수 있어서 Cinemachine Brain으로 여러 카메라를 잘 조합하면 놀라운 결과를 만들어낼 수 있다.

계층 구조 창에서 가상 카메라인 CM vcam1을 선택하고 그림 4-13처럼 인스펙터의 "Follow"라는 속성으로 계층 구조 창의 PlayerObject를 끌어다 놓는다.

▲ 그림 4-13 가상 카메라가 따라다닐 대상인 Follow 속성을 PlayerObject로 설정

이렇게 하면 시네머신 가상 카메라가 맵 위를 돌아다니는 플레이어 게임 오브젝트의 트랜스폼 컴포넌트를 따라다닌다.

재생 버튼을 눌러서 카메라가 플레이어를 따라다니는지 확인한다. 멋지다! 시네머신을 사용해서 상당히 복잡한 카메라 동작을 몇 번의 마우스 클릭만으로 금세 만들었다. 카메라 움직임을 좌우하는 매개 변수를 알아보려 하므로 먼저 배경 레이어를 감추자. Layer_Ground 타일맵 오브젝트를 선택하고 인스펙터에서 타일맵 렌더러 컴포넌트의 이름 앞에 있는 체크 박스의 선택을 해제해서 비활성화한다. 이제 유니티는 Layer_Ground 타일맵을 그리지 않는다. 모든 배경 타일을 감춘 씬의 모습은 그림 4-14와 같다.

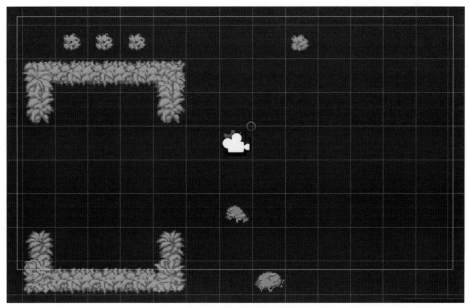

▲ 그림 4-14 타일맵 렌더러의 왼쪽에 있는 체크 박스의 선택을 해제해서 비활성화한 뒤의 모습

이제 계층 구조 창에서 Main Camera 오브젝트를 클릭하고 배경이라는 속성의 오른쪽에 있는 상자를 클릭한다. 그리고 그림 4-15처럼 배경의 색을 흰색으로 바꾼다. 이렇게 하면 다음 단계에서 시네머신의 안내선을 확인하기 쉽다.

▲ 그림 4-15 카메라의 배경 색을 흰색으로 바꾼다.

가상 카메라를 선택하고 "Game Window Guides" 속성의 체크 박스를 선택한다. 게임 창에 안내선을 보여주는 속성이다. 마지막으로 바디 속성의 드롭다운이 "Framing Transposer"인지 확인하고 바디 속성 안의 Dead Zone Width, Dead Zone Height가 0.1인지 확인한다. 마찬가지로 Soft Zone Width, Soft Zone Height가 0.8인지 확인한다.

다시 **재생** 버튼을 누른다. 그림 4-16처럼 화면 가운데 있는 플레이어 주위에 하늘색 선으로 둘러싸인 하얀 상자가 있고 게임 화면 전체를 아우르는 붉은색 영역이 보인다. 하얀 상자는 "데드 존"이라고 한다. 데드 존 안에 있는 노란색 점은 "트래킹 포인트"라고 하며 플레이어와 함께 움직인다.

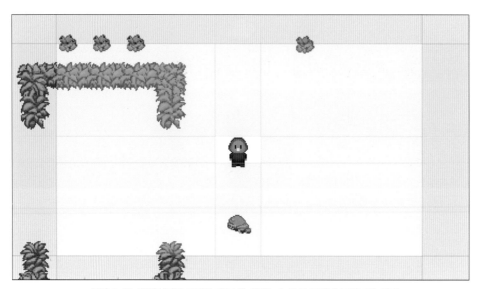

▲ 그림 4-16 플레이어를 둘러싼 데드 존 안에는 노란색 트래킹 포인트가 있다.

플레이어 주위에 있는 데드 존은 트래킹 포인트가 카메라에 영향을 주지 않고 움직일 수 있는 영역이다. 트래킹 포인트가 데드 존을 벗어나서 파란색 영역으로 넘어가면 카메라가 움직이기 시작한다. 또 시네머신은 움직임에 약간의 댐핑(감쇠)을 추가하기도 한다. 플레이어의 움직임이 너무 빨라서 붉은색 영역까지 도달한다면 카메라는 플레이어를 1:1로 추적하며 즉시 모든 움직임을 쫓기 시작한다.

게임 창을 선택한 상태로 하얀 상자의 테두리를 클릭하고 끌어서 데드 존을 조금 더 크게 만든다. 이제 플레이어는 카메라에 영향을 주지 않고 좀 더 멀리 걸을 수 있다. 이렇게 데드 존의 크기를 이리저리 바꿔 보면서 자연스럽게 느껴지는 카메라의 움직임을 찾을 수 있다.

계층 구조 창에서 가상 카메라 오브젝트를 선택하고 인스펙터 창에서 Cinemachine Virtual Camera 컴포넌트를 찾는다. "바디" 속성의 왼쪽을 보면 확장할 수 있는 화살표가 있다. 그림 4-19처럼 바디 속성을 확장하면 가상 카메라의 X와 Y에 적용할 댐핑 값을 변경할 수 있다. 댐핑은 가상 카메라의 데드 존이 트래킹 포인트를 따라 잡을 때까지의 시간을 말한다.

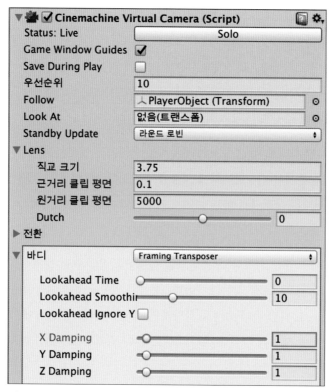

▲그림 4-17 Cinemachine Virtual Camera 컴포넌트의 바디 속성 안에 있는 댐핑 속성

댐핑을 확실하게 이해하려면 X와 Y의 댐핑 값을 바꿔가면서 플레이어를 움직여 봐야 한다. **재생** 버튼을 누르고 바꾼 댐핑 값의 영향을 시험해보기 바란다.

플레이어를 화면 끝까지 움직여도 카메라는 플레이어를 잘 따라가고 딱히 별문제가 없어 보인다. 하지만 아직 할 일이 더 남아있다.

재생을 멈추고 계층 구조 창에서 Layer_Ground 오브젝트를 선택한다. "타일맵 렌더러" 컴포넌트의 왼쪽에 있는 체크 박스를 선택해서 레이어가 다시 보이게 만든다.

시네머신 제한자

카메라가 플레이어를 따라다니게 하는 법을 배웠으니 이제 플레이어가 화면의 가장자리에 가까이 갔을 때 카메라가 움직이지 않게 하는 방법을 배워보자. 시네머신 제한자 Cinemachine confiner라는 컴포넌트를 사용해서 카메라를 정해진 영역 안에 머물게 하려 한다. 시네머신 제한자는 사전에 카메라가 머물 영역을 둘러싸게 구성한 콜라이더 2D 오브젝트를 사용한다.

구현에 앞서 제한자가 카메라의 움직임에 미치는 영향을 눈으로 확인해보자. 실제로 가상 카메라는 씬의 카메라가 움직일 방향과 속력을 지시하는 역할을 한다는 점을 명심하기 바란다.

그림 4-18을 보면 씬 안의 플레이어가 오른쪽으로 가고 있다.

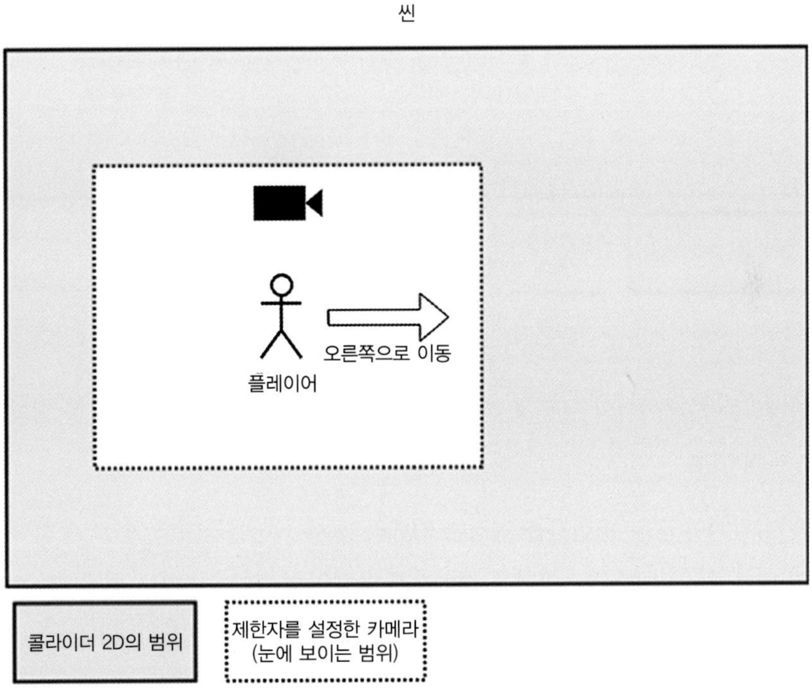

▲ 그림 4-18 오른쪽으로 가려는 플레이어

하얀 영역은 현재 카메라의 시야다. 회색 영역은 카메라의 시야를 벗어나서 보이지 않는 맵의 나머지 부분이다. 회색 영역의 가장자리는 콜라이더 2D로 둘러싸여 있다.

플레이어가 오른쪽으로 가면 가상 카메라는 카메라에 그림 4-21처럼 움직이는 플레이어를 따라 오른쪽으로 이동하라고 지시한다

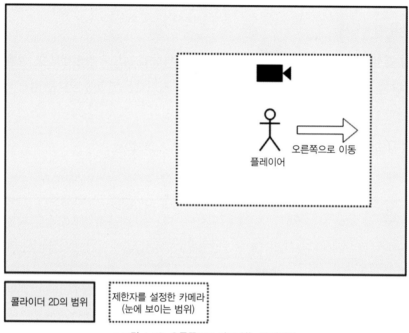

▲ 그림 4-19 오른쪽으로 가고 있는 플레이어

가상 카메라는 플레이어의 이동 속력, 데드 존의 크기, 카메라 바디에 적용한 댐핑을 고려해서 움직인다.

절대 잊지 말아야 점은 제한자를 설정한 카메라의 시야가 콜라이더 2D로 둘러싸인 회색 영역 안에 있으며 이 콜라이더를 제한자가 움직일 수 있는 범위로 설정했다는 점이다. 그림 4-22처럼 제한자의 가장자리가 콜라이더를 만나면 가상 카메라는 즉시 카메라에 멈추라고 지시한다.

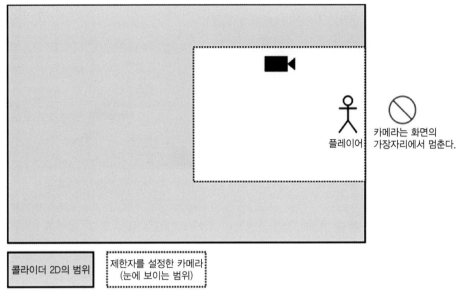

플레이어

카메라는 화면의
가장자리에서 멈춘다.

콜라이더 2D의 범위	제한자를 설정한 카메라 (눈에 보이는 범위)

▲ 그림 4-20 제한자가 콜라이더 2D의 가장자리를 만나 카메라의 움직임이 멈췄다.

그림 4-20을 보면 제한자의 가장자리가 맵을 둘러싸고 있는 콜라이더 2D의 경계와 만났다. 가상 카메라는 움직임을 멈추고 플레이어는 계속 맵의 가장자리로 걸어가고 있다.

이제 시네머신 제한자를 만들어보자.

계층 구조 창에서 가상 카메라를 선택하고 인스펙터 창의 아래쪽에 있는 Extensions의 Add Extension 옆의 드롭다운에서 CinemachineConfiner를 선택한다. 이렇게 하면 시네머신 가상 카메라에 Cinemachine Confiner 컴포넌트가 더해진다.

시네머신 제한자는 제한을 시작할 위치를 지정하는 복합 콜라이더 2D나 폴리곤 콜라이더 2D가 필요하다. Layer_Ground 오브젝트를 선택하고 **컴포넌트 추가** 버튼을 사용해서 폴리곤 콜라이더 2D$^{Polygon Collider 2D}$를 추가한다. 콜라이더 컴포넌트에 있는 **Edit Collider** 버튼을 누르고 그림 4-23처럼 콜라이더가 Layer_Ground 맵의 가장자리를 둘러싸게 수정한다.

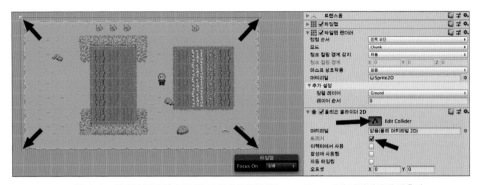

▲ 그림 4-21 폴리곤 콜라이더 2D의 모서리를 끌어서 Layer_Ground의 가장자리에 맞춘다.

그림 4-21을 보면 콜라이더와 맵의 가장자리 사이에 약간의 틈을 뒀다. 이렇게 해야 카메라가 땅의 가장자리에서 정확히 멈추지 않고 물이 살짝 보인다. 콜라이더의 수정이 끝나면 잊지 말고 **Edit Collider** 버튼을 다시 한번 눌러야 한다. 콜라이더 컴포넌트의 "트리거" 속성을 선택한 뒤 계층 구조 창에서 다시 시네머신 가상 카메라를 선택한다. 방금 만든 콜라이더를 트리거로 사용하려 한다. 그렇지 않으면 플레이어의 콜라이더와 타일맵의 콜라이더가 충돌해서 플레이어가 강제로 타일맵 콜라이더 밖으로 밀려난다. 콜라이더를 지닌 두 오브젝트는 한쪽이 콜라이더를 트리거로 사용하지 않으면 같은 위치에 있을 수 없다.

그림 4-22처럼 프로젝트 창의 Layer_Ground 오브젝트를 가상 카메라의 Cinemachine Confiner 컴포넌트에 있는 Bounding Shape 2D로 끌어다 놓는다.

▲ 그림 4-22 Layer_Ground의 폴리곤 콜라이더 2D를 Bounding Shape 2D로 사용하려 한다.

이제 제한자는 Layer_Ground 오브젝트의 콜라이더 2D를 제한자의 경계로 사용한다. 제한자가 폴리곤 콜라이더 2D의 가장자리에서 멈추게 하려면 "Confine Screen Edges" 속성을 선택해야 한다.

재생 버튼을 누르고 화면 가장자리로 움직여 본다. 별문제가 없다면 카메라가 미리 설정해 놓은 폴리곤 콜라이더 2D의 가장자리에 닿자마자 가상 카메라의 데드 존이 움직임을 멈춰야 한다. 그림 4-23의 화살표는 폴리곤 콜라이더 2D의 가장자리를 가리킨다. 보다시피 플레이어가 데드 존을 한참 벗어나 있고 트래킹 포인트는 계속 플레이어를 따라 움직이고 있지만, 카메라는 멈춰있다.

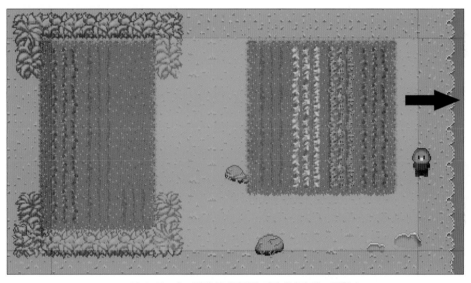

▲ 그림 4-23 데드 존이 플레이어를 따라다니지 않고 멈췄다.

시네머신 제한자를 설정하는 과정을 다시 한번 정리하면 다음과 같다.

1. 가상 카메라의 Extension으로 CinemachineConfiner를 추가한다.
2. 타일맵 오브젝트에 폴리곤 콜라이더 2D 컴포넌트를 추가하고 제한할 범위로 지정할 콜라이더의 모양을 수정한 뒤 "트리거" 속성을 선택한다.

3. 타일맵의 폴리곤 콜라이더 2D를 가상 카메라의 Cinemachine Confiner 컴포넌트에 있는 Bounding Shape 2D로 사용한다.

이렇게 카메라가 화면의 가장자리에서 멈추고 플레이어는 계속 걸어갈 수 있는 상황은 수많은 2D 게임에서 흔히 볼 수 있다.

제한자는 카메라의 추적을 막을 뿐 플레이어가 맵을 벗어나지 못하게 막지 않는다는 점에 주의한다. 플레이어가 맵 안에서만 움직이게 하는 로직은 곧 추가할 예정이다.

안정화

플레이어로 맵을 돌아다니다 보면 약간의 화면 떨림 즉 지터링^{jittering} 현상이 느껴질 수도 있다. 지터링은 특히 플레이어를 따라오던 가상 카메라가 천천히 멈출 때 두드러진다. 이런 지터링 효과가 생기는 원인은 지나치게 정밀한 카메라 좌표계 때문이다. 플레이어는 픽셀 단위로 움직이지만, 플레이어를 따라가는 카메라는 픽셀보다 작은 단위로 움직인다. 앞서 직교 카메라의 크기를 계산할 때 확인했다.

지터링을 없애려면 시네머신 가상 카메라의 최종 위치가 픽셀 단위로 맞아떨어져야 한다. 시네머신 가상 카메라에 추가할 간단한 "확장" 컴포넌트의 스크립트를 작성하려 한다. 이 확장 컴포넌트로 시네머신 가상 카메라의 마지막 좌표를 가로채서 설정한 PPU에 맞게 반올림하려 한다.

RoundCameraPos라는 C# 스크립트를 새로 만들고 비주얼 스튜디오에서 연다. 다음 스크립트를 입력하고 이어지는 설명을 읽어보기 바란다. 분명 조금 어려울 수 있는 스크립트지만 게임을 보기 좋게 만드는 게 중요하다면 이해하려고 노력해야 한다.

```
using UnityEngine;

// 1
```

```
using Cinemachine;

// 2
public class RoundCameraPos : CinemachineExtension
{
    // 3
    public float PixelsPerUnit = 32;

    // 4
    protected override void PostPipelineStageCallback(
        CinemachineVirtualCameraBase vcam,
        CinemachineCore.Stage stage, ref CameraState state,
        float deltaTime)
    {
        // 5
        if (stage == CinemachineCore.Stage.Body)
        {
            // 6
            Vector3 pos = state.FinalPosition;

            // 7
            Vector3 pos2 = new Vector3(Round(pos.x),
            Round(pos.y), pos.z);

            // 8
            state.PositionCorrection += pos2 - pos;
        }
    }
    // 9
    float Round(float x)
    {
        return Mathf.Round(x * PixelsPerUnit) / PixelsPerUnit;
    }
}
```

코드 설명은 다음과 같다.

```
// 1
using Cinemachine;
```

시네머신 가상 카메라에 추가할 확장 컴포넌트를 만들려면 Cinemachine 프레임워크를 임포트해야 한다.

```
// 2
public class RoundCameraPos : CinemachineExtension
```

시네머신의 프로세싱 파이프라인과 연결할 컴포넌트는 CinemachineExtension을 상속해야 한다.

```
// 3
public float PixelsPerUnit = 32;
```

단위당 픽셀 즉 PPU다. 앞서 카메라를 이야기할 때 설명했듯이 하나의 월드 단위에 픽셀 32개를 표시한다.

```
// 4
protected override void PostPipelineStageCallback(
    Cinemachine VirtualCameraBase vcam, CinemachineCore.Stage stage,
    ref CameraState state, float deltaTime)
```

CinemachineExtension을 상속한 클래스라면 반드시 구현해야 하는 메서드로 제한자의 처리가 끝나고 시네머신이 호출하는 메서드다.

```
// 5
if (stage == CinemachineCore.Stage.Body)
```

시네머신 가상 카메라는 여러 단계로 이뤄진 포스트 프로세싱 파이프라인을 지니고 있다. 이 코드는 현재 카메라의 포스트 프로세싱 단계가 "Body" 단계인지 확인한다. 맞으면 가상 카메라의 공간 위치를 설정할 수 있다.

```
// 6
Vector3 finalPos = state.FinalPosition;
```

가상 카메라의 최종 위치를 얻는다.

```
// 7
Vector3 newPos = new Vector3(Round(finalPos.x), Round(finalPos.y), finalPos.z);
```

나중에 작성할 반올림 메서드를 호출해서 위치를 반올림하고, 반올림한 결과로 새로운 벡터를 생성한다. 이 벡터는 새로운 픽셀 단위 위치다.

```
// 8
state.PositionCorrection += newPos - finalPos;
```

원래 위치와 방금 반올림해서 계산한 위치의 차이를 가상 카메라의 위치에 반영한다.

```
// 9
```

입력값을 반올림하는 메서드다. 이 메서드를 사용해서 카메라가 늘 픽셀 단위 위치에 머물게 한다.

마지막으로 잊지 말고 RoundCameraPos 스크립트를 가상 카메라 오브젝트에 추가해야 한다. RoundCameraPos를 "CM vcam1"으로 끌어다 놓는다.

머티리얼

플레이어로 맵을 돌아다니다 보면 타일과 타일 사이가 엇갈리는 현상 즉 "테어링^{tearing}" 현상이 느껴질 수 있다. 타일이 픽셀 단위로 정확하게 딱 들어맞지 않기 때문이다. 이 문제를 해결하려면 머티리얼이라는 오브젝트를 사용해서 유니티에게 스프라이트를 렌더링할 방법을 알려줘야 한다.

"Materials"라는 폴더를 만든 뒤에 오른쪽 클릭하고 **"생성" > "머티리얼"**을 선택한다. 만들어진 머티리얼의 이름을 "Sprite2D"로 바꾼다.

머티리얼의 속성을 다음과 같이 설정한다.

> Shader: Sprites/Default
>
> Pixel Snap 속성 선택

그림 4-24는 설정을 마친 머티리얼의 모습이다.

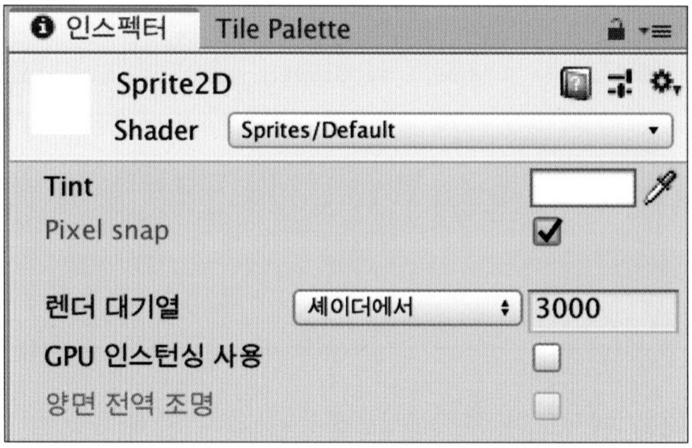

▲그림 4-24 새로운 머티리얼 설정

게임 오브젝트의 렌더러 컴포넌트가 기본 머티리얼이 아닌 방금 설정한 머티리얼을 사용하게 해보자.

Layer_Ground 타일맵을 선택하고 타일맵 렌더러 컴포넌트의 머티리얼 속성 맨 오른쪽에 있는 작은 동그라미를 클릭한다. 그리고 머티리얼 선택 창에서 Sprite2D를 선택한다. 그림 4-25는 설정이 끝난 타일맵 렌더러의 모습이다.

▲ 그림 4-25 타일맵 렌더러 컴포넌트에 Sprite2D 머티리얼 사용

모든 타일맵 레이어에 똑같이 설정한 뒤에 **재생** 버튼을 누르면 테어링 현상이 사라진다.

콜라이더와 타일맵

타일맵 콜라이더 2D

이제 플레이어가 타일맵의 모든 오브젝트를 통과하는 문제를 고쳐보자. 3장에서 PlayerObject에 박스 콜라이더 2D를 추가했던 방법이 기억나는가? 유니티는 특별히 타일맵에 맞춰 만든 타일맵 콜라이더 2D라는 컴포넌트를 제공한다. 타일맵에 타일맵 콜라이더 2D를 추가하면 유니티는 자동으로 타일맵 안의 스프라이트를 찾아서 각각 콜라이더 2D를 추가한다. 이런 타일맵 콜라이더를 사용해서 플레이어 오브젝트 콜라이더가 타일맵 콜라이더와 부딪쳤을 때 플레이어가 통과하지 못하게 막으려 한다.

계층 구조 창에서 Layer_Trees_and_Rocks를 선택하고 인스펙터에서 컴포넌트 추가 버튼을 누른다. "타일맵 콜라이더 2D"라는 컴포넌트를 검색해서 추가한다.

이제 그림 4-26처럼 Layer_Trees_and_Rocks 타일맵의 모든 스프라이트가 콜라이더 컴포넌트를 나타내는 녹색 선으로 둘러싸여 있을 거다.

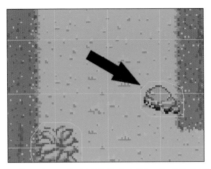

▲ 그림 4-26 화살표가 보여주듯이 타일맵 콜라이더 2D가 바위에 콜라이더를 추가했다.

참고   배경 타일을 포함해서 타일맵의 모든 타일이 녹색 상자로 둘러 싸여있다면 타일맵을 잘못 선택했다는 뜻이다. Layer_Ground 타일맵을 선택 중인지 확인하기 바란다. 흔히 일어나는 실수다. 타일맵 콜라이더 2D 컴포넌트를 제거하려면 그림 4-27처럼 인스펙터에서 타일맵 콜라이더 2D 컴포넌트의 오른쪽에 있는 톱니바퀴 모양 아이콘을 클릭하고 컴포넌트 제거를 선택한다.

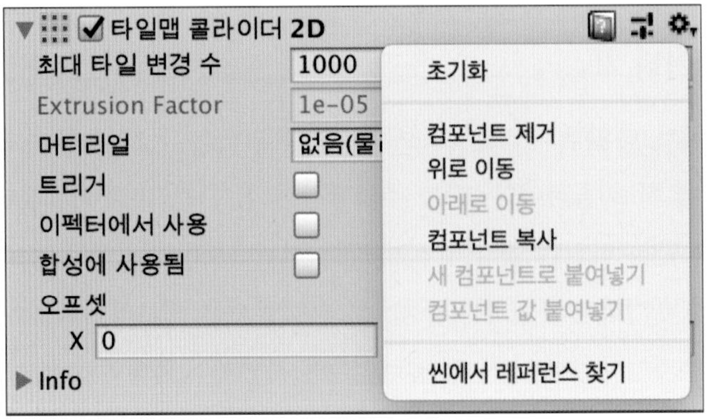

▲ 그림 4-27 잘못 추가한 타일맵 콜라이더 2D 컴포넌트 제거

방금 Layer_Trees_and_Rocks 안의 모든 타일 스프라이트에 콜라이더 2D를 추가했다. 그림 4-28을 잘 보면 수풀이 일곱 개의 콜라이더로 이뤄져 있다. 문제는 유니티가 이런 콜라이더를 일일이 파악하려면 매우 비효율적이라는 점이다

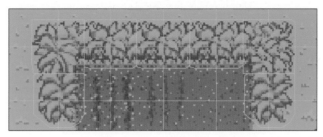

▲ 그림 4-28 Layer_Trees_and_Rocks 레이어 안의 모든 스프라이트는 각각 콜라이더를 지닌다.

복합 콜라이더

다행히 유니티는 여러 개의 콜라이더를 더 효율적인 하나의 큰 콜라이더로 합칠 수 있는 복합 콜라이더라는 도구를 제공한다. 계층 구조 창에서 Layer_Trees_and_Rocks 타일맵을 선택한 뒤에 인스펙터에서 **컴포넌트 추가** 버튼을 누르고 복합 콜라이더 2D를 검색해서 추가한다. 이 컴포넌트의 속성은 그대로 둔다. 이제 타일맵 콜라이더 2D 컴포넌트에서 "합성에 사용됨"을 선택하면 마법처럼 수풀의 콜라이더가 하나로 합쳐지는 광경을 볼 수 있다.

복합 콜라이더 2D를 타일맵 레이어에 추가하면 유니티는 자동으로 리지드바디 2D 컴포넌트를 추가한다. 이 타일맵은 움직이지 않아야 하므로 리지드바디 2D 컴포넌트의 바디 타입 속성을 정적으로 바꾼다.

재생을 누르기 전에 그림 4-29처럼 플레이어가 나무나 수풀에 부딪혀 이상하게 회전하지 않도록 해야 한다. PlayerObject의 리지드바디 2D 컴포넌트는 동적이라 다른 콜라이더와 충돌할 때 물리 엔진이 힘을 적용하는 대상이다.

▲그림 4-29 리지드바디 2D의 충돌 때문에 이상하게 회전한 플레이어

PlayerObject를 선택하고 리지드바디 2D 컴포넌트에서 그림 4-30처럼 "회전 고정 Z"
를 선택한다.

▼ ↙ 리지드바디 2D		
바디 타입	동적	
머티리얼	없음(물리 머티리얼 2D)	⊙
시뮬레이션됨	✔	
자동 질량 사용	☐	
질량	1	
선 항력	0	
각 항력	0	
중력 스케일	1	
충돌 검사	이산	
휴면 모드	활성 상태 시작	
보간	없음	
▼ Constraints		
포지션 고정	☐X ☐Y	
회전 고정	✔Z	
▶ Info		

▲그림 4-30 플레이어가 옆으로 회전하지 못하게 Z 축 회전을 고정한다.

152

재생 버튼을 누르고 플레이어를 움직여 보면 이제 플레이어는 Layer_Trees_and_Rocks에 만들어 놓은 수풀, 바위 등을 통과하지 못한다. 3장에서 PlayerObject에 추가했던 콜라이더가 조금 전에 추가한 타일맵 콜라이더와 충돌하기 때문이다.

또 아직 완전히 닿지 않았는데도 플레이어가 더 못 가게 막는 오브젝트도 볼 수 있다. 먼저 콜라이더의 범위를 확인하려 하므로 게임을 재생 중인 채로 씬 탭을 눌러 씬 뷰로 전환한다.

마우스 휠이나 터치패드로 플레이어를 확대한다. Alt(PC) 또는 Option(맥) 키를 누른 상태에서 씬 안의 타일맵을 클릭하고 끌어서 플레이어가 잘 보이게 한다. 계층 구조 창에서 PlayerObject를 선택하고 박스 콜라이더를 확인한다. 그런 다음 PlayerObject를 그대로 선택한 채 Ctrl(PC) 또는 Cmd/⌘(맥) 키를 누른 상태에서 Layer_Trees_and_Rocks을 선택한다.

이제 두 게임 오브젝트를 모두 선택한 채로 플레이어 주위의 콜라이더와 타일맵의 타일 주위의 콜라이더를 확인할 수 있다. 타일맵을 그릴 때 올려놓은 타일에 따라 모양은 조금 다를 수 있지만 그림 4-31처럼 각 오브젝트 주위에 얇은 선으로 콜라이더의 범위가 나타난다.

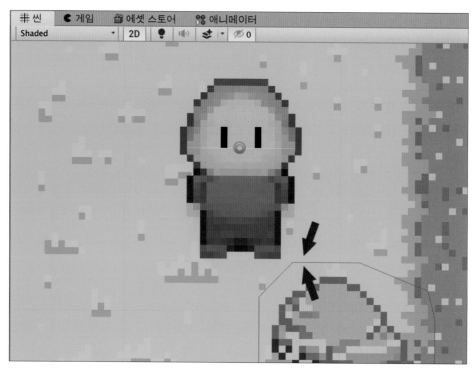

▲ 그림 4-31 플레이어 주위에 얇은 녹색 선으로 보이는 콜라이더 때문에 플레이어와 바위 사이에 틈이 생겼다.

바위와 플레이어의 콜라이더가 충돌해서 플레이어가 더 가깝게 다가갈 수 없는 상태다. 바위의 콜라이더가 바위 모양과 딱 맞지 않아서 플레이어가 멈춘 위치와 바위 사이에 틈이 생겼다. 이런 문제는 각 스프라이트의 물리 모형을 수정해서 해결할 수 있다.

물리 모형 수정

스프라이트 시트 안에 있는 스프라이트의 물리 모형을 수정하려 하므로 프로젝트 창에서 OutdoorObjects 스프라이트 시트를 선택하고 인스펙터에서 스프라이트 에디터를 연다. 그림 4-32처럼 스프라이트 에디터의 왼쪽 맨 위에 있는 드롭다운 메뉴에서 Custom Physics Shape를 선택한다.

▲ 그림 4-32 스프라이트 에디터에서 Custom Physics Shape 선택

수정하려는 스프라이트를 선택하고 "Outline Tolerance" 오른쪽에 있는 "Generate" 버튼을 누르면 스프라이트를 둘러싼 물리 모형의 외곽선을 볼 수 있다.

그림 4-33처럼 오브젝트 모양에 맞춰 하얀 점을 끌어다 놓는다. 꼭 그래야만 하는 게임이 아니면 물리 모형을 아주 완벽하게 맞출 필요는 없다. 선을 클릭하면 하얀 점을 추가할 수 있고 Ctrl(PC) 또는 Cmd/⌘(맥) + Delete 키를 누르면 선택한 점을 삭제할 수 있다.

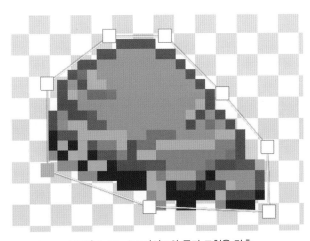

▲ 그림 4-33 스프라이트와 물리 모형을 맞춤

수정한 물리 모형에 만족한다면 **적용** 버튼을 누르고 스프라이트 에디터를 닫는다. 새로운 물리 모형을 사용하려면 해당 타일맵을 선택하고 그림 4-34처럼 타일맵 콜라이더 2D 컴포넌트의 오른쪽에 있는 톱니바퀴 아이콘을 클릭한 뒤에 초기화를 선택해야 한다. 이렇게 해야 유니티 에디터가 수정한 물리 모형 정보를 읽어 들인다.

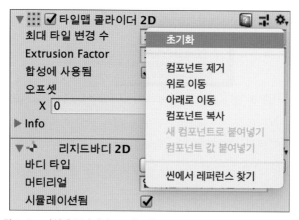

▲ 그림 4-34 타일맵 콜라이더 2D 컴포넌트를 초기화해서 새로운 물리 모형 사용

이제 **재생** 버튼을 누르고 새로 수정한 콜라이더가 제대로 동작하는지 확인한다.

팁　유니티는 복합 콜라이더를 만들 때 추측을 통해 콜라이더를 합치므로 물리 모형을 수정할 때 스프라이트 주변에 공간을 남겨두면 모든 타일이 하나의 커다란 콜라이더로 합쳐지지 않을 수 있다. 다시 타일의 물리 모형을 수정할 수도 있고, 공간이 있어도 상관없다면 그대로 둘 수도 있다. 오브젝트의 물리 모형을 수정할 때마다 컴포넌트를 초기화해야 수정한 물리 모형을 불러올 수 있다는 점을 잊지 말아야 한다.

콜라이더 수정에 익숙해졌을 테니 그림 4-35처럼 플레이어의 박스 콜라이더 2D를 조금 작게 수정해보자.

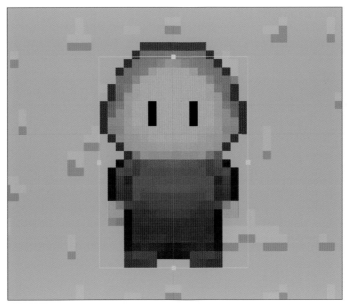

▲그림 4-35 콜라이더의 크기를 플레이어에 맞게 줄인다.

이제 맵의 커다란 땅덩어리 주위에 경계를 만들어서 플레이어가 물 위로 걷지 못하게 해보자. 물론 게임에 따라 플레이어가 물 위를 걸어야 할 수도 있다. 그렇지만 앞으로 소개할 기법은 개발자가 의도하지 않은 곳으로 플레이어를 가지 못하게 하는 다양한 기법의 하나다.

Layer_Ground를 선택하고 플레이어가 가지 못하게 하려는 부분의 타일을 모두 삭제한다. 예제에서는 플레이어가 물 위로 가지 못하게 물 타일을 모두 삭제한다. 여기서 지운 타일은 다른 레이어에 그릴 예정이다. 이제 "Layer_Water"라는 타일맵 레이어를 새로 만든다. 새로 만든 타일맵은 원래대로 배경 타일맵과 같은 순서로 그려야 하므로 Layer_Water를 선택하고 인스펙터의 타일맵 렌더러 컴포넌트에서 정렬 레이어로 Ground를 선택한다.

인스펙터 옆에 있는 Tile Palette 탭을 클릭하고 방금 만든 레이어를 액티브 타일맵으로 선택한다. 그림 4-36처럼 플레이어를 못 가게 할 물 부분을 그린다. 그림 4-36은 씬 오른쪽 아래의 Focus On을 타일맵으로 설정해서 현재 선택 중인 타일맵 레이어만 활성화한 상태다.

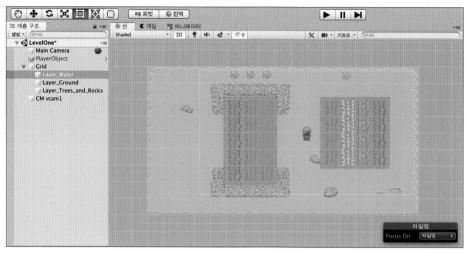

▲ 그림 4-36 새로운 타일맵을 확인하려고 Focus On을 타일맵으로 설정

Layer_Water 타일맵에 타일맵 콜라이더 2D와 복합 콜라이더 2D를 추가한다. 복합 콜라이더 2D를 추가하면 자동으로 리지드바디 2D 컴포넌트가 같이 더해진다. 물 타일이 플레이어와 부딪쳐도 움직이지 않게 리지드바디 2D 컴포넌트의 바디 타입을 정적으로 바꾼다. 마지막으로 타일맵 콜라이더 2D 컴포넌트의 "합성에 사용됨" 속성을 선택해서 모든 콜라이더를 하나로 합친다.

재생 버튼을 누르고 플레이어가 물로 못 나가는지 확인한다. 방금 한 콜라이더 작업은 딱히 새로운 작업은 아니다. 이미 앞서 타일맵 콜라이더로 작업할 때 비슷한 작업을 해 봤다.

요약

4장을 통해 유니티 2D 게임 제작에 필요한 핵심 개념 몇 가지를 설명했다. 스프라이트를 타일 팔레트로 바꾸는 방법을 배웠고 타일 팔레트로 타일맵을 그려봤다. 콜라이더를 사용해서 플레이어가 다른 오브젝트를 통과하지 못하게 막았고 콜라이더를 수정해서 사용자 경험을 개선하는 방법을 살펴봤다. 2D 픽셀 아트 게임에 매우 중요한 요소인 스케일링, 아트의 크기, 해상도 사이의 균형을 맞추는 카메라 설정 방법도 배웠다. 4장에서 소개한 시네머신은 카메라의 움직임을 자동화하는 강력한 도구다.시네머신을 더자세히 배우고 싶다면 유니티 포럼(https://forum.unity.com)만한 곳이 없다. 이 곳에 질문을 남기거나 시네머신 제작자가 직접 알려주는 정보를 살펴보기 바란다. 5장에서는지금까지 배운 내용을 종합하려 한다. 진짜 게임을 만들고 있다는 기분이 들기 시작할거다.

5장

기본 지식 종합

지금까지 유니티가 제공하는 게임 제작 도구에 관해 많은 내용을 배웠다. 이제 배운 지식을 종합해보려 한다. 5장에서는 게임에 등장할 플레이어, 적, 기타 캐릭터에 사용할 C# 클래스를 만든다. 또 동전, 체력 아이템 등 게임에서 플레이어가 주울 수 있는 프리팹을 만들고, 게임 로직이 신경 써야 할 오브젝트 충돌과 무시해야 할 충돌을 지정하는 방법을 배운다. 스크립팅 가능한 오브젝트^{Scriptable Objects}라는 중요한 유니티 전용 도구를 소개하고 이 스크립팅 가능한 오브젝트를 활용해서 깔끔하고 확장 가능한 게임 구조를 만드는 기법을 설명한다.

Character 클래스

먼저 모든 캐릭터, 적, 플레이어에 사용할 클래스 구조의 기초를 마련하려 한다. 게임 안의 모든 "살아 있는" 캐릭터는 체력 등 기본적으로 지녀야 할 특성이 있다.

생명력 또는 "체력^{Hit-Points, HP}"은 캐릭터가 죽기 전까지 견딜 수 있는 피해량을 나타낸다. 아주 오래전 테이블탑 워게임에서 사용하던 용어지만, 지금은 모든 게임 장르에서 일반적으로 체력 또는 생명력이라는 개념을 사용한다.

그림 5-1은 베히모스가 개발한 〈캐슬 크래셔즈〉의 화면으로 게임에서 캐릭터의 남은 체력을 시각적으로 표시하는 방법의 한 예다. 이렇게 각 캐릭터 이름 아래에 빨간색 체력 바를 두는 방식이 일반적이다.

▲ 그림 5-1 화면 위쪽에 있는 다양한 길이의 붉은색 막대기는 체력을 나타낸다.

당분간은 체력을 기록만 하겠지만, 최종적으로는 플레이어의 남은 체력을 시각적으로 보여주는 체력 바를 만들 예정이다.

Scripts 폴더 아래 MonoBehaviours라는 폴더를 새로 만든다. MonoBehaviour 클래스를 더 만들 예정이라 따로 모아두려 한다. MovementController 스크립트를 이 폴더로 옮긴다. MonoBehaviour를 상속하는 스크립트이기 때문이다.

MonoBehaviours 폴더 안에 Character라는 C# 스크립트를 새로 만든다. Character 스크립트를 더블 클릭해서 비주얼 스튜디오에서 연다.

플레이어 클래스인 Player와 적 클래스인 Enemy가 상속할 Character라는 공용 클래스

162

를 만들려 한다. 이 Character 클래스에 예제 게임의 모든 캐릭터가 공통으로 지녀야할 기능과 속성을 담을 예정이다.

다음 코드를 입력한 뒤 잊지 말고 저장하기 바란다. 주석은 입력하지 않아도 상관없다.

```
using UnityEngine;

// 1
public abstract class Character : MonoBehaviour {

// 2
    public int hitPoints;
    public int maxHitPoints;
}
```

// 1

C#의 abstract 한정자를 사용해서 인스턴스화할 수 없는 클래스고 하위 클래스에서 상속해야 하는 클래스임을 나타낸다.

// 2

현재 체력과 체력의 최댓값을 저장할 변수다. 캐릭터가 얻을 수 있는 체력에는 한계가 있기 마련이다. 입력을 마치면 스크립트를 저장한다.

Player 클래스

다음으로 기본적인 Player 클래스를 만든다. MonoBehaviours 폴더에 Player라는 C# 스크립트를 새로 만든다. Player 클래스는 아주 소박하게 시작하지만 계속해서 기능을 추가할 예정이다.

다음 코드를 입력한다. Start( ) 함수와 Update( ) 함수는 삭제했다.

```
using UnityEngine;

// 1
public class Player : Character
{
    // 우선은 비워놓는다.
}
```

// 1

일단 Character 클래스를 상속해서 hitPoints 같은 속성을 얻는다.

스크립트를 저장하고 유니티 에디터로 돌아온다.

프로젝트 창에서 PlayerObject 프리팹을 선택하고 Player 스크립트를 플레이어 오브젝트로 끌어다 놓은 속성을 그림 5-2처럼 설정한다. 플레이어의 처음 체력으로 5를, 체력의 최댓값으로 10을 제공하려 한다.

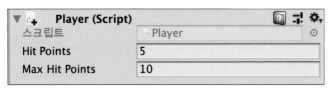

▲그림 5-2 Player 스크립트 설정

플레이어가 최댓값보다 적은 체력으로 시작하게 했다. 플레이어가 체력을 늘려주는 하트를 주울 수 있는 기능을 만들 예정이기 때문이다.

프리팹 준비

모험가의 삶이 항상 즐겁지만은 않다. 그리고 아무리 용감한 영웅도 생계를 꾸려나가야 한다. 이제 씬 안에 플레이어가 주울 수 있는 동전을 만들어 보자.

다운로드한 예제 코드의 Chapter 5 폴더에서 1980년대 글램록 메탈 밴드의 이름처럼 보이는 "Hearts-and-coins32x32.png"라는 스프라이트 시트를 찾아서 Assets > Sprites > Objects 폴더로 끌어다 놓는다.

인스펙터 창에서 임포트 설정을 다음과 같이 수정한다.

> 텍스처 타입: 스프라이트(2D 및 UI)
> 스프라이트 모드: 다중
> 단위당 픽셀: 32
> 필터 모드: 점(필터 없음)
> **기본** 버튼을 누르고 압축 속성을 없음으로 변경.

적용 버튼을 누른 뒤에 스프라이트 에디터를 연다.

분할 메뉴에서 타입 속성을 Grid By Cell Size로 선택하고 Pixel Size의 X, Y에 32를 입력한 뒤에 Slice 버튼을 누른다. 오른쪽 위에 있는 **적용** 버튼을 누른 뒤에 스프라이트 에디터를 닫는다.

동전 프리팹 생성

이제 동전으로 사용할 프리팹을 만들어보자.

계층 구조 창에서 새로운 게임 오브젝트를 만들고 이름을 CoinObject로 변경한다. Hearts-and-coins32×32 스프라이트 시트에서 동전 모양 스프라이트 4개를 선택한 다음 CoinObject로 끌어다 놓아 새로운 애니메이션을 만든다. 3장에서 플레이어와 적 애니메이션을 만들었던 과정과 똑같다. 애니메이션 클립의 이름을 "coin-spin"으로 바꾼 뒤 Animations > Animations 폴더에 저장한다. Animations 폴더에 같이 만들어진 CoinObject라는 컨트롤러의 이름을 "CoinController"로 바꾸고 Controllers 폴더로 옮긴다.

CoinObject의 스프라이트 렌더러 컴포넌트에서 스프라이트 속성의 오른쪽에 있는 작은 동그라미를 클릭한 뒤 씬 뷰에 동전으로 표시할 스프라이트를 하나 선택한다.

스프라이트 렌더러의 정렬 레이어 드롭다운 메뉴를 클릭하고 4장에서 만든 "Objects" 레이어를 선택한다. 플레이어가 동전을 주울 수 있으려면 CoinObject에 두 가지 설정이 필요하다.

1. 플레이어가 동전과 충돌했는지 감지할 방법
2. 주울 수 있는 동전임을 나타내는 태그

써클 콜라이더 2D 설정

CoinObject를 선택하고 써클 콜라이더 2D 컴포넌트를 추가한다. 써클 콜라이더 2D는 플레이어와 동전의 충돌 감지에 사용할 프리미티브 콜라이더다. 써클 콜라이더 2D 컴포넌트의 반지름 속성을 0.17로 설정해서 동전 스프라이트와 거의 같은 크기로 맞춘다.

앞으로 작성할 스크립트에는 플레이어가 동전을 통과하면서 주울 수 있는 로직이 필요하다. 이렇게 하려면 써클 콜라이더 2D를 지금까지 콜라이더를 사용했던 방식과 조금 다르게 사용해야 한다. CoinObject에 써클 콜라이더 2D를 추가하고 그대로 두면 플레이어가 동전을 통과할 수 없다. CoinObject의 써클 콜라이더 2D를 일종의 트리거로 사용해서 다른 콜라이더와의 충돌을 감지하려 한다. 이 써클 콜라이더 2D를 통과하는 다른 콜라이더를 막고 싶진 않다.

써클 콜라이더 2D를 트리거로 사용하려면 그림 5-3처럼 "트리거" 속성을 선택해야 한다.

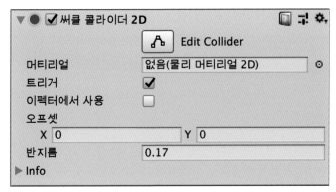

▲ 그림 5-3 써클 콜라이더 2D의 트리거 속성을 선택한다.

태그 설정

또 스크립트에서 다른 오브젝트가 주울 수 있는 오브젝트인지 확인할 때 사용할 태그를 CoinObject에 추가하려 한다.

다음과 같이 "CanBePickedUp"이라는 태그를 만든다.

1. 계층 구조 창에서 CoinObject를 선택한다.
2. 인스펙터의 왼쪽 위에 있는 태그 드롭다운에서 "태그 추가..."를 선택한다.
3. CanBePickedUp 태그를 만든다.
4. 다시 CoinObject를 선택하고 인스펙터에서 태그를 CanBePickedUp으로 설정한다.

이제 프리팹을 만들 준비가 끝났다.

CoinObject를 프로젝트 창의 Prefabs 폴더로 끌어다 놓아서 프리팹을 만든다. 프리팹으로 만든 뒤에 계층 구조 창에서 CoinObject를 삭제한다.

상호작용할 수 있는 동전 프리팹을 만드는 과정을 요약하면 다음과 같다.

1. 빈 게임 오브젝트를 만들고 이름을 변경한다.

2. 프리팹의 애니메이션으로 사용할 스프라이트를 추가한다. 이렇게 하면 게임 오브젝트에 스프라이트 렌더러 컴포넌트가 생긴다.

3. 씬에서 프리팹을 대신할 스프라이트를 스프라이트 렌더러의 "스프라이트" 속성에 설정한다.

4. 정렬 레이어를 설정해서 프리팹이 눈에 보이는 올바른 순서로 그려지게 한다.

5. 스프라이트 모양에 어울리는 콜라이더 2D 컴포넌트를 추가한다.

6. 만들고 있는 프리팹의 종류에 따라 콜라이더의 트리거 속성을 설정한다.

7. CanBePickedUp라는 태그를 만들고 게임 오브젝트의 태그로 설정한다.

8. 필요하면 레이어를 변경한다.

9. 게임 오브젝트를 Prefabs 폴더로 끌어다 놓는다.

10. 계층 구조 창에서 원래 게임 오브젝트를 삭제한다.

팁 CoinObject 프리팹을 씬으로 끌어다 놓은 뒤에 계층 구조 창에서 선택한다. 잠시 CoinObject의 트리거 속성을 해제하고 "트리거" 속성의 왼쪽에 파란색 바가 나타나는지 확인한다. 이 파란색 바는 현재 인스턴스에서만 바뀐 값임을 나타낸다. 지금 바꾼 설정을 프리팹의 모든 인스턴스에 저장하고 싶다면 인스펙터 창의 오른쪽 위에 있는 오버라이드 > 모두 적용을 눌러야 한다. 확인이 끝났으면 다시 트리거 속성을 선택해야 동전 프리팹이 제대로 동작한다.

레이어 기반 충돌 감지

이제 예제 RPG의 플레이어가 부딪친 동전을 주울 수 있게 하려 한다. 또 맵을 돌아다니는 적은 동전을 줍지 못하고 그냥 통과하게 하고 싶다.

3장에서 이야기했듯이 레이어를 사용하면 게임 오브젝트의 콜렉션을 정의할 수 있다. 같은 레이어 안에 있는 게임 오브젝트의 콜라이더 컴포넌트는 서로 인식하며 상호작용할 수 있다. 이런 상호작용을 바탕으로 오브젝트를 줍는 등의 로직을 만들 수 있다. 또 다른 레이어에 있는 콜라이더 컴포넌트를 인식할 수 있는 방법도 있다. 이렇게 하려면 레이어 기반 충돌 감지Layer-Based Collision Detection라는 유니티 기능을 사용해야 한다.

이 기능을 사용해서 다른 레이어에 있는 플레이어와 동전의 콜라이더가 서로 인식하게 하려 한다. 또 적은 동전을 주울 수 없으므로 적 콜라이더가 동전 콜라이더를 인식하지 못하게 설정하려 한다. 서로 인식하지 못하는 콜라이더는 상호작용할 수 없다. 따라서 적은 동전을 줍지 못하고 지나칠 수밖에 없다.

이런 기능이 제대로 동작하는지 보려면 먼저 레이어를 만들어서 게임 오브젝트에 적절하게 할당해야 한다.

3장에서 배운 레이어 생성 방법을 떠올리며 다음과 같이 레이어를 만들어보자.

1. 계층 구조 창에서 CoinObject를 선택한다.
2. 인스펙터 창에서 레이어 드롭다운 메뉴를 선택한다.
3. "레이어 추가…"를 선택한다.
4. "Consumables"라는 레이어를 새로 만든다.
5. "Enemies"라는 레이어를 새로 만든다.

Consumables 레이어는 동전, 하트 등 플레이어가 소비할 수 있는 아이템에 사용할 레이어다. Enemies 레이어는 예상하다시피 적에 사용할 레이어다.

그림 5-4는 새로운 레이어 두 개를 추가한 인스펙터 창의 모습이다.

▲그림 5-4 Consumables, Enemies 레이어 추가

편집 메뉴로 가서 **프로젝트 설정...** > **물리 2D**를 선택한다. 물리 2D 설정의 맨 아래에 있는 레이어 충돌 매트릭스^{Layer Collision Matrix}를 확인한다. 여기서 적이 동전, 하트 등을 통과할 수 있게 레이어를 설정하려 한다.

행과 열의 교차점에 있는 체크 박스를 선택해서 서로 인식하고 상호작용할 레이어를 설정할 수 있다. 두 레이어의 교차점에 있는 체크 박스를 선택하면 두 레이어에 속한 오브젝트의 콜라이더는 레이어가 달라도 상호작용할 수 있다.

플레이어와 동전의 콜라이더는 서로 인식하게, 적의 콜라이더는 동전 콜라이더를 인식하지 못하게 하고 싶다.

그림 5-5처럼 Consumables과 Enemies의 교차 지점에 있는 체크 박스의 선택을 해제한다. 이제 Enemies 레이어의 오브젝트는 Consumables 레이어의 오브젝트와 충돌해도 상호작용이 일어나지 않는다. 두 레이어는 서로 인식하지 못한다. 아직 적이 맵을 돌

아다니게 하는 스크립트를 작성하지 않았지만, 나중에 작성하더라도 두 레이어가 상호 작용할 수 없게 설정했으므로 적은 동전을 인식하지 못한다.

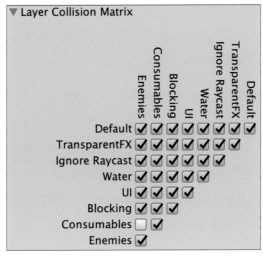

▲ 그림 5-5 레이어 충돌 매트릭스를 통해 상호작용할 레이어를 설정할 수 있다.

프로젝트 창에서 CoinObject 프리팹을 선택하고 레이어를 "Consumables"로 바꾼다. 하는 김에 EnemyObject 프리팹의 레이어도 Enemies로 바꾼다.

그리고 CoinObject 프리팹을 씬의 원하는 위치로 끌어다 놓는다.

재생 버튼을 누르고 플레이어를 동전 쪽으로 움직여서 플레이어가 동전을 통과할 수 있는지 확인한다. CoinObject는 Consumables 레이어에 있고 PlayerObject는 Blocking 레이어에 있다. 충돌 매트릭스에서 두 레이어의 교차점을 선택한 상태로 그냥 뒀으므로 두 레이어는 각 레이어 안의 오브젝트가 충돌할 때 서로 인식한다. 이렇게 인식하고 있다는 점을 이용해서 플레이어가 동전을 주울 수 있는 로직을 스크립트로 만들어 보려한다.

트리거와 스크립트

앞서 잠깐 다뤘지만 콜라이더의 용도는 단순히 두 오브젝트의 충돌 감지가 전부가 아니다. 콜라이더를 사용해서 오브젝트의 범위를 정의할 수 있고 범위 안에 들어온 다른 게임 오브젝트를 감지할 수도 있다. 범위 안에 다른 게임 오브젝트가 들어오면 상황에 따라 스크립트로 만들어 놓은 동작을 실행할 수 있다.

"트리거" 속성을 사용하면 콜라이더로 정의한 범위 안에 다른 오브젝트가 들어왔을 때 감지할 수 있다. 플레이어의 콜라이더가 동전의 써클 콜라이더에 닿으면 자동으로 콜라이더를 지닌 두 오브젝트의 void OnTriggerEnter2D(Collider2D collision) 메서드가 불린다. 이 메서드를 사용해서 두 오브젝트가 충돌할 때 해야 할 동작을 만들 수 있다. 동전의 콜라이더에 트리거 속성을 설정했으므로 동전은 플레이어가 가는 길을 막지 못하고 플레이어는 동전을 그냥 통과한다.

Player.cs 스크립트를 열고 다음 메서드를 추가한다.

```
// 1
void OnTriggerEnter2D(Collider2D collision)
{
// 2
    if (collision.gameObject.CompareTag("CanBePickedUp"))
    {
// 3
        collision.gameObject.SetActive(false);
    }
}
```

메서드를 살펴보자.

```
// 1
```

이 오브젝트가 트리거 콜라이더와 겹치면 OnTriggerEnter2D( )가 불린다.

// 2

---

collision을 사용해서 플레이어가 충돌한 게임 오브젝트를 찾은 다음 충돌한 게임 오브젝트의 태그를 확인한다. 태그가 "CanBePickedUp"이면 if문 안의 코드를 실행한다.

// 3

동전은 주울 수 있는 오브젝트임을 이미 알고 있으니 오브젝트를 주우면 씬에서 사라지는 느낌을 주려 한다. 아직 오브젝트를 실제로 줍는 기능을 스크립트로 작성하진 않았다. 이 기능은 나중에 작성한다.

비주얼 스튜디오에서 코드를 저장하고 유니티 에디터로 돌아와서 **재생** 버튼을 누른다. 플레이어를 동전 쪽으로 움직여서 동전이 플레이어와 닿으면 사라지는지 확인한다.

요약하면 플레이어가 동전과 충돌할 때 콜라이더로 상호작용을 감지하고, 스크립트 로직으로 주울 수 있는 오브젝트인지 확인하고, 맞으면 동전이 사라지게 설정한다. 꽤 멋지다!

팁 스크립트의 수정이 끝나면 잊지 말고 저장해야 한다. 저장하지 않으면 유니티 에디터가 수정한 내용을 컴파일하지 않으므로 게임에 반영되지 않는다. 금세 수정하고 유니티로 돌아왔는데 바뀐 점이 없어서 당황하는 실수는 흔히 일어난다.

스크립팅 가능한 오브젝트

스크립팅 가능한 오브젝트^{Scriptable Object}는 깔끔한 게임 구조를 추구하는 유니티 게임 개발자라면 알아야 하는 중요한 개념이다. 스크립팅 가능한 오브젝트는 C# 스크립트로 정의하고 에셋 메뉴를 통해 생성하고 유니티 프로젝트에 에셋으로 저장하는 재사용 가능한 데이터 컨테이너 구조라 생각할 수 있다.

스크립팅 가능한 오브젝트를 주로 사용하는 상황은 다음과 같다.

- 스크립팅 가능한 오브젝트 에셋의 인스턴스를 가리키는 참조를 저장해놓고 사용하면 메모리 사용량을 줄일 수 있다. 매번 사용 중인 오브젝트의 모든 값을 복사하지 않으므로 메모리 사용량이 늘지 않는다.
- 착탈식^{pluggable} 데이터 집합을 미리 정의한다.

첫 번째 사례를 설명할 수 있는 조금 억지스러운 예를 들어보려 한다. 이 책의 모든 텍스트가 담긴 문자열 속성으로 프리팹을 만들었다고 해보자. 프리팹의 인스턴스를 생성할 때마다 책의 모든 텍스트의 복사본이 새로 만들어진다. 예상하다시피 이렇게 하면 게임이 사용할 수 있는 메모리가 금세 바닥나기 시작한다.

프리팹 안에 스크립팅 가능한 오브젝트를 사용해서 책의 텍스트를 저장했다면 프리팹의 새로운 인스턴스를 생성할 때마다 같은 복사본을 참조한다. 프리팹의 복사본을 아무리 많이 만들어도 이 책의 텍스트가 차지하는 메모리의 양은 똑같다.

첫 번째 사례에서 기억해야 할 핵심은 스크립팅 가능한 오브젝트 에셋을 참조할 때마다 메모리에서 같은 스크립팅 가능한 오브젝트를 참조한다는 점이다. 그러므로 스크립팅 가능한 오브젝트 참조의 데이터를 수정하면 게임이 끝날 때까지 수정한 내용을 그대로 유지한다. 게임 실행 중에 원본 데이터에 영향을 주지 않고 스크립팅 가능한 오브젝트의 값을 수정하고 싶다면 먼저 메모리에 복사본을 만든 뒤에 수정해야 한다.

유니티 개발자는 흔히 스크립팅 가능한 오브젝트를 사용해서 착탈식 데이터 집합을 정의하곤 한다. 데이터 집합으로 플레이어가 상점이나 인벤토리에서 볼 수 있는 아이템을 정의할 수 있다. 또 스크립팅 가능한 오브젝트를 사용해서 디지털 버전의 카드 게임에서 공격력과 방어력 같은 속성을 정의할 수 있다

스크립팅 가능한 오브젝트는 MonoBehaviour가 아닌 Object를 상속하는 Scriptable Object 클래스를 상속한다. 따라서 Start( ), Update( ) 메서드는 사용할 수 없다. 스크립팅 가능한 오브젝트는 데이터를 저장하는 역할을 하므로 이런 메서드를 사용할 수 있으면 그게 더 이상하다. 스크립팅 가능한 오브젝트는 MonoBehaviour를 상속하지 않으므로 게임 오브젝트에 추가할 수 없다. 게임 오브젝트에 추가할 수 없으므로 MonoBehaviour를 상속한 유니티 스크립트 안에 스크립팅 가능한 오브젝트의 참조를 만들어서 사용하는 방식이 일반적이다.

스크립팅 가능한 오브젝트 생성

플레이어가 소비하거나 주울 수 있는 오브젝트의 데이터를 저장할 "Item"이라는 스크립팅 가능한 오브젝트를 만들어 보자. 여기서 만든 스크립팅 가능한 오브젝트는 MonoBehaviour를 상속한 스크립트에서 참조할 예정이다. 그리고 이 스크립트를 아이템의 프리팹에 추가하려 한다. 플레이어가 프리팹과 충돌할 때 얻는 스크립팅 가능한 오브젝트의 참조를 통해 아이템을 감춰서 주웠다고 느끼게 하려 한다. 나중에는 이렇게 주운 오브젝트를 인벤토리에 추가하는 코드를 만들 예정이다.

Scripts 폴더 안에 "Scriptable Objects"라는 폴더를 만든다. 그런 다음 새로 만든 폴더를 오른쪽 클릭하고 Item이라는 스크립트를 새로 만든다.

Item.cs 파일에 다음 코드를 입력한 뒤 잊지 말고 저장한다. 늘 그렇듯이 자세한 코드 설명은 바로 뒤에 이어진다.

```
using UnityEngine;
```

```
// 1
[CreateAssetMenu(menuName = "Item")]

// 2
public class Item : ScriptableObject {

// 3
    public string objectName;

// 4
    public Sprite sprite;

// 5
    public int quantity;

// 6
    public bool stackable;

// 7
    public enum ItemType
    {
        COIN,
        HEALTH
    }

// 8
    public ItemType itemType;
}
```

Item 스크립트를 살펴보자.

// 1

CreateAssetMenu는 그림 5-6처럼 생성 메뉴 안에 하위 메뉴를 만들어 준다. 이제 메뉴를 통해 스크립팅 가능한 오브젝트인 Item의 인스턴스를 쉽게 만들 수 있다.

▲ 그림 5-6 생성 메뉴에서 Item의 인스턴스를 인스턴스화할 수 있다.

이 스크립팅 가능한 오브젝트 인스턴스는 실제로 프로젝트에 별도의 에셋 파일로 저장 되며 오브젝트 자체의 속성은 인스펙터를 통해 수정할 수 있다.

// 2

Monobehaviour가 아닌 ScriptableObject를 상속한다.

// 3

---

objectName 필드는 다양한 목적으로 사용할 수 있다. 디버깅에 큰 도움을 주기도 하지 만 게임 내 상점에 표시할 상품명으로 또는 다른 캐릭터의 대사에도 쓸 수 있다.

// 4

게임에 표시할 수 있는 아이템의 스프라이트를 가리키는 참조를 저장한다.

아이템의 수량을 기록한다.

스태커블^{Stackable}은 동일한 장소에 쌓아둘 수 있으면서 플레이어와 동시에 상호작용할 수 있는 동일한 아이템들의 사본을 표현하는 용어다. 동전은 스태커블 아이템의 좋은 예다. 예제에서는 아이템이 스태커블인지를 나타내는 Stackable이라는 불리언 속성을 설정한다. 스태커블이 아닌 아이템은 한 번에 여러 개를 처리할 수 없다.

아이템의 종류를 나타내는 열거형 상수 정의다. objectName은 상황에 따라 게임 안에서 플레이어에게 보여 줄 수 있지만, ItemType 속성은 절대 플레이어에게 보여주지 않고 게임 로직 안에서 오브젝트를 식별할 때만 사용한다. 계속해서 동전 아이템을 예로 들면 게임에 다양한 종류의 동전이 있을 수 있지만 모두 COIN이라는 ItemType으로 분류한다.

ItemType 열거 형식을 사용하는 itemType이라는 속성을 만든다.

Consumable 스크립트 작성

스크립팅 가능한 오브젝트는 MonoBehaviour를 상속하지 않으므로 게임 오브젝트에 추가할 수 없다. 이제 MonoBehaviour를 상속하며 Item의 참조를 저장하는 속성을 지닌 짧은 스크립트를 작성하려 한다. 이 스크립트는 MonoBehaviour를 상속하므로 게임 오브젝트에 추가할 수 있다. MonoBehaviours 폴더를 오른쪽 클릭하고 "Consumable"이라는 스크립트를 새로 만든다.

```
using UnityEngine;

// 1
public class Consumable : MonoBehaviour {

//2
    public Item item;
}
```

// 1

MonoBehaviour를 상속하므로 이 스크립트는 게임 오브젝트에 추가할 수 있다.

// 2

Consumable 스크립트를 게임 오브젝트에 추가할 때 item 속성에 Item을 대입하려 한다. 이렇게 하면 Consumable 안에 스크립팅 가능한 오브젝트 에셋의 참조를 저장할 수 있다. public으로 선언했으므로 다른 스크립트에서도 사용할 수 있다.

앞서 말했듯이 스크립팅 가능한 오브젝트 참조의 데이터를 수정하면 스크립팅 가능한 오브젝트 에셋 자체의 데이터도 바뀌며 게임의 실행이 끝날 때까지 바뀐 데이터를 유지한다. 실행 중에 원래 데이터를 바꾸지 않고 스크립팅 가능한 오브젝트의 값을 바꾸고 싶다면 먼저 복사본을 만들어야 한다.

Consumable 스크립트를 저장하고 유니티 에디터로 돌아온다.

아이템 구성

CoinObject 프리팹을 선택하고 Consumable 스크립트를 끌어서 추가한다. 그림 5-7
의 Item 속성에 스크립팅 가능한 오브젝트인 Item을 설정해야 한다. 먼저 스크립팅 가
능한 오브젝트인 Item을 만들어 보자.

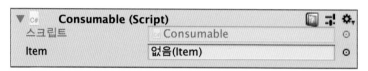

▲ 그림 5-7 Item 속성은 스크립팅 가능한 오브젝트인 Item 형식이다.

Scriptable Objects 폴더를 오른쪽 클릭한 뒤 생성을 선택하고 맨 위에 있는 Item을 선
택해서 스크립팅 가능한 오브젝트인 Item을 생성한다. 유니티 에디터 맨 위에 있는 메
뉴를 더 선호한다면 **에셋 > 생성 > Item**을 선택해서 만들 수 있다.

스크립팅 가능한 오브젝트의 이름을 "Coin"으로 바꾼다. 이제 이 Coin을 선택하고 인스
펙터 창에서 그림 5-8처럼 설정한다. Object Name에 "coin"을 입력하고 Stackable을
선택하고 Item Type 드롭다운에서 COIN을 선택한다.

▲ 그림 5-8 Coin 아이템의 속성 설정

그림 5-8, 5-9를 참고해서 Sprite 속성에 "hearts-and-coins32x32_4"라는 스프라이트를 설정한다. 이 스프라이트는 동전 아이템을 잘 나타내며 인벤토리 툴바 등 동전을 고정적으로 표시해야 할 때 사용하려 한다. 지금까지 씬에 스프라이트 애니메이션을 표시했던 방법과는 다르다.

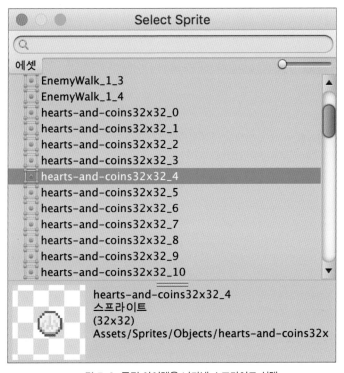

▲그림 5-9 동전 아이템을 나타낼 스프라이트 선택

CoinObjcet 프리팹의 Consumable 스크립트로 돌아가서 그림 5-10처럼 Item 속성에 방금 만든 Coin 아이템을 설정한다.

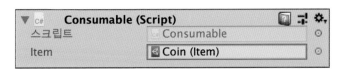

▲그림 5-10 Item에 새로 만든 Coin 아이템을 설정

플레이어 충돌

Player 클래스는 이미 CoinObject 프리팹과의 충돌을 감지하는 로직을 갖추고 있지만, 이제 스크립팅 가능한 오브젝트의 참조를 사용해서 플레이어와 충돌했을 때 해당 오브젝트를 감추려 한다. 이 방법으로 동전을 플레이어의 인벤토리에도 추가할 수 있다.

앞서 Player 클래스의 OnTriggerEnter2D 메서드에 작성한 if문을 다음과 같이 수정한다.

```
if (collision.gameObject.CompareTag("CanBePickedUp"))
{
// 1
// 주의: 한 줄의 코드다.
    Item hitObject = collision.gameObject.
      GetComponent<Consumable>().item;

// 2
    if (hitObject != null)
    {
// 3
        print("Hit: " + hitObject.objectName);
        collision.gameObject.SetActive(false);
    }
}
```

상당히 많은 일이 벌어지는 코드라 하나하나 설명하려 한다. 요약하자면 Consumable 클래스 안에서 스크립팅 가능한 오브젝트인 Item의 참조를 얻어서 hitObject에 대입하는 코드다.

```
// 1
```

먼저 collision에 들어있는 gameObject의 참조를 저장한다. collision에는 collision과 충돌한 게임 오브젝트가 들어있다는 점을 기억하기 바란다. 지금 예제 게임에서 충돌한 게임 오브젝트는 동전이지만 나중에는 "CanBePickedUp" 태그를 지닌 모든 게임 오브젝트일 수 있다.

gameObject에서 스크립트 이름인 "Consumable"을 인수로 GetComponent( )를 호출하고 Consumable 스크립트 컴포넌트를 얻는다. 앞서 Consumable 스크립트를 추가했었다. 마지막으로 Consumable 컴포넌트에서 item이라는 이름의 속성을 얻어서 hitObject에 대입한다.

// 2

---

hitObject가 null인지 확인한다. hitObject가 null이 아니면 hitObject를 제대로 얻어왔다는 뜻이다. hitObject가 null이면 아무 일도 하지 않는다. 이런 안전 검사는 버그를 피하는 데 큰 도움을 준다.

// 3

앞서 인스펙터 창에서 설정한 objectName 속성을 출력해서 아이템을 제대로 얻었는지 확인한다.

스크립트를 저장하고 유니티 에디터로 돌아온다. **재생** 버튼을 누르고 플레이어를 움직여서 동전과 부딪힌다. 콘솔 창을 선택하고 그림 5-11처럼 나오는지 확인한다.

▲ 그림 5-11 동전과의 충돌을 제대로 감지했다.

체력 아이템인 하트 생성

스크립팅 가능한 오브젝트를 만드는 법을 알았으니 플레이어가 주울 수 있는 체력 아이템인 하트도 만들어 보자. 앞서 "hearts-and-coins32x32.png" 스프라이트 시트에서 자른 스프라이트를 사용한다.

프리팹 생성 과정을 다시 한번 떠올려 보자.

1. 게임 오브젝트를 만들고 이름을 "HeartObject"로 바꾼다.

2. 프리팹의 애니메이션으로 사용할 스프라이트를 추가한다. "hearts-and-coins32x32" 스프라이트 시트에서 0, 1, 2, 3으로 끝나는 처음 네 개의 스프라이트를 HeartObject로 끌어다 놓는다. 새로 만들어진 애니메이션의 이름을 "heart-spin"으로 바꾸고 Animations > Animations 폴더에 저장한다. 같이 만들어진 애니메이션 컨트롤러의 이름을 "HeartController"로 바꾸고 Animations > Controllers 폴더로 옮긴다.

3. HeartObject를 Prefabs 폴더로 끌어다 놓아서 프리팹으로 만든 뒤에 계층 구조 창에서 원래 오브젝트를 삭제한다.

4. HeartObject 프리팹을 선택한 뒤에 스프라이트 렌더러 컴포넌트의 스프라이트 속성을 설정한다. 씬에서 하트 오브젝트를 나타낼 속성이다.

5. 스프라이트 렌더러 컴포넌트의 정렬 레이어 속성을 Objects로 설정해서 화면에 보이게 한다.

6. 콜라이더 2D 컴포넌트를 추가한다. 써클, 박스, 폴리곤 2D를 사용할 수 있지만, 하트 모양에는 폴리곤 2D가 잘 어울린다. 필요에 따라 콜라이더 모양을 수정한다.

7. 만들고 있는 프리팹의 종류에 맞게 콜라이더의 트리거 속성을 설정한다.

8. 프리팹의 태그를 CanBePickedUp으로 설정한다.

9. 레이어를 "Consumables"로 설정한다.

팁 스프라이트 시트에서 애니메이션용 스프라이트 여러 장을 선택하면 인스펙터에 미리 보기가 나타난다. 그림 5-12처럼 총 네 장의 스프라이트를 동시에 선택한다.

▲ 그림 5-12 인스펙터에서 여러 스프라이트를 한 번에 미리 보기

그림 5-13처럼 하트 프리팹을 씬으로 끌어다 놓는다.

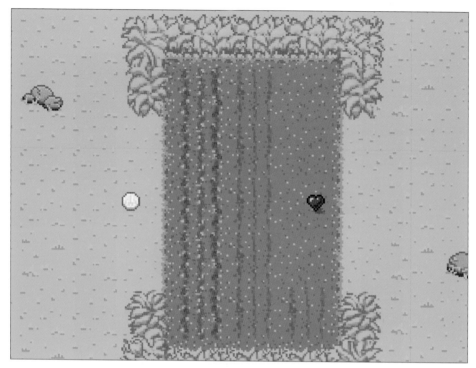

▲그림 5-13 주인을 기다리는 하트 프리팹

동전 프리팹과 똑같은 방식으로 하트 프리팹이 스크립팅 가능한 오브젝트의 참조를 지니게 설정하려 한다. HeartObject 프리팹을 선택하고 **컴포넌트 추가** 버튼을 누른 다음 Consumable을 입력해서 Consumable 스크립트를 추가한다.

이제 스크립팅 가능한 오브젝트인 Item의 새로운 인스턴스를 만들어야 한다. 새로운 인스턴스는 프로젝트의 다른 에셋과 마찬가지로 프로젝트 창에 한 자리를 차지하는 독자적인 에셋이다.

프로젝트 창에서 Scripts > Scriptable Objects **폴더**를 열고 오른쪽 클릭한 뒤에 **생성 >** Item을 선택해서 Item을 만들고 이름을 "Heart"로 바꾼다. Heart Item을 선택하고 그림 5-14처럼 설정한다.

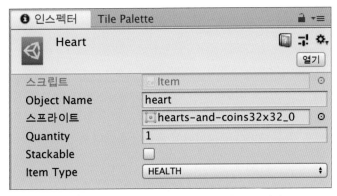

▲ 그림 5-14 스크립팅 가능한 오브젝트인 Heart 설정

Heart 아이템의 이름으로 "heart"를 입력했고, 나중에 인벤토리에 표시할 때 사용할 스프라이트를 설정했으며 수량을 나타내는 Quantity는 1로 설정했다. 수량 속성은 플레이어가 하트를 주웠을 때 늘려줄 체력 값으로 사용하려 한다. 또 Item Type을 HEALTH로 설정했다. Stackable은 선택하지 않는다. 하트는 인벤토리에 저장하지 않고 즉시 소비하는 아이템이기 때문이다.

HeartObject 프리팹에 추가한 Consumable 스크립트 컴포넌트에서 Item 속성 오른쪽에 있는 작은 동그라미를 클릭하고 그림 5-15처럼 새로 만든 Heart 아이템을 선택한다.

▲ 그림 5-15 Item 속성에 Heart 아이템 설정

다 됐다! **재생** 버튼을 누르고 플레이어를 움직여서 하트 프리팹에 부딪친다. 콘솔 창을 선택하고 그림 5-16처럼 나오는지 확인한다.

▲그림 5-16 플레이어와 하트 프리팹의 충돌을 로그로 확인

플레이어가 하트를 주울 때마다 플레이어의 체력이 늘어나게 해보자. 다시 비주얼 스튜디오에서 Player 클래스를 연다.

OnTriggerEnter2D( ) 메서드를 다음과 같이 수정한다. 일부는 이미 설명한 코드라 다시 설명하지 않는다.

```
void OnTriggerEnter2D(Collider2D collision)
{
    if (collision.gameObject.CompareTag("CanBePickedUp"))
    {
        Item hitObject = collision.gameObject.
        GetComponent<Consumable>().item;

        if (hitObject != null)
        {
            print("Hit: " + hitObject.objectName);

// 1
            switch (hitObject.itemType)
            {
// 2
                case Item.ItemType.COIN:
                    break;
// 3
                case Item.ItemType.HEALTH:
                    AdjustHitPoints(hitObject.quantity);
                    break;
                default:
                    break;
```

188

```
            }

            collision.gameObject.SetActive(false);
        }
    }
}

// 4
public void AdjustHitPoints(int amount)
{

// 5
    hitPoints = hitPoints + amount;
    print("Adjusted hitpoints by: " + amount +
        ". New value: " + hitPoints);
}
```

코드를 살펴보자.

// 1

---

switch문을 사용해서 hitObject의 ItemType 속성과 동일한 ItemType을 찾는다. ItemType은 Item 클래스에 정의했던 열거형이다. 이렇게 하면 충돌한 오브젝트의 ItemType에 따라 다른 동작을 하는 스크립트를 만들 수 있다.

// 2

---

hitObject의 종류가 COIN이면 일단 아무 일도 하지 않는다. 주운 동전을 처리하는 방법은 인벤토리를 만들 때 배운다.

플레이어가 부딪친 아이템의 종류가 HEALTH면 조금 뒤에 만들 `AdjustHitPoints(int amount)` 메서드를 호출한다. 이 메서드는 `hitObject`의 `quantity` 속성값을 `int` 형식의 인수로 받는다.

이 메서드는 인수로 받은 amount 값을 플레이어의 체력에 적용한다. 체력을 수정하는 로직을 switch문 안에 넣지 않고 별도의 함수로 만들면 다음과 같이 두 가지 장점이 있다.

첫 번째 장점은 명확성이다. 명확한 코드는 읽고 이해하기 쉬워서 버그를 줄일 수 있다. 항상 코드의 의도와 구조를 최대한 명확하게 유지해야 한다.

두 번째로 로직을 함수에 넣어두면 다른 곳에서도 쉽게 호출할 수 있다는 장점이 있다. 이론상 HEALTH 아이템과 충돌할 때 말고도 플레이어의 체력을 변경해야 할 상황이 있을 수 있다.

인수로 받은 값을 원래 체력 값에 더한 결과를 `hitPoints`에 대입한다. 또 이 메서드의 인수로 음수를 전달하면 체력을 깎을 때도 사용할 수 있다. 플레이어가 피해를 당할 때 이 메서드를 사용할 예정이다.

Player 스크립트를 저장하고 유니티 에디터로 돌아온다.

재생 버튼을 누르고 플레이어를 움직여서 하트 프리팹에 부딪힌다. 콘솔 창을 선택하고 그림 5-17처럼 나오는지 확인한다.

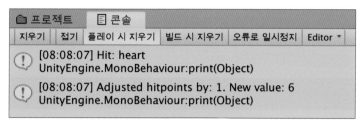

▲ 그림 5-17 플레이어의 체력 변경

요약

5장에서는 다양한 유니티 요소를 실제 게임의 기능으로 종합하기 시작했다. 게임의 모든 캐릭터에 사용할 기본적인 C# 스크립트를 작성했고 플레이어와 상호작용할 수 있는 몇 종류의 프리팹을 만들었다. 충돌 감지는 게임 개발의 필수 요소다. 5장을 통해 유니티 엔진이 제공하는 충돌 감지 도구와 충돌 감지를 입맛에 맞게 변경하는 도구에 관해서 배웠다. 또 게임 구조를 더 깔끔하게 해주는 재사용 가능한 데이터 컨테이너인 스크립팅 가능한 오브젝트에 관해서도 배웠다.

6장

체력과 인벤토리

6장은 꽤 많은 내용을 담고 있다. 지금까지 배운 내용을 모두 하나로 묶어서 플레이어의 체력을 보여주는 체력 바를 만든다. 그리고 게임 오브젝트, 스크립팅 가능한 오브젝트, 프리팹 외에 캔버스, UI 요소 등 새로운 유니티 컴포넌트를 배운다.

인벤토리 시스템은 RPG를 완성하는 데 필요한 핵심요소다. 따라서 인벤토리 시스템과 함께 플레이어가 소유한 아이템을 모두 게임 화면에 보여주는 인벤토리 바를 만들 예정이다. 6장을 통해 꽤 많은 스크립트와 프리팹을 만들어야 하겠지만 마치고 나면 게임 제작에 한층 자신감이 생길 거다.

체력 바 생성

5장에서 Character 클래스를 만들 때 설명했듯이 수많은 비디오 게임에는 체력이라는 개념과 체력을 보여주는 체력 바가 있다. 이제 플레이어의 체력을 보여주는 체력 바를 만들어 보자.

캔버스

캔버스라는 게임 오브젝트를 사용해서 체력 바를 만들려 한다. 캔버스란 사용자 인터페이스 또는 "UI" 요소를 유니티 씬에 렌더링하는 일을 담당하는 독특한 형태의 유니티 오브젝트다. 유니티 씬의 모든 UI 요소는 캔버스 오브젝트의 자식 오브젝트여야 한다. 씬에 캔버스 오브젝트가 여러 개일 수도 있다. UI 요소를 만들었을 때 캔버스가 없다면 자동으로 새로운 캔버스가 만들어지고 UI 요소는 새 캔버스에 자식 오브젝트로 더해진다.

UI 요소

UI 요소는 버튼, 슬라이더, 레이블, 스크롤 바, 입력 필드 같은 사용자 인터페이스에 공통으로 필요한 기능을 캡슐화한 게임 오브젝트다. 유니티 개발자는 원하는 사용자 인터페이스를 처음부터 만들 필요 없이 이미 만들어진 UI 요소를 바탕으로 빠르게 만들 수 있다.

주의해야 할 점은 UI 요소가 일반적인 트랜스폼 컴포넌트가 아닌 사각 트랜스폼 컴포넌트를 사용한다는 점이다. 사각 트랜스폼은 일반적인 트랜스폼과 비슷하지만 위치, 회전, 스케일에 더해 너비와 높이 속성을 지닌다. 너비와 높이를 사용해서 사각형의 크기를 지정할 수 있다.

체력 바 생성

계층 구조 창의 빈 곳을 오른쪽 클릭하고 UI › 캔버스를 선택하면 자동으로 Canvas와 EventSystem이라는 오브젝트 두 개가 만들어진다. Canvas 오브젝트의 이름을 "HealthBarObject"로 변경한다.

EventSystem은 사용자가 마우스나 기타 입력 장치를 사용해서 직접 오브젝트와 상호작용할 수 있는 수단이다. 당장은 필요가 없으니 삭제한다.

HealthBarObject를 선택하고 인스펙터에서 캔버스 컴포넌트를 찾은 다음 렌더링 모드 속성이 "스크린 공간 – 오버레이"인지 확인하고 픽셀 퍼펙트라는 속성을 선택한다.

렌더링 모드 속성을 "스크린 공간 – 오버레이"로 선택하면 유니티는 씬 위에 UI 요소를 그린다. 화면의 크기가 바뀌면 UI 요소를 담은 캔버스는 자동으로 자신의 크기를 바꾼다. 캔버스 컴포넌트는 자신의 사각 트랜스폼 설정을 변경하며 이 설정은 외부에서 바꿀 수 없다. UI 요소의 크기를 줄이고 싶다면 캔버스가 아닌 UI 요소 자체의 크기를 줄여야 한다.

캔버스 오브젝트를 만들었으니 앞으로 만들 체력 바 등 모든 UI 요소가 화면에서 항상 상대적으로 같은 크기를 유지하게 해보자.

HealthBarObject를 선택하고 캔버스 스케일러 컴포넌트에서 그림 6-1처럼 UI 스케일 모드를 "화면 크기에 따라 스케일"로, 단위당 레퍼런스 픽셀을 32로 설정한다.

▲그림 6-1 UI 스케일 모드 설정

이렇게 하면 화면 크기에 따라 캔버스의 크기를 확대 또는 축소한다

이제 체력 바에 사용할 스프라이트를 임포트할 차례다. Sprites 폴더 안에 "Health Bar"라는 폴더를 새로 만든다. 체력 바와 관련이 있는 스프라이트를 모두 이 폴더에 넣으려 한다. 다운로드한 예제 코드의 Chapter 6 폴더에서 "HealthBar.png"라는 스프라이트 시트를 찾아서 방금 만든 폴더로 끌어다 놓는다.

HealthBar 스프라이트 시트를 선택하고 인스펙터에서 임포트 설정을 다음과 같이 바꾼다.

> 텍스처 타입: 스프라이트(2D 및 UI)
>
> 스프라이트 모드: 다중
>
> 단위당 픽셀: 32
>
> 필터 모드: 점(필터 없음)
>
> 기본 버튼 아래 압축 속성을 없음으로 설정

적용 버튼을 누르고 스프라이트 에디터를 연다.

Slice 메뉴에서 타입을 자동으로 선택한 뒤 Slice 버튼을 누르면 유니티 에디터가 알아서 스프라이트의 경계를 정한다.

적용을 눌러서 스프라이트를 자른 뒤에 스프라이트 에디터를 닫는다.

다음으로 UI 요소인 이미지 오브젝트를 HealthBarObject에 추가한다. HealthBarObject를 오른쪽 클릭하고 UI > 이미지를 선택해서 이미지 오브젝트를 만든다.

이 이미지 오브젝트는 체력 바의 배경 이미지 역할을 한다. 이미지 오브젝트의 이름을 "Background"로 변경한다. Background를 선택하고 인스펙터 창에서 소스 이미지 속성의 맨 오른쪽에 있는 작은 동그라미를 클릭한 다음 "HealthBar_4"라는 스프라이트를 찾아서 선택한다. 그림 6-2처럼 처음에는 정사각형으로 보인다.

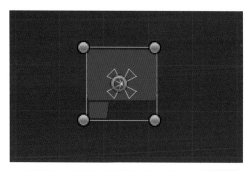

▲ 그림 6-2 크기를 수정하기 전 Background 이미지

Background 오브젝트를 선택하고 사각 트랜스폼 컴포넌트의 너비를 250으로 높이를 50으로 바꾼다.

이동 도구의 단축키인 W 키를 누르고 핸들을 사용해서 Background 오브젝트를 그림 6-3처럼 캔버스의 오른쪽 위 모서리로 옮긴다.

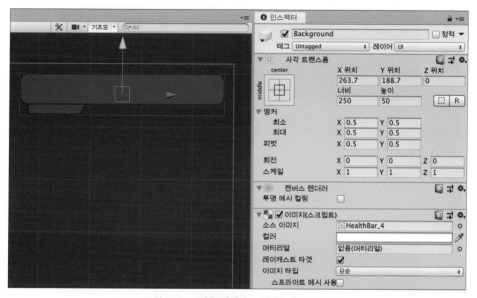

▲ 그림 6-3 크기를 변경하고 위치를 옮긴 체력 바

앵커

그림 6-2와 그림 6-4를 보면 중앙에 별처럼 생긴 기호가 있다. 이 기호는 UI 요소에만 존재하고, 4개의 작은 삼각형 핸들은 앵커 포인트라고 부른다.

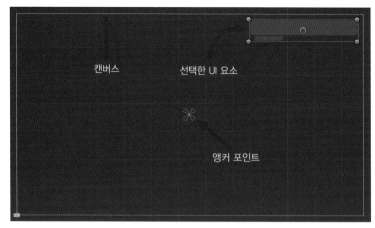

▲그림 6-4 선택한 UI 요소의 앵커

그림 6-5에서 보듯이 앵커 포인트의 각 삼각형은 UI 요소의 사각 트랜스폼의 모서리에 해당한다. 예를 들어 앵커 포인트의 왼쪽 위 삼각형은 UI 요소의 왼쪽 위 모서리에 해당한다.

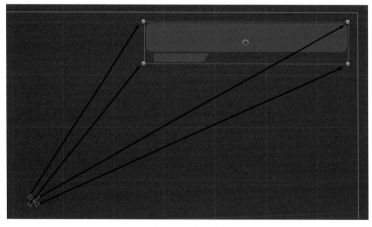

▲그림 6-5 UI 요소의 네 모서리에 해당하는 네 개의 앵커 포인트

UI 요소의 각 모서리는 해당 앵커 포인트를 기준으로 항상 같은 거리에 그려진다. 이렇게 해서 UI 요소는 모든 씬에서 항상 같은 위치에 놓인다. 앵커 포인트와 UI 요소 사이에 일정한 거리를 설정하는 기능은 화면 크기에 따라 캔버스의 크기가 바뀔 때 특히 유용하다.

앵커 포인트의 위치를 수정해서 체력 바가 항상 화면의 오른쪽 위 구석에 보이게 할 수 있다. 화면의 크기에 상관없이 체력 바가 화면의 가장자리에서 살짝 떨어진 곳에 보이게 앵커 포인트를 옮겨보자.

앵커 포인트 수정

Background 오브젝트를 선택하고 사각 트랜스폼 컴포넌트에서 그림 6-6에 표시해 놓은 앵커 프리셋 아이콘을 누른다.

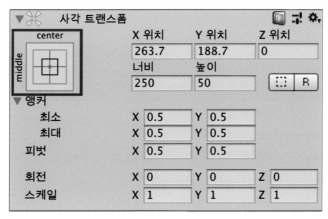

▲ 그림 6-6 앵커 프리셋 버튼

앵커 프리셋 아이콘을 누르면 그림 6-7처럼 앵커 프리셋 메뉴가 나타난다. 기본값은 middle-center다. Backgorund 오브젝트의 앵커가 캔버스의 중앙에 나타나는 이유다.

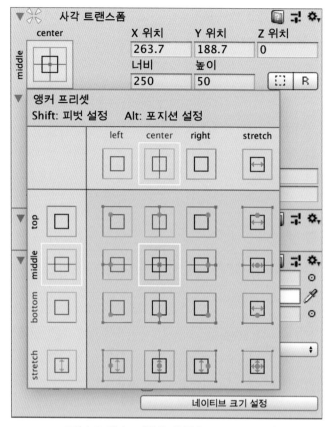

▲그림 6-7 앵커 프리셋의 기본값은 middle-center다.

체력 바를 항상 화면 오른쪽 위 모서리를 기준으로 고정하고 싶다. 그림 6-8처럼 "right"라는 열과 "top"이라는 행이 만나는 앵커 프리셋을 선택하면 선택한 앵커 프리셋 주위로 하얀 상자가 나타난다.

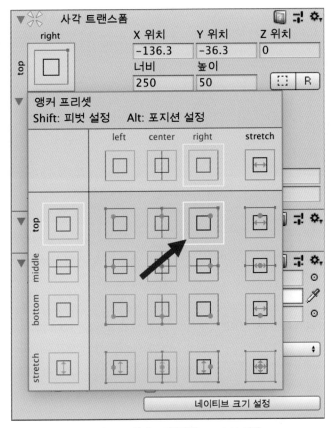

▲ 그림 6-8 앵커 프리셋에서 top-right 선택

씬 뷰에서 그림 6-9처럼 앵커 포인트가 캔버스의 오른쪽 위 모서리로 옮겨졌는지 확인한다.

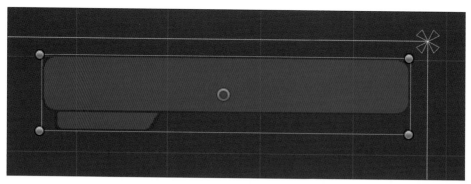

▲ 그림 6-9 이제 앵커 포인트가 캔버스의 오른쪽 위에 있다.

캔버스의 모서리와 체력 바 사이에 약간의 공간이 있고 앵커 포인트는 모두 오른쪽 위로 모여있다. 이제 화면의 크기에 상관없이 체력 바는 항상 정확히 이 위치에 놓인다.

팁 인스펙터에 사각 트랜스폼 컴포넌트가 접혀 있으면 앵커 포인트가 나타나지 않는다. UI 요소를 선택했을 때 앵커 포인트가 보이지 않는다면 "사각 트랜스폼" 컴포넌트가 접혀있는지 확인하고 왼쪽의 작은 삼각형을 클릭해서 펼치기 바란다.

UI 이미지 마스크

Backgorund 오브젝트를 오른쪽 클릭하고 이미지 오브젝트를 하나 더 만든다. Background 오브젝트를 선택한 채로 만들어서 Background 오브젝트의 "자식" 오브젝트로 만들어지는 이 오브젝트는 Background 오브젝트와 같은 이미지 오브젝트지만 조금 다르게 사용하려 한다. 이 자식 이미지 오브젝트는 마스크 역할을 한다. 할로윈 때 쓰는 마스크(가면)와는 다르다. 사실 할로윈 마스크와 정반대로 작용한다. 할로윈 마스크처럼 무언가 가리는 마스크가 아니라 아래에 놓인 자식 이미지에서 마스크 모양의 부분만 보여주는 작용을 한다. 예제에서 마스크 아래에 놓을 이미지는 자식 오브젝트로 추가할 체력 게이지다.

이미지 오브젝트를 선택하고 이름을 "BarMask"로 바꾼다. 소스 이미지로 "HealthBar_3"를 설정하고 나면 그림 6-10처럼 보여야 한다.

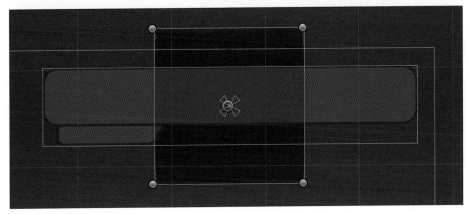

▲ 그림 6-10 BarMask에 소스 이미지 설정

그림 6-10에서 보듯이 자식 오브젝트 역시 앵커 포인트를 지니는 UI 요소지만 앵커 포인트의 기준이 부모 오브젝트라는 차이가 있다. BarMask의 앵커 포인트는 기본적으로 Background 오브젝트의 중앙을 기준으로 한다.

BarMask 오브젝트를 선택하고 사각 트랜스폼의 너비를 240으로, 높이를 30으로 수정한다. BarMask를 체력 바보다 조금 작게 만들어서 실제 체력 게이지 주위로 약간의 여백을 주려 한다.

"W"를 키를 눌러 이동 도구를 선택하고 BarMask를 그림 6-11처럼 옮긴다. 사각 트랜스폼에 직접 위치를 입력하고 싶다면 X 위치에 0, Y 위치에 6을 입력한다.

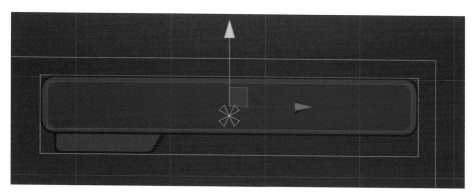

▲그림 6-11 BarMask를 제 위치로 이동

BarMask 오브젝트를 선택한 채로 인스펙터에서 **컴포넌트 추가** 버튼을 누르고 그림 6-12처럼 "마스크" 컴포넌트를 추가한다.

▲그림 6-12 BarMask 오브젝트에 마스크 컴포넌트 추가

이 컴포넌트는 실제로 마스킹을 수행한다. 부모 오브젝트에 마스크 컴포넌트가 있으면 자동으로 모든 자식 오브젝트에 마스크를 적용한다.

BarMask를 오른쪽 클릭하고 UI > **이미지**를 선택해서 자식 이미지 오브젝트를 추가한다. BarMask를 만들었을 때와 똑같다. 이 이미지 오브젝트의 이름을 "Meter"로 바꾼다. 그림 6-13처럼 소스 이미지로 HealthBar_0를 설정하고 너비를 240으로 높이를 30으로 수정한다.

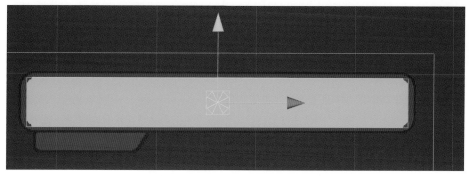

▲ 그림 6-13 Meter 이미지 오브젝트의 크기 설정

Meter는 BarMask와 같은 크기고 자식 오브젝트로 생성했으므로 위치를 바꿀 필요가 없다.

책의 예제 코드로 제공하는 스프라이트 시트 이미지에는 여러 가지 게이지용 이미지가 들어있다. 예제에서는 녹색 하나만 쓴 게이지를 사용하고 있지만, 원하는 대로 바꿔도 상관없다.

Meter 오브젝트를 선택하고 이미지 컴포넌트에서 이미지 타입 속성을 "채움"으로 바꾼다. 그런 다음 채우기 방법 속성을 가로로, Fill Origin 속성을 왼쪽으로 설정한다. 이렇게 해야 체력 바가 왼쪽에서 오른쪽으로 채워진다.

Meter 오브젝트를 선택한 채로 채우기 양 속성의 슬라이더를 천천히 왼쪽으로 옮기면서 그림 6-14처럼 체력 게이지가 줄어드는지 확인한다.

▲ 그림 6-14 채우기 양 슬라이드를 왼쪽으로 옮기면서 플레이어가 체력을 잃는 상황을 가장해본다.

나중에 Meter의 채우기 양을 변경해서 남아있는 체력을 표시하는 코드를 작성할 예정이다.

팁   UI 요소가 그려지는 방식을 잘 알아야 한다. 계층 구조 창에 나타나는 오브젝트의 순서가 곧 그리는 순서다. 계층 구조 창에서 가장 위에 있는 오브젝트를 먼저 그리고 맨 아래 오브젝트를 나중에 그린다. 즉 맨 위에 있는 오브젝트가 배경에 나타난다.

폰트 임포트

대개 프로젝트에 쓰고 싶은 폰트가 따로 있을 거다. 다행히 유니티에서는 아주 간단하게 폰트를 임포트해서 사용할 수 있다. 책의 예제 코드에는 자유롭게 쓸 수 있는 실크스크린이라는 폰트가 들어있다. 실크스크린은 제이슨 코트크가 만든 서체다.

프로젝트 창에서 Assets 폴더를 오른쪽 클릭하고 "Fonts"라는 폴더를 새로 만든다.

다운로드한 책의 예제 코드가 있는 폴더로 가서 Chapter 6 폴더 안의 "Fonts" 폴더에 있는 "silkscreen.zip"이라는 압축 파일을 더블 클릭해서 압축을 푼다. 압축을 풀면 생기는 silkscreen이라는 폴더 안에 "slkscr.ttf" 파일이 있는지 확인한다.

"slkscr.ttf" 파일을 유니티 프로젝트 창의 Fonts 폴더로 끌어다 놓는 방식으로 임포트한다. 유니티는 자동으로 파일 형식을 감지하고 유니티 컴포넌트에서 이 폰트를 사용할 수 있게 준비한다.

체력 텍스트 추가

Background 오브젝트를 오른쪽 클릭하고 메뉴에서 UI ＞ **텍스트**를 선택해서 텍스트 UI
요소를 Background의 자식 오브젝트로 추가한다. 텍스트 오브젝트의 이름을
"HPText"로 바꾼다. 이 텍스트 오브젝트를 통해 남은 체력을 숫자로 보여주려 한다.

HPText의 사각 트랜스폼 컴포넌트에서 너비를 70, 높이를 16으로 설정한다. HPText
의 텍스트 컴포넌트에서 텍스트 속성에 "HP:100"을 입력하고 글꼴 크기를 16으로, 컬
러 속성을 흰색으로 바꾼다. 글꼴을 방금 임포트한 실크스크린 폰트인 "slkscr"로 바꾼
다. 그림 6-15처럼 Paragraph의 수평, 수직 맞춤을 각각 왼쪽, 중앙으로 바꾼다.

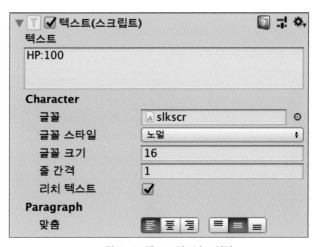

▲ 그림 6-15 텍스트 컴포넌트 설정

체력 바 이미지를 보면 아래쪽에 텍스트를 넣기 딱 좋은 공간이 있다. 그림 6-16처럼
HPText를 여기로 옮겨 놓는다.

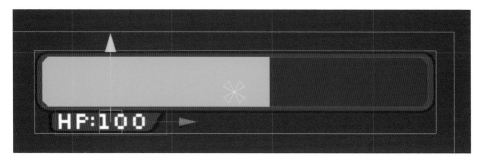

▲ 그림 6-16 HPText를 적당한 위치로 이동

HPText의 앵커 포인트를 그림 6-17처럼 bottom-left로 바꾼다.

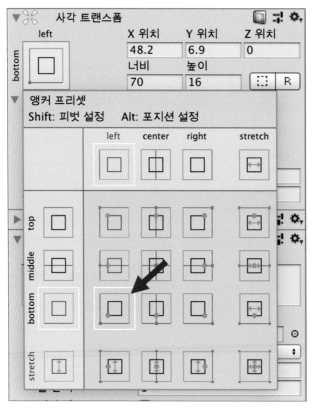

▲ 그림 6-17 HPText의 앵커 포인트를 bottom-left로 설정

이제 HPText는 부모 오브젝트의 왼쪽, 아래쪽로부터 일정한 거리를 유지한다.

HealthBarObject를 Prefabs 폴더로 끌어다 놓아 프리팹으로 만든다. HealthBarObject 는 조금 뒤에 다시 사용할 예정이므로 계층 구조 창에서 삭제하지 않고 둔다.

머지않아 플레이어 오브젝트 안에 HealthBarObject 프리팹의 참조를 만들어서 Player 스크립트가 체력 바를 쉽게 찾을 수 있게 할 예정이지만 그 전에 체력 바의 스크립트를 먼저 만들어야 한다.

체력 바 스크립트

Player 클래스는 Character 클래스에서 hitPoints 속성을 상속한다. 현재 hitPoints는 정수인 int다. 이제 스크립팅 가능한 오브젝트의 강력한 기능을 활용해서 체력 바와 Player 클래스가 체력 데이터를 공유하게 해보자.

HitPoints라는 스크립팅 가능한 오브젝트의 인스턴스를 만들어서 Scriptable Objects 폴더에 저장할 계획이다. Player 클래스에 HitPoints 속성을 추가하고 마찬가지로 HitPoints 속성이 있는 HealthBar 스크립트를 따로 만들려 한다. 두 스크립트는 HitPoints라는 스크립팅 가능한 오브젝트의 참조를 공통으로 지니므로 자동으로 체력 데이터를 공유할 수 있다.

이렇게 기능을 개발하는 중에는 일시적으로 코드가 동작하지 않을 수 있어서 게임 컴파일을 하지 못할 수도 있음을 알아두자. 당연한 일이다. 차의 엔진을 업그레이드하려고 떼어낸 뒤에 다시 조립하는 작업과 같다고 생각하기 바란다. 떼어내서 수리하는 동안에는 엔진이 작동하지 않는다. 하지만 다시 조립하고 나면 전보다 더 힘차게 작동할 거다.

Scriptable Objects 폴더를 오른쪽 클릭하고 HitPoints라는 스크립트를 새로 만든 뒤에 다음 코드를 입력한다.

스크립팅 가능한 오브젝트인 HitPoints

```
using UnityEngine;

// 1
[CreateAssetMenu(menuName = "HitPoints")]
public class HitPoints : ScriptableObject
{
// 2
    public float value;
}
```

// 1

5장에서 사용했던 방법과 같다. CraeteAssetMenu는 생성 메뉴 안에 하위 메뉴를 추가해서 스크립팅 가능한 오브젝트인 HitPoints의 인스턴스를 쉽게 만들 수 있도록 하자. 이렇게 만든 인스턴스는 유니티 프로젝트에 에셋으로 저장된다.

// 2

float를 사용해서 체력을 저장한다. 나중에 체력 바에 속한 Meter 이미지 오브젝트의 채우기 양 속성에 float 값을 대입해야 하므로 처음부터 체력 값을 float로 만들어 놓으면 편하다.

Character 스크립트 수정

Character 스크립트를 열고 다음과 같이 수정해 HitPoints 스크립트를 사용하도록 하자.

```
public int hitPoints;
```

위 코드를 다음과 같이 바꾼다.

```
public HitPoints hitPoints;
```

int 형식을 새로 만든 스크립팅 가능한 오브젝트인 HitPoints로 바꿨다.

그리고 maxHitPoints의 형식을 다음과 같이 float로 바꾼다.

```
public float maxHitPoints;
```

HitPoints 오브젝트가 float를 사용해서 현재 체력 값을 저장하므로 Character 스크립트의 maxHitPoints도 float로 바꿨다.

그리고 다음 속성을 추가한다.

```
public float startingHitPoints;
```

이 속성을 사용해서 캐릭터의 최초 체력을 설정하려 한다.

Player 스크립트 수정

다음 두 개의 속성을 클래스 안쪽 맨 위에 추가한다

```
// 1
public HealthBar healthBarPrefab;

// 2
HealthBar healthBar;
```

HealthBar 프리팹의 참조를 저장한다. 이 참조를 인수로 사용해서 HealthBar 프리팹의 복사본을 인스턴스화할 예정이다.

// 2

인스턴스화한 HealthBar의 참조를 저장한다.

다음과 같이 Start( ) 메서드를 입력한다.

```
public void Start()
{
// 1
    hitPoints.value = startingHitPoints;

// 2
    healthBar = Instantiate(healthBarPrefab);
}
```

// 1

Start( ) 메서드는 스크립트를 활성화할 때 딱 한 번 불린다. 플레이어의 체력이 startingHitPoints 값으로 시작하게 hitPoints.value에 대입한다.

// 2

HealthBar 프리팹의 복사본을 인스턴스화하고 메모리에 만들어진 인스턴스의 참조를 저장한다.

하트를 주워서 플레이어의 체력을 늘리는 중요한 로직은 아직 고치지 않았다. 플레이어의 체력이 절대로 허용치를 초과해서 늘어나지 않도록 로직을 추가해보자.

OnTriggerEnter2D( ) 메서드를 다음과 같이 수정한다.

```
void OnTriggerEnter2D(Collider2D collision)
{
    if (collision.gameObject.CompareTag("CanBePickedUp"))
    {
        Item hitObject = collision.gameObject.
            GetComponent<Consumable>().item;

        if (hitObject != null)
        {
// 1
            bool shouldDisappear = false;

            switch (hitObject.itemType)
            {
                case Item.ItemType.COIN:
// 2
                    shouldDisappear = true;
                    break;
                case Item.ItemType.HEALTH:
// 3
                    shouldDisappear =
                        AdjustHitPoints(hitObject.quantity);
                    break;
                default:
                    break;
            }
// 4
            if (shouldDisappear)
            {
                collision.gameObject.SetActive(false);
            }
        }
```

```
        }
}

// 5
public bool AdjustHitPoints(int amount)
{
// 6
    if (hitPoints.value < maxHitPoints)
    {
// 7
        hitPoints.value = hitPoints.value + amount;
// 8
        print("Adjusted HP by: " + amount + ". New value: " +
            hitPoints.value);
// 9
        return true;
    }
// 10
    return false;
}
```

// 1

충돌한 오브젝트를 감춰야 할지 나타내는 값이다.

// 2

플레이어와 충돌한 동전은 기본적으로 감춰서 플레이어가 주웠다고 느끼게 한 다음 플레이어의 인벤토리에 추가해야 한다. 인벤토리는 나중에 만들 예정이므로 당장은 이 한 줄로 충분하다.

// 3

Player 클래스가 Character 클래스에서 상속하는 maximumHitPoints 속성 값을 체력의 상한으로 정하는 로직을 추가하려 한다. 뒤에 나올 AdjustHitPoints( ) 메서드는 체력에 변화가 있으면 true를 반환하고 아니면 false를 반환한다.

플레이어의 체력 바가 가득 차 있으면 AdjustHitPoints( )는 false를 반환하고 충돌한 하트는 줍지 못한 채 씬에 그대로 남겨진다.

// 4

AdjustHitPoints( )가 true를 반환하면 프리팹 오브젝트를 감춰야 한다. 로직을 이렇게 만들어 놓으면 나중에 switch문에 새로운 아이템을 추가하더라도 shouldDisappear 값 설정을 통해 아이템을 감출 수 있다.

// 5

AdjustHitPoints( ) 메서드는 hitPoints 값의 수정에 성공했는지를 나타내는 bool 형식의 값을 반환한다.

// 6

현재 체력 값이 체력 값의 최대 허용치보다 적은지 확인한다.

// 7

플레이어의 현재 hitPoints에 amount를 반영한다. 음수 값을 반영할 수도 있다.

// 8

디버깅에 도움을 줄 정보를 출력한다. 필수는 아니다.

// 9

체력이 바뀌었음을 나타내는 true를 반환한다.

// 10

플레이어의 체력이 바뀌지 않았음을 나타내는 false를 반환한다.

HealthBar 스크립트 작성

Scripts 폴더 안에 있는 MonoBehaviours 폴더를 오른쪽 클릭하고 HealthBar라는 C# 스크립트를 새로 만든다. HealthBar 스크립트를 열고 다음 코드를 입력한다.

```
using UnityEngine;

// 1
using UnityEngine.UI;

public class HealthBar : MonoBehaviour
{
// 2
    public HitPoints hitPoints;
// 3
    [HideInInspector]
    public Player character;
// 4
    public Image meterImage;
// 5
```

```
    public Text hpText;
// 6
    float maxHitPoints;

    void Start()
    {
// 7
        maxHitPoints = character.maxHitPoints;
    }

    void Update()
    {
// 8
        if (character != null)
        {
// 9
            meterImage.fillAmount = hitPoints.value /
                maxHitPoints;
// 10
            hpText.text = "HP:" + (meterImage.fillAmount * 100);
        }
    }
}
```

// 1

스크립트에서 UI 요소를 사용하려면 UnityEngine.UI 네임스페이스를 임포트해야 한다.

// 2

플레이어 프리팹이 참조하는 스크립팅 가능한 오브젝트인 HitPoints 에셋을 가리키는 참조다. 이 데이터 컨테이너를 통해 두 오브젝트가 자동으로 데이터를 공유할 수 있다.

maxHitPoints를 얻으려면 현재 Player 오브젝트의 참조가 필요하다. 이 참조는 유니티 에디터가 아니라 코드를 통해 설정할 예정이므로 헷갈리지 않게 인스펙터에서 감추려 한다.

인스펙터에서 이 public 속성을 감추려고 [HideInInspector]를 사용했다. [HideInInspector]에서 대괄호는 특성[attribute]을 나타내는 문법이다. 특성을 사용하면 메서드와 변수에 특별한 기능을 추가할 수 있다.

여러 자식 오브젝트 중에서 Meter 이미지 오브젝트를 찾을 필요가 없게 편의상 만든 속성이다. 유니티 에디터에서 HealthBar 스크립트를 추가한 뒤에 Meter 오브젝트를 이 속성으로 끌어다 놓아 설정할 예정이다.

역시 편의상 만든 속성이다. 유니티 에디터에서 HPText 오브젝트를 이 속성으로 끌어다 놓아 설정할 예정이다.

예제 게임의 설계상 체력의 최댓값이 바뀔 일은 없으니 로컬 변수에 저장해 놓고 사용하려 한다.

character에서 체력의 최댓값을 가져와서 저장한다.

character의 참조를 사용하기 전에 null이 아닌지 확인한다.

이미지 오브젝트의 채우기 양 속성값은 0에서 1 사이여야 한다. 현재 체력 값을 체력의 최댓값으로 나눠서 현재 체력의 퍼센트 값을 구한 뒤에 Meter 오브젝트의 채우기 양 속성인 fillAmount에 대입한다.

HPText의 텍스트 속성을 수정해서 남아있는 체력을 정수로 보여준다. fillAmount에 100을 곱해서 정숫값으로 만든다. 예를 들어 fillAmount가 0.40이면 HP:40, 0.80이면 HP:80으로 보여준다.

팁   게임의 구조가 커지고 있는 만큼 public 변수를 유니티 에디터에 표시해야 할지 아니면 코드를 통해 설정할지 잘 생각해서 결정해야 한다. 코드를 통해 설정할 속성이면 [HideInInspector] 특성을 사용해서 인스펙터에 보이지 않게 해놔야 나중에 인스펙터에서 프리팹을 보다가 설정해야 할 속성인지 아닌지 혼동하는 일이 없을 것이다.

마지막으로 할 일이 남았다. Player 스크립트로 돌아가서 Start( ) 메소드의 맨 아래에 다음 코드를 추가한다.

```
healthBar.character = this;
```

healthBar 안에 있는 Player character 속성에 인스턴스화한 Player를 설정하는 코드다. HealthBar와 Player 스크립트에 추가한 코드 사이의 관계를 볼 수 있게 마지막에 저장했다. HealthBar 스크립트는 이 플레이어 오브젝트를 통해 maxHitPoints 속성을 얻는다.

체력 바 컴포넌트 설정

유니티 에디터로 돌아온 뒤 계층 구조 창의 HealthBarObject를 선택한다. 컴포넌트 추가를 누르고 Health Bar 스크립트를 추가한다.

방금 만든 속성은 그림 6-18처럼 비어있다.

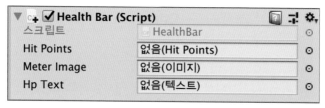

▲ 그림 6-18 속성을 설정하지 않은 Health Bar 스크립트.

프로젝트 창에서 Scripts 폴더 안에 있는 Scriptable Objects 폴더를 오른쪽 클릭하고 **생성 > HitPoints**를 선택해서 HitPoints 오브젝트의 새로운 인스턴스를 만든다. 그림 6-19처럼 새로 만든 오브젝트의 이름을 "HitPoints"로 바꾼다. 이 HitPoints 오브젝트는 프로젝트 폴더에 에셋으로 한 자리를 차지한다.

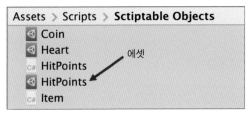

▲그림 6-19 Scriptable Objects 폴더에서 HitPoints 에셋 생성

HealthBarObject를 선택하고 그림 6-20처럼 HitPoints 오브젝트를 Hit Points 속성으로 끌어다 놓는다.

▲그림 6-20 HitPoints 오브젝트를 Hit Points 속성으로 끌어다 놓음

HealthBarObject에 추가한 HealthBar 스크립트의 속성을 설정하는 중이다. 스크립트의 HitPoints hitPoints, Text hpText 같은 속성에 HealthBarObject의 몇몇 자식 오브젝트의 참조를 설정하려 한다.

HealthBarObject를 선택하고 Health Bar 스크립트의 각 속성 오른쪽에 있는 작은 동그라미를 클릭해서 그림 6-21처럼 설정한다.

▲그림 6-21 HealthBarObject의 자식 오브젝트를 스크립트의 Meter Image, Hp Text 속성에 설정.

5장에서 이야기했듯이 컴포넌트 왼쪽에 보이는 파란색 바는 현재 인스턴스에만 적용 중이라는 뜻이다. 지금까지 작업한 내용을 프리팹의 모든 인스턴스에 적용하려면 인스펙터에서 **오버라이드 > 모두 적용**을 누른다.

Prefabs 폴더에서 PlayerObject 프리팹을 선택한다. **Scripts > Scriptable Objects 폴더**에 만들어 놓은 스크립팅 가능한 오브젝트인 HitPoints를 Player 스크립트의 Hit Points 속성으로 끌어다 놓는다. PlayerObject와 HealthBarObject가 같은 HitPoints 오브젝트를 사용하고 있다는 점을 잊지 말기 바란다. 이제 두 오브젝트는 체력 데이터를 공유한다.

PlayerObject의 Player 스크립트 컴포넌트를 그림 6-22처럼 설정한다. Max Hit Points를 10으로 Starting Hit Points를 6으로 설정하고 HealthBarObject 프리팹을 Health Bar Prefab 속성으로 끌어다 놓는다.

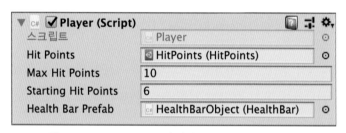

▲ 그림 6-22 Health Bar Prefab 속성에 HealthBarObject 프리팹 설정

지금까지 작업한 내용을 정리해보자.

- 플레이어와 하트가 충돌할 때 `AdjustHitPoints( )`는 HitPoints 오브젝트 안에 있는 체력 값을 늘린다.
- HealthBar 스크립트에도 Player 스트립트와 같은 HitPoints 오브젝트를 참조하는 `hitPoints`라는 속성이 있다. HealthBar는 `MonoBehaviour`를 상속한다. 즉 프레임마다 `Update( )`를 호출한다는 뜻이다.

- HealthBar 스크립트의 Update( ) 메서드는 HitPoints에 들어있는 현재 체력 값을 확인해서 Meter 이미지의 채우기 양 속성을 설정한다. 이렇게 해서 체력에 따라 체력 게이지의 길이를 다르게 표시한다.

이제 체력 바를 테스트해 볼 시간이다. 유니티 스크립트를 전부 저장했는지 확인하고 **오버라이드 > 모두 적용**으로 HealthBarObject의 변경 사항을 모두 적용했는지 확인한 뒤에 계층 구조 창에서 HealthBarObject를 삭제한다.

재생을 누르고 플레이어를 움직여서 하트를 줍는다. 플레이어가 하트를 주울 때마다 그림 6-23처럼 체력 바의 체력이 10씩 늘어나야 한다.

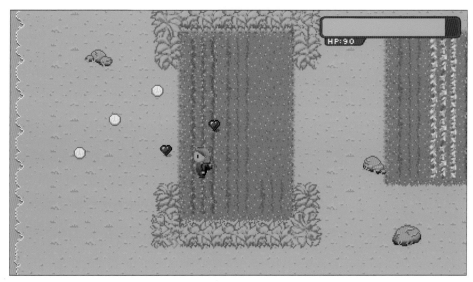

▲ 그림 6-23 플레이어가 하트를 주울 때마다 체력 바의 체력이 늘어난다.

축하한다! 체력 바를 만들었다!

팁   인스펙터에 원하는 오브젝트를 열어 둔 채로 계층 구조 창이나 프로젝트 창에서 다른 오브젝트를
     사용해서 작업하고 싶다면 그림 6-24처럼 잠금 아이콘을 클릭해서 인스펙터에 현재 오브젝트를 그
     대로 유지할 수 있다. 인스펙터에 오브젝트를 잠가 놓으면 다른 오브젝트를 속성으로 끌어다 놓거
     나 설정해야 할 때 편하게 작업할 수 있다. 다시 잠금 아이콘을 누르면 오브젝트의 잠금을 해제할
     수 있다.

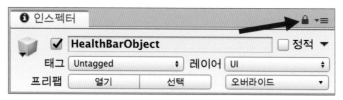

▲ 그림 6-24 잠금 버튼을 사용하면 인스펙터에 원하는 오브젝트를 열어 둘 수 있다.

인벤토리

수많은 비디오 게임에는 플레이어가 주운 물건을 저장하는 인벤토리라는 개념이 있다. 예제에서는 다섯 개의 아이템을 담을 수 있도록 다섯 개의 슬롯을 가진 인벤토리 바를 만든다. 그리고 이 인벤토리 바에 플레이어의 인벤토리를 관리하고 인벤토리 바의 표현을 담당할 스크립트를 추가한다. 그런 다음 인벤토리 바를 프리팹으로 만들고 플레이어 오브젝트 안에 체력 바와 마찬가지로 인벤토리 바의 참조를 저장한다.

계층 구조 창의 빈 곳을 오른쪽 클릭하고 UI > 캔버스를 선택한다. 만들어진 두 개의 오브젝트 중 Canvas는 "InventoryObject"로 이름을 바꾸고 EventSystem은 삭제한다.

InventoryObject를 선택한 채로 캔버스 컴포넌트의 픽셀 퍼펙트 속성을 선택한다. 캔버스 스케일러 컴포넌트의 UI 스케일 모드를 "화면 크기에 따라 스케일"로 설정하고 단위당 레퍼런스 픽셀을 32로 수정한다. 앞서 체력 바에 했던 설정과 똑같다.

다시 InventoryObject를 오른쪽 클릭하고 빈 오브젝트 생성을 선택하면 빈 UI 요소가

만들어진다. 만들어진 UI 요소의 이름을 "InventoryBackground"로 바꾼다.

팁   선택 중인 오브젝트가 보이지 않는다면 계층 구조 창에서 더블 클릭해서 씬의 중앙으로 옮길 수 있
    다. InventoryBackground 오브젝트를 더블 클릭해서 씬의 중앙으로 옮긴다.

InventoryBackground의 사각 트랜스폼에서 앵커 프리셋을 top-left로 바꾸고 체력
바의 Backgorund 오브젝트를 캔버스의 오른쪽 위 모서리로 옮겼듯이 Inventory
Background를 화면의 왼쪽 위 모서리로 옮긴다. InventoryBackground는 나중에 인
벤토리 바의 첫 번째 슬롯이 나타나는 위치다. 인벤토리 바의 위치를 바꾸고 싶다면 이
오브젝트를 옮겨야 한다.

InventoryBackground를 선택하고 인스펙터 창에서 **컴포넌트 추가** 버튼을 누른다. 그림
6-25처럼 가로 레이아웃 그룹Horizontal Layout Group을 검색해서 추가한다.

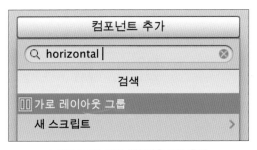

▲ 그림 6-25 가로 레이아웃 그룹 추가

가로 레이아웃 그룹 컴포넌트는 자동으로 모든 하위 뷰를 가로 방향으로 나란히 배치
한다.

InventoryObject를 오른쪽 클릭해서 빈 게임 오브젝트를 만든 뒤에 이름을 "Slot"으로
바꾼다.

Slot 오브젝트는 하나의 아이템 또는 "스태커블" 아이템의 수량을 보여주는 UI다. 게임을 실행하면 이 Slot 프리팹의 복사본 다섯 개를 인스턴스화하는 코드를 만들 예정이다.

각 Slot 오브젝트는 배경 이미지, 아이템 이미지, 트레이 이미지, 텍스트 오브젝트, 총 네 개의 자식 오브젝트를 지닌다.

Slot 오브젝트를 선택하고 그림 6-26처럼 사각 트랜스폼 컴포넌트의 너비와 높이에 80을 입력한다.

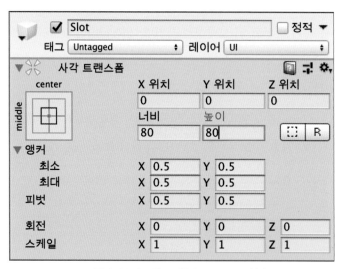

▲ 그림 6-26 Slot의 크기를 80 x 80으로 설정

X 위치와 Y 위치는 그림 6-26과 달라도 상관없다. 어차피 코드를 통해 인스턴스화할 오브젝트기 때문이다.

계층 구조 창에서 Slot 오브젝트를 오른쪽 클릭하고 UI > **이미지**를 선택해서 이미지 오브젝트를 만든다. 새로 만든 이미지 오브젝트의 이름을 "Background"로 바꾼다. 다시 Slot 오브젝트를 오른쪽 클릭하고 "ItemImage"라는 이미지 오브젝트를 하나 더 만든다. Background, ItemImage 둘 다 Slot의 자식 오브젝트여야 한다.

이제 스태커블 아이템의 수량 텍스트를 배치할 작은 "트레이"를 추가한다. Background

오브젝트를 오른쪽 클릭하고 "Tray"라는 이미지 오브젝트를 새로 만든다. Tray를 오른쪽 클릭하고 UI > **텍스트**를 선택해서 텍스트 오브젝트를 만든 뒤에 이름을 "QtyText"로 바꾼다.

이제 계층 구조 창의 모습이 그림 6-27과 같아야 한다.

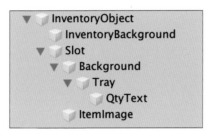

▲ 그림 6-27 Slot 오브젝트에 자식 오브젝트 추가

오브젝트가 그림 6-27처럼 올바로 순서로 놓여 있어야 배경이 먼저 그려지고 ItemImage를 그린 뒤에 Tray, QtyText가 그 위에 그려진다. 실수로 부모 오브젝트를 잘못 선택하고 자식 오브젝트를 만들었다면 자식 오브젝트를 끌어서 원하는 부모 오브젝트 밑으로 옮기면 된다.

인벤토리 슬롯 이미지 임포트

Sprites 폴더 아래에 "Inventory"라는 폴더를 새로 만든다. 다운로드한 책의 예제 코드에서 Chapter 6/Spritesheets 폴더에 있는 "InventorySlot.png" 파일을 찾는다. 이 파일을 프로젝트 창의 Sprites/Inventory 폴더로 끌어다 놓는다.

InventorySlot 스프라이트 시트를 선택하고 인스펙터 창에서 다음과 같이 설정한다.

> 텍스처 타입: 스프라이트(2D 및 UI)
> 스프라이트 모드: 다중
> 단위당 픽셀: 32

필터 모드: 점(필터 없음)

기본 버튼을 누르고 압축 속성을 없음으로 변경.

적용 버튼을 누르고 스프라이트 에디터를 연다

Slice 메뉴에서 "타입"이 자동인지 확인한다. 유니티 에디터가 알아서 스프라이트의 경계를 결정하게 두자.

Slice 버튼을 누르고 오른쪽 위에 있는 적용을 누른 뒤에 스프라이트 에디터를 닫는다.

인벤토리 슬롯 설정

인벤토리 슬롯을 이루는 여러 오브젝트는 각각 따로 설정해야 한다. 설정을 마치면 인벤토리 슬롯을 프리팹으로 만든 뒤에 InventoryObject에서 떼어낼 예정이다.

ItemImage 설정

Slot 안의 ItemImage 오브젝트를 선택하고 사각 트랜스폼 컴포넌트에서 너비와 높이를 80으로 바꾼다.

인스펙터에서 이미지 컴포넌트의 왼쪽 위에 있는 체크 상자의 선택을 해제해서 이미지를 비활성화한다. 슬롯에 이미지를 넣고 나서 활성화할 생각이다. 이제 ItemImage의 이미지 컴포넌트는 그림 6-28과 같아야 한다.

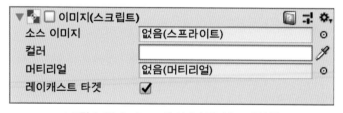

▲ 그림 6-28 ItemImage의 이미지 컴포넌트 비활성화

이미지를 비활성화한 이유는 이미지 컴포넌트는 소스 이미지를 제공하지 않으면 자신

의 기본 색상을 이미지로 사용하기 때문이다. ItemImage 자리에 커다란 하얀 색 상자를 보여주고 싶지 않기 때문에 보여줄 소스 이미지가 생길 때까지 이미지 컴포넌트를 비활성화하려 한다.

Background 설정

Background 오브젝트를 선택하고 이미지 컴포넌트를 그림 6-29처럼 설정한다. 소스 이미지로 "InventorySlot_0"를 선택하고 이미지 타입이 "단순"인지 확인한다.

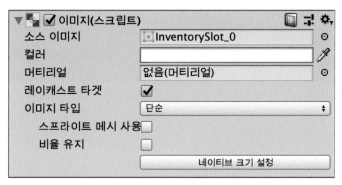

▲ 그림 6-29 슬롯의 배경 이미지 설정

그림 6-30처럼 Background의 사각 트랜스폼 컴포넌트에서 너비와 높이를 모두 80으로 설정한다.

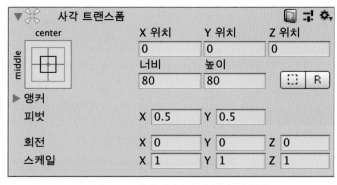

▲ 그림 6-30 배경 이미지의 너비와 높이 설정

Tray 설정

Tray 오브젝트를 선택하고 너비와 높이를 48×32로 수정한다. 이미지 컴포넌트의 소스 이미지를 그림 6-31처럼 "InventorySlot_1"으로 설정한다.

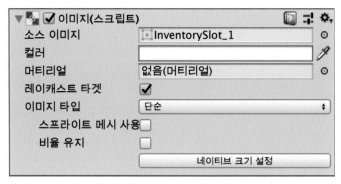

▲ 그림 6-31 트레이 이미지 설정

Tray는 Background의 자식 오브젝트로 추가했으므로 그림 6-32처럼 X 위치와 Y 위치의 기본 설정값이 모두 0이다.

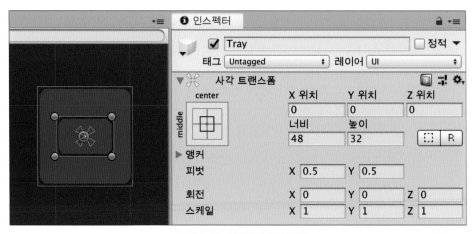

▲ 그림 6-32 트레이의 기본 위치

Tray의 앵커 포인트를 bottom-right로 설정한 뒤에 X 위치와 Y 위치를 다시 0으로 바꾼다. 이렇게 하면 그림 6-33처럼 Tray의 중앙이 부모 오브젝트의 오른쪽 아래 모서리로 이동한다.

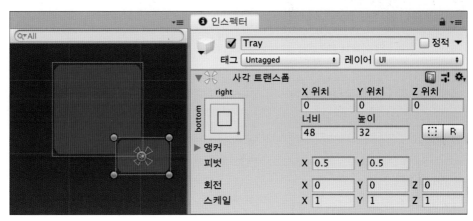

▲ 그림 6-33 앵커 포인트를 bottom-right로, X 위치와 Y 위치를 0으로 설정

수량을 나타내는 QtyText 설정

텍스트 오브젝트를 사용하면 사용자에게 일방적으로 텍스트를 보여줄 수 있으며 게임 안에서 텍스트를 표시하거나, 디버깅할 때, 또 GUI 컨트롤을 원하는 대로 꾸밀 때 유용하다. 텍스트 오브젝트를 사용해서 예제 게임의 인벤토리 바에 동전 같은 스태커블 아이템의 수를 슬롯에 표시하려 한다.

QtyText를 선택하고 사각 트랜스폼 컴포넌트에서 너비를 25로, 높이를 20으로 변경한다. 텍스트(스크립트) 컴포넌트의 텍스트 속성에 "00"을 입력한다. 텍스트의 위치를 보기 쉽게 "00"을 입력했다. 글꼴 속성으로 "slkscr"를 선택하고 글꼴 스타일은 노멀로 남겨둔다. 글꼴 크기를 16으로 바꾸고 컬러 속성을 하얀색으로 설정한 뒤에 맞춤 속성을 그림 6-34처럼 모두 중앙으로 설정한다.

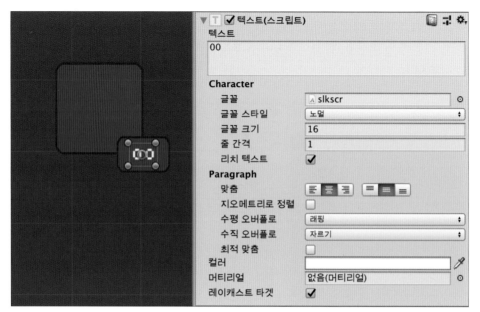

▲ 그림 6-34 텍스트 오브젝트의 텍스트 컴포넌트 설정

QtyText는 Tray의 자식 오브젝트이므로 앵커 포인터를 기본값인 middle-center로 놔두려 한다. 딱히 옮길 필요가 없다.

설정이 끝나면 텍스트(스크립트) 컴포넌트의 이름 왼쪽에 있는 체크 상자의 선택을 해제해서 비활성화한다. 스태커블 아이템을 여러 개 얻기 전까지 아이템 수량을 화면에 보여주고 싶지 않아서다. 나중에 코드를 통해 활성화할 예정이다.

프리팹 생성

Slot의 자식 오브젝트 설정을 마쳤으니 이제 프리팹으로 만들어 보자. 코드를 통해 이 프리팹의 복사본을 인스턴스화해서 인벤토리 바를 채우려 한다.

그림 6-35처럼 Slot을 선택하고 Prefabs 폴더로 끌어다 놓아 프리팹으로 만든다. 부모 오브젝트인 InventoryObject가 아닌 Slot을 선택해서 끌어다 놓아야 한다. 지금 만든 프리팹은 조금 뒤에 다시 사용할 예정이다.

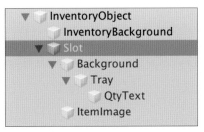

▲그림 6-35 Slot을 선택하고 Prefabs 폴더로 끌어다 놓아 프리팹을 만든다.

Slot으로 프리팹을 만들었으면 계층 구조 창에서 Slot 오브젝트를 삭제하고 그림 6-36 처럼 InventoryObject와 InventoryBackground만 남겨둔다.

▲그림 6-36 Slot을 프리팹으로 만들고 부모 오브젝트에서 삭제

마지막으로 InventoryObject를 클릭하고 Prefabs 폴더로 끌어다 놓아 프리팹을 만든 뒤에 계층 구조 창에서 삭제한다.

Slot 스크립트 작성

슬롯 안에서 사용할 텍스트 오브젝트의 참조를 저장하는 간단한 스크립트를 만들려 한다. 이 스크립트는 각 Slot 오브젝트에 추가할 예정이다. 프로젝트 창에서 Slot 프리팹을 선택하고 "Slot"이라는 스크립트를 새로 만든 뒤에 다음 코드를 입력한다.

```
using UnityEngine;
using UnityEngine.UI;

// 1
public class Slot : MonoBehaviour {

// 2
    public Text qtyText;
}
```

// 1

이 스크립트는 MonoBehaviour를 상속하므로 Slot 오브젝트에 추가할 수 있다.

// 2

Slot에서 사용할 Text 오브젝트의 참조다. 유니티 에디터에서 설정할 예정이다.

스크립트를 저장하고 유니티 에디터로 돌아온다. 프로젝트 창에서 방금 만든 스크립트를 Slot 프리팹으로 끌어다 놓아 추가한다.

프로젝트 창에서 Slot 프리팹을 더블 클릭하고 인스펙터에서 Slot(Script) 컴포넌트의 Qty Text 속성 오른쪽의 작은 동그라미를 클릭한 뒤에 그림 6–37처럼 "QtyText"를 선택한다.

▲그림 6–37 Slot 스크립트의 Qty Text 속성 설정

스크립트에 QtyText 오브젝트의 참조가 있으면 나중에 인덱스를 몰라도 쉽게 찾을 수 있다. 인덱스를 통해 오브젝트를 참조하는 방법도 있지만, 이 방법은 조금 허술한 면이 있다. 오브젝트의 순서가 바뀌거나 새로운 컴포넌트를 추가하면 인덱스가 바뀌어서 스크립트가 제대로 동작하지 않을 수 있다.

Inventory 스크립트 생성

다음으로 플레이어의 인벤토리를 관리하고 인벤토리 바의 표현을 담당하는 스크립트를 작성해보자. 이 스크립트는 InventoryObject에 추가할 예정이다. 인벤토리용 스크립트는 지금까지 작성한 스크립트보다 훨씬 복잡하지만, 스크립트 작성 기술을 배우고 연습할 기회라 생각했으면 한다.

프로젝트 창에서 Scripts/MonoBehaviours 폴더 안에 "Inventory"라는 폴더를 새로 만든다. 잊지 말고 조금 전에 만든 Slot 스크립트 파일도 이 폴더에 옮겨 놓는다. Inventory 폴더를 오른쪽 클릭하고 "Inventory"라는 C# 스크립트를 새로 만든 다음 더블 클릭해서 비주얼 스튜디오에서 연다.

Inventory의 기본 코드를 다음과 같이 수정한다.

속성 설정

먼저 **Inventory** 클래스의 속성을 설정한다.

```
using UnityEngine;
using UnityEngine.UI;

public class Inventory : MonoBehaviour
{
// 1
    public GameObject slotPrefab;

// 2
    public const int numSlots = 5;

// 3
    Image[] itemImages = new Image[numSlots];

// 4
    Item[] items = new Item[numSlots];

// 5
    GameObject[] slots = new GameObject[numSlots];

    public void Start()
    {
```

```
        // 지금은 비워놓는다.
    }
}
```

// 1

Slot 프리팹의 참조를 저장한다. 나중에 유니티 에디터에서 추가할 예정이다. Inventory 스크립트는 이 프리팹으로 여러 개의 복사본을 인스턴스화해서 인벤토리 슬롯으로 사용한다.

// 2

인벤토리 바의 슬롯은 다섯 개다. const 키워드를 사용한 이유는 스크립트 안에서 배열 등 몇몇 인스턴스 변수가 사용할 값이라 실행 중에 절대로 바꾸지 않을 값이기 때문이다.

// 3

크기가 numSlots(=5)인 itemImages라는 배열을 만든다. 이 배열에 Image 컴포넌트를 저장할 예정이다. 각 Image 컴포넌트는 sprite라는 속성을 지닌다. 플레이어가 인벤토리에 아이템을 추가할 때 이 sprite 속성에 아이템이 참조하는 스프라이트를 설정한다. 이 스프라이트는 인벤토리 바의 슬롯에 나타난다. 예제 게임의 아이템은 사실 다양한 정보를 하나로 묶은 스크립팅 가능한 오브젝트 또는 데이터 컨테이너라는 점을 기억하기 바란다.

items는 플레이어가 주운 아이템인 스크립팅 가능한 오브젝트 Item의 참조를 저장할
배열이다.

slots 배열의 각 인덱스는 Slot 프리팹을 가리킨다. 이 Slot 프리팹은 실행 중에 동적으
로 인스턴스로 만들어진다. slots 배열의 참조를 사용해서 슬롯에 들어 있는 텍스트 오
브젝트를 찾을 생각이다.

Slot 프리팹의 인스턴스화

다음 메서드를 Inventory 클래스에 추가한다. 이 메서드는 동적으로 Slot 프리팹에서
Slot 오브젝트를 생성하는 역할을 한다.

```
public void CreateSlots()
{
// 1
    if (slotPrefab != null)
    {
// 2
        for (int i = 0; i < numSlots; i++)
        {
// 3
            GameObject newSlot = Instantiate(slotPrefab);
            newSlot.name = "ItemSlot_" + i;
// 4
            newSlot.transform.SetParent(gameObject.transform.
                GetChild(0).transform);
// 5
            slots[i] = newSlot;
// 6
```

```
        itemImages[i] = newSlot.transform.GetChild(1).
            GetComponent<Image>();
      }
    }
}
```

// 1

Slot 프리팹을 사용하기 전에 유니티 에디터를 통해 설정했는지 확인한다.

// 2

슬롯의 수만큼 루프를 실행한다.

// 3

Slot 프리팹의 복사본을 인스턴스화해서 newSlot에 대입한다. 그리고 문자열
"ItemSlot_"에 인덱스 번호를 붙여서 인스턴스화한 오브젝트의 name 속성에 대입한다.
name 속성은 모든 게임 오브젝트가 기본적으로 지니는 속성이다.

// 4

이 스크립트는 InventoryObject에 추가할 스크립트다. InventoryObject 프리팹의 자
식 오브젝트는 InventoryBackground 하나다.

InventoryObject의 자식 오브젝트 중 인덱스가 0인 오브젝트를 인스턴스화한 Slot의
부모 오브젝트로 설정한다. 그림 6-38처럼 인덱스 0에 해당하는 자식 오브젝트는
InventoryBackground다.

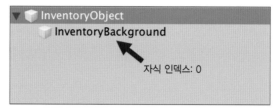

▲ 그림 6-38 InventoryBackground는 InventoryObject의 자식 오브젝트 중 인덱스가 0인 오브젝트다.

// 5

새로운 Slot 오브젝트를 slots 배열의 현재 인덱스에 대입한다.

// 6

Slot의 자식 오브젝트 중 인덱스 1에 해당하는 자식 오브젝트는 ItemImage다. ItemImage에서 이미지 컴포넌트를 얻어서 itemImages 배열에 대입한다. 플레이어가 아이템을 주울 때 이 이미지 컴포넌트의 소스 이미지가 인벤토리 슬롯에 나타난다. 그림 6-39는 ItemImage가 인덱스 1에 해당하는 자식 오브젝트임을 보여준다.

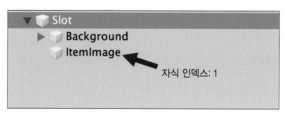

▲ 그림 6-39 ItemImage는 Slot의 자식 오브젝트 중 인덱스가 1인 오브젝트다.

Start() 메서드

다음과 같은 짧은 코드로 Start( ) 메서드를 채운다.

```
public void Start()
{
// 1
    CreateSlots();
}
```

```
// 1
```

방금 전에 만든 Slot 프리팹을 인스턴스화하고 인벤토리 바를 설정하는 메서드를 호출
한다.

AddItem 메소드

다음으로 실제로 인벤토리에 아이템을 추가하는 메서드를 만들어보자.

```
// 1
public bool AddItem(Item itemToAdd)
{
// 2
    for (int i = 0; i < items.Length; i++)
    {
// 3
        if (items[i] != null && items[i].itemType == itemToAdd.
            itemType && itemToAdd.stackable == true)
        {
            // 기존 슬롯에 추가한다.
// 4
            items[i].quantity = items[i].quantity + 1;
// 5
            Slot slotScript = slots[i].gameObject.
                GetComponent<Slot>();
// 6
            Text quantityText = slotScript.qtyText;
// 7
            quantityText.enabled = true;
```

```
// 8
        quantityText.text = items[i].quantity.ToString();
// 9
        return true;
    }


// 10
    if (items[i] == null)
    {
        // 아이템을 빈 슬롯에 추가한다.
        // 아이템을 복사해서 추가하므로
        // 스크립팅 가능한 오브젝트의 원본은 바뀌지 않는다.
// 11
        items[i] = Instantiate(itemToAdd);
// 12
        items[i].quantity = 1;
// 13
        itemImages[i].sprite = itemToAdd.sprite;
// 14
        itemImages[i].enabled = true;
        return true;
    }
}

// 15
    return false;
}
```

조금 긴 메서드라 책을 앞뒤로 넘길 필요 없게 코드를 한 줄씩 적어 놓고 설명하려 한다.

```
// 1
public bool AddItem(Item itemToAdd)
```

AddItem 메서드는 인벤토리에 추가할 아이템을 Item 형식의 매개변수로 받는다. 이 메서드는 아이템을 제대로 추가했는지를 나타내는 bool 값을 반환한다.

```
for (int i = 0; i < items.Length; i++)
```

items 배열의 크기만큼 루프를 수행한다.

// 3

세 가지 조건을 통해 스태커블 아이템인지 확인한다. if문을 자세히 살펴보자.

```
items[i] != null
```

items의 현재 인덱스에 아이템이 있는지, 즉 null이 아닌지 확인한다.

```
items[i].itemType == itemToAdd.itemType
```

인벤토리에 추가하려는 아이템의 itemType과 items에 있는 아이템의 itemType이 같은지 확인한다.

```
itemToAdd.stackable == true
```

추가할 아이템이 스태커블인지 확인한다.

세 가지 조건을 통해 현재 인덱스에 아이템이 있는지, 있으면 플레이어가 추가할 아이템과 같은 종류인지, 같은 종류면 스태커블 아이템인지를 확인한다. 모든 조건이 맞으면 원래 있던 아이템에 새로운 아이템을 추가한다.

// 4

```
items[i].quantity = items[i].quantity + 1;
```

스태커블 아이템을 추가하므로 아이템 배열의 현재 인덱스에 있는 아이템의 수량을 늘린다.

```
// 5
Slot slotScript = slots[i].gameObject.GetComponent<Slot>();
```

Slot 프리팹을 인스턴스화하면 Slot 스크립트가 들어 있는 게임 오브젝트가 만들어진다. 이 코드는 Slot 스크립트의 참조를 얻는 코드다. Slot 스크립트에는 Text 형식의 자식 오브젝트인 QtyText가 들어있다.

```
// 6
Text quantityText = slotScript.qtyText;
```

Text 오브젝트의 참조를 저장한다.

```
// 7
quantityText.enabled = true;
```

이미 스태커블 아이템이 있는 슬롯에 스태커블 아이템을 추가했으므로 이제 이 슬롯에는 여러 개의 아이템이 들어있다. 따라서 수량을 표시할 Text 오브젝트를 활성화한다.

```
// 8
quantityText.text = items[i].quantity.ToString();
```

각 Item 오브젝트에는 int 형식의 quantity 속성이 있다. ToString()을 통해 int 형식을 String 형식으로 변환하면 Text 오브젝트의 text 속성에 설정할 수 있다.

```
// 9
return true;
```

무사히 아이템 오브젝트를 인벤토리에 추가했으므로 성공을 나타내는 **true**를 반환한다.

```
// 10
if (items[i] == null)
```

---

items의 현재 인덱스에 아이템이 있는지 확인한다. null이면 슬롯에 새로운 아이템을 추가한다.

루프를 통해 items 배열을 차례대로 확인하고 있으므로 아이템이 null인 슬롯을 만났다면 이미 아이템이 찬 슬롯을 모두 지나왔다는 뜻이다. 따라서 지금 추가하려는 아이템은 처음 추가하는 아이템이거나 스태커블 아이템이 아니라는 뜻이다.

나중에 아이템을 버리는 기능을 추가하려면 이 로직을 조금 수정해야 한다. 슬롯에서 아이템 오브젝트를 제거하려면 중간에 빈 슬롯이 없게 남은 아이템을 모두 앞으로 당기는 로직을 추가해야 한다.

```
// 11
items[i] = Instantiate(itemToAdd);
```

---

itemToAdd의 복사본을 인스턴스화해서 items 배열에 대입한다.

```
// 12
items[i].quantity = 1;
```

Item 오브젝트의 수량을 나타내는 quantity를 1로 설정한다.

```
// 13
itemImages[i].sprite = itemToAdd.sprite;
```

---

itemToAdd의 스프라이트 속성을 itemImages 배열의 이미지 오브젝트에 대입한다. 이미 앞서 다음 코드를 통해 슬롯을 설정할 때 대입한 스프라이트라는 점에 주의한다.

```
CreateSlots(): itemImages[i] = newSlot.transform.GetChild(1).
GetComponent<Image>();
```

```
// 14
itemImages[i].enabled = true;
return true;
```

아이템 이미지를 활성화하고 itemToAdd를 제대로 추가했음을 나타내는 true를 반환한다. 이미지 컴포넌트에 소스 이미지를 제공하지 않으면 기본 색상으로 채워지므로 이미지를 비활성화해 놓았다는 점을 떠올리기 바란다. 이제 스프라이트를 대입했으므로 이미지 컴포넌트를 활성화했다.

```
// 15
return false;
```

두 개의 if문을 통해 itemToAdd를 인벤토리에 추가하지 못했다면 인벤토리가 가득 찼다는 뜻이다. false를 반환해서 itemToAdd를 추가하지 못했음을 알린다.

Inventory 스크립트를 저장하고 유니티 에디터로 돌아간다.

프로젝트 창의 Prefabs 폴더에서 InventoryObject를 선택하고 인스펙터를 통해 Inventory 스크립트를 추가한다. InventoryObject의 Inventory(Script) 컴포넌트의 Slot Prefabs 속성으로 Slot 프리팹을 끌어다 놓는다.

Player 스크립트 수정

인벤토리 시스템을 만들었지만, 플레이어 오브젝트는 아직 인벤토리의 존재를 모른다. Player 스크립트를 열고 다음과 같이 수정한다. inventoryPrefab과 inventory 속성을 추가하고 Start()에 Instantiate(inventoryPrefab) 행을 추가한다.

```
// 1
public Inventory inventoryPrefab;

// 2
Inventory inventory;

public void Start()
{
// 3
    inventory = Instantiate(inventoryPrefab);

    hitPoints.value = startingHitPoints;
    healthBar = Instantiate(healthBarPrefab);
    healthBar.character = this;
}
```

```
// 1
```

Inventory 프리팹의 참조를 저장한다. 잠시 뒤에 유니티 에디터에서 사용할 예정이다.

```
// 2
```

인스턴스화한 Inventory의 참조를 저장할 변수다.

```
// 3
```

246

Inventory 프리팹을 인스턴스화하고 인스턴스화한 프리팹의 참조를 inventory 변수에 저장한다. 이렇게 참조를 저장해 놓으면 인벤토리를 사용하려 할 때마다 찾을 필요가 없다.

마지막 한 수

OnTriggerEnter2D(Collider2D collision) 메서드의 swtich문을 다음과 같이 수정한다.

```
switch (hitObject.itemType)
{
    case Item.ItemType.COIN:
// 1
        shouldDisappear = inventory.AddItem(hitObject);
// 2
        shouldDisappear = true;
        break;
    case Item.ItemType.HEALTH:
        shouldDisappear = AdjustHitPoints(hitObject.quantity);
        break;
    default:
        break;
}
```

// 1

로컬 인벤토리 인스턴스에서 hitObject를 인수로 전달해서 AddItem() 메서드를 호출하고 호출 결과를 shouldDisappear에 대입한다. 체력 바를 만들면서 Player 스크립트를 수정했을 때를 다시 떠올려 보자. shouldDisappear가 true면 플레이어가 충돌한 게임 오브젝트를 비활성화했다. 따라서 아이템 오브젝트를 제대로 인벤토리에 추가했다면 원래 오브젝트는 씬에서 사라진다.

이 코드는 이제 필요 없으니 삭제한다.

Player 스크립트를 저장하고 유니티 에디터로 돌아온다.

PlayerObject 프리팹을 선택하고 그림 6-40처럼 Player(script) 컴포넌트의 Inventory Prefab 속성으로 InventoryObject 프리팹을 끌어다 놓는다.

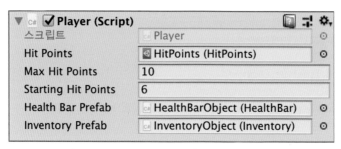

▲ 그림 6-40 Inventory Prefab 속성에 InventoryObject 설정

CoinObject 프리팹을 씬으로 끌어다 놓아 플레이어가 주울 동전을 몇 개 더 준비한다.

이제 **재생** 버튼을 누르고 맵을 돌아다니면서 동전을 줍는다. 동전을 여러 개 주웠을 때 아이템의 수량을 나타내는 텍스트가 그림 6-41처럼 바뀌는지 확인한다.

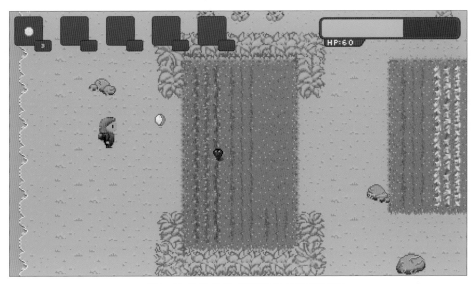

▲ 그림 6-41 플레이어가 본격적으로 돈을 벌고 있다.

요약

이해해야 할 내용이 상당히 많았겠지만, 지금까지의 성과를 생각해보라. 스크립팅 가능한 오브젝트와 프리팹을 실제로 사용해봤고 캔버스와 UI 요소도 배웠다. 상당히 많은 C# 코드를 작성했고 게임의 구조를 깔끔하게 유지하는 방법도 배웠다. 제대로 동작하는 인벤토리와 체력 바를 만들었고 예제 게임은 이제 좀 더 RPG다운 모습을 갖추기 시작했다.

7장

캐릭터, 코루틴, 스폰 위치

7장에서는 비디오 게임 제작에 필요한 핵심 요소 몇 가지를 만들어 볼 예정이다. 게임 로직을 조율하고 실행하는 역할을 담당하는 게임 매니저를 만들 예정인데, 이는 죽은 플레이어를 스폰spawn하는 등의 처리를 수행한다. 또한, 항상 카메라 설정을 적절하게 유지하도록 도와주는 카메라 매니저도 만들 예정이다. 유니티를 더 깊이 살펴보고, 유니티 에디터를 사용하지 않고 코드를 통해 처리하는 방법을 배운다. 코드를 통해 처리하면 게임 구조에 융통성을 줄 수 있어서 결과적으로 많은 시간을 아낄 수 있다. 7장을 통해 더 편하게 프로그래밍하고 코드를 더 깔끔하게 만들어 주는 C#과 유니티 에디터의 유용한 기능을 배운다.

게임 매니저 생성

지금까지는 게임을 부분적으로 만들어왔을 뿐 각 부분을 조율하는 로직이 따로 없었다. 이제 적에게 죽은 플레이어의 스폰 같은 게임 로직의 실행을 전담하는 게임 매니저 스크립트 또는 "클래스"를 만들려 한다.

싱글톤

게임 매니저인 RPGGameManager 스크립트를 작성하기 전에 싱글톤^{Singleton}이라는 소프트웨어 디자인 패턴을 알아보자. 싱글톤은 애플리케이션이 끝날 때까지 딱 하나의 인스턴스만 만들어야 할 클래스가 있을 때 사용한다. 게임 로직을 조율하는 게임 매니저 클래스처럼 여러 클래스가 사용할 기능을 하나의 클래스로 제공해야 한다면 싱글톤이 유용할 수 있다. 싱글톤을 사용하면 어디서든 싱글톤 클래스와 기능에 접근할 수 있는 경로를 하나로 통합해서 제공할 수 있다. 또 싱글톤은 인스턴스화 지연^{lazy instantiation}이 가능하다. 인스턴스화 지연이란 인스턴스화 하는 코드가 있어도 인스턴스를 만들지 않고 실제로 처음 사용할 때 인스턴스를 만든다는 뜻이다.

게임 개발 구조의 구세주인 싱글톤을 알아보기 전에 싱글톤의 단점을 간단히 언급하려 한다.

싱글톤이 하나의 접근 경로를 제공할 수 있다는 말은 싱글톤에 들어 있는 값이 어디서든 접근할 수 있는 불확실한 상태의 값이라는 뜻이기도 하다. 즉 게임의 모든 코드가 싱글톤의 데이터를 이용하거나 수정할 수 있다. 장점처럼 보일지 몰라도 스무 개의 클래스가 값을 잘못 설정한 싱글톤의 속성 하나를 가져다 쓰는 상황을 상상해보자. 악몽이 펼쳐진다.

그 밖에도 싱글톤은 인스턴스화 시점을 정확하게 통제하기 어렵다는 단점이 있다. 예를 들어 그래픽 집약적인 작업을 수행하는 코드를 실행하는 도중에 이미 만들어졌을 거로 예상한 싱글톤의 인스턴스가 갑자기 만들어지는 상황이 벌어졌다고 상상해보자. 게임이 자주 끊겨서 사용자 경험에 안 좋은 영향을 줄 수 있다.

싱글톤의 장단점은 이미 많은 논의가 이뤄져 있으며 충분히 공부한 뒤에 싱글톤을 사용해야 할 시점을 직접 결정해야 한다. 절제해서 사용한다면 확실히 삶이 편해진다.

RPGGameManager 클래스는 싱글톤으로 구현하기 딱 좋다. 언제든 게임 로직을 조율하는 클래스는 딱 하나만 필요하기 때문이다. RPGGameManager는 씬을 로드할 때 인스턴스화해서 사용하려 하므로 성능 문제도 걱정할 필요 없다.

모든 싱글톤 클래스에는 싱글톤의 다른 인스턴스를 생성하지 못하게 막는 로직이 있다. 따라서 유일한 인스턴스인 상태를 유지할 수 있다. RPGGameManager 클래스를 만들 때 이런 로직을 일부 소개할 예정이다.

싱글톤 생성

계층 구조 창에서 게임 오브젝트를 새로 만들고 이름을 "RPGGameManager"로 변경한다. 그런 다음 Scripts 폴더 아래 "Managers"라는 폴더를 새로 만든다.

Managers 폴더 안에 "RPGGameManager"라는 C# 스크립트를 새로 만든다. 만든 스크립트를 RPGGameManager 오브젝트에 추가한다. 비주얼 스튜디오에서 RPGGameManager 스크립트를 열고 다음 코드를 입력한다.

```
using System.Collections;
using System.Collections.Generic;
using UnityEngine;
public class RPGGameManager : MonoBehaviour
{
// 1
    public static RPGGameManager sharedInstance = null;

    void Awake()
    {
// 2
        if (sharedInstance != null && sharedInstance != this)
        {
// 3
            Destroy(gameObject);
        }
        else
        {
// 4
```

```
            sharedInstance = this;
        }
    }

    void Start()
    {
// 5
        SetupScene();
    }

// 6
    public void SetupScene()
    {
        // 지금은 비워 둔다.
    }
}
```

```
// 1
```

static 변수인 sharedInstance는 싱글톤 오브젝트에 접근할 때 사용한다. 싱글톤은 이 속성을 통해서만 접근할 수 있다.

static 변수가 클래스의 특정 인스턴스가 아닌 RPGGameManager 클래스 자체에 속한다는 점이 중요하다. 클래스 자체에 속하므로 RPGGameManager.sharedInstance의 복사본은 메모리에 단 하나만 존재한다.

계층 구조 창에 RPGGameManager 오브젝트를 두 개 만들면 두 번째 RPGGameManager는 첫 번째 RPGGameManager와 같은 sharedInstance를 공유한다. 애초에 이렇게 혼란스러운 상황이 일어나지 않게 조치를 취할 예정이다.

sharedInstance의 참조는 다음과 같이 얻을 수 있다.

```
RPGGameManager gameManager = RPGGameManager.sharedInstance;
```

// 2

RPGGameManager의 인스턴스는 한 번에 하나만 존재해야 하므로 sharedInstance가 이미 존재하는지 아니면 현재 인스턴스와 다른 인스턴스인지 확인한다. 계층 구조 창에 RPGGameManager를 여러 개 만든다든지 코드를 통해 RPGGameManager 프리팹의 복사본을 인스턴스화하는 일이 일어날 가능성이 있기 때문이다.

// 3

sharedInstance가 이미 존재하고 현재 인스턴스와 다르다면 sharedInstance를 제거한다. RPGGameManager의 인스턴스는 유일해야 한다.

// 4

현재 인스턴스가 유일한 인스턴스면 sharedInstance 변수에 현재 오브젝트를 대입한다.

// 5

씬의 설정에 관한 모든 로직을 하나의 메서드에 넣으려 한다. 이렇게 해놓으면 나중에 Start( ) 메서드가 아닌 다른 코드에서 다시 호출하기 편하다.

// 6

SetupScene( )은 일단 비워 놓지만, 곧 채울 예정이다.

게임 매니저 프리팹 생성

RPGGameManager 프리팹을 만들어보자. 게임 오브젝트로 프리팹을 만들던 방법과 동일하다.

1. 계층 구조 창의 RPGGameManager 게임 오브젝트를 프로젝트 창의 Prefabs 폴더로 끌어다 놓아 프리팹으로 만든다.
2. 보통 때라면 RPGGameManager 오브젝트를 계층 구조 창에서 삭제하겠지만, 아직 해야 할 작업이 남아있으니 계층 구조 창에 그대로 둔다.

게임의 실행을 책임질 집중 관리 클래스를 만들었다. 이 RPGGameManager 클래스는 싱글톤이라 한 번에 하나의 인스턴스만 존재한다.

스폰 위치

플레이어나 적 같은 캐릭터를 씬의 정해진 위치에 생성 또는 "스폰"하고 싶다. 또 적을 스폰할 때 일정한 시간 간격을 두고 스폰하고 싶다. 스폰 위치를 나타내는 SpawnPoint 프리팹을 만들고 스폰 로직을 스크립트로 작성해서 이 프리팹에 추가하는 과정을 통해 목적을 달성해 보려 한다.

계층 구조 창의 오른쪽 빈 곳을 클릭하고 "SpawnPoint"라는 빈 오브젝트를 새로 만든다.

Scripts/MonoBehaviours 폴더에 SpawnPoint라는 C# 스크립트를 새로 만들고 SpawnPoint 오브젝트에 추가한다.

SpawnPoint 스크립트를 비주얼 스튜디오에서 열고 다음 코드를 입력한다.

```
using UnityEngine;

public class SpawnPoint : MonoBehaviour
{
```

```
// 1
    public GameObject prefabToSpawn;

// 2
    public float repeatInterval;

    public void Start()
    {
// 3
        if (repeatInterval > 0)
        {
// 4
            InvokeRepeating("SpawnObject", 0.0f, repeatInterval);
        }
    }

// 5
    public GameObject SpawnObject()
    {
// 6
        if (prefabToSpawn != null)
        {
// 7
            return Instantiate(prefabToSpawn,
                transform.position, Quaternion.identity);
        }
// 8
        return null;
    }
}
```

// 1

한번 또는 일정한 간격을 두고 계속 스폰할 프리팹이다. 유니티 에디터에서 플레이어
또는 적 프리팹을 설정할 예정이다.

// 2

일정한 간격을 두고 프리팹을 스폰하고 싶다면 유니티 에디터에서 이 속성 값을 설정해야 한다.

// 3

---

repeatInterval이 0보다 크면 미리 설정한 시간 간격을 두고 계속 오브젝트를 스폰해야 한다는 뜻이다.

// 4

---

repeatInterval이 0보다 크므로 InvokeRepeating( )을 사용해서 일정한 간격을 두고 계속 오브젝트를 스폰한다. InvokeRepeating( ) 메서드는 호출할 메서드, 최초 호출까지의 대기 시간, 호출 사이의 대기 시간, 이렇게 세 가지 매개변수가 필요하다.

// 5

SpawnObject( )는 실제로 프리팹을 인스턴스화해서 오브젝트를 "스폰"하는 역할을 한다. 메서드 시그니처를 통해 반환 형식이 GameObject임을 알 수 있다. 여기서 반환하는 게임 오브젝트는 스폰한 오브젝트의 인스턴스다. 그리고 외부에서 이 메서드를 호출할 수 있게 접근 제한자를 public으로 설정했다.

// 6

에러를 방지하려면 인스턴스화 하기 전에 유니티 에디터에서 프리팹을 설정했는지 확인해야 한다.

SpawnPoint 오브젝트의 현재 위치에 프리팹을 인스턴스화 한다. 프리팹을 인스턴스화 하는 Instantiate 메서드는 여러 종류다. 예제에서 사용한 메서드는 프리팹, 위치를 나타내는 Vector3, 쿼터니언^{Quaternion}이라는 특별한 형태의 데이터 구조체를 매개변수로 한다. 쿼터니언은 회전을 표현할 때 사용하며 Quaternion.identity는 "회전이 없음"을 나타낸다. 따라서 프리팹의 인스턴스는 SpawnPoint의 위치에 회전 없이 만들어진다. 쿼터니언은 상당히 복잡한 개념이라 이 책에서 다룰 범위를 넘어서므로 따로 설명하지 않는다.

프리팹의 새로운 인스턴스를 가리키는 참조를 반환한다.

prefabToSpawn이 null이면 에디터에서 SpawnPoint를 제대로 설정하지 않았다는 뜻이다. null을 반환한다.

스폰 위치 프리팹

앞으로의 계획은 이렇다. 플레이어용 SpawnPoint를 먼저 설정하고, 제대로 동작하는지 확인한 뒤에 적의 SpawnPoint를 설정한다. 조금 전에 작성한 스크립트를 SpawnPoint 게임 오브젝트에 추가한 다음 SpawnPoint를 프리팹으로 만들어서 공용 스폰 위치를 만든다.

다음 과정을 따라 SpawnPoint 게임 오브젝트를 프리팹으로 만든다.

1. 계층 구조 창의 SpawnPoint 게임 오브젝트를 프로젝트 창의 Prefabs 폴더로 끌어다 놓아서 프리팹을 만든다.
2. 계층 구조 창에서 기존 SpawnPoint 오브젝트를 삭제한다.

SpawnPoint 프리팹을 플레이어를 등장시키고 싶은 씬의 위치로 끌어다 놓는다. 그림 7-1처럼 새로운 스폰 위치 인스턴스의 이름을 "PlayerSpawnPoint"로 바꾼다. 지금 변경한 내용은 프리팹 전체가 아닌 이 스폰 위치에만 적용하려 하므로 **오버라이드 > 모두 적용**을 누르지 말아야 한다.

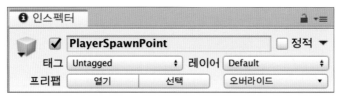

▲ 그림 7-1 스폰 위치의 이름 변경

그림 7-2에서 보듯이 스폰 위치는 거의 눈에 띄지 않는다. 게임 오브젝트 인스턴스에 따로 스프라이트를 추가하지 않아서 눈으로 확인하기 어렵다.

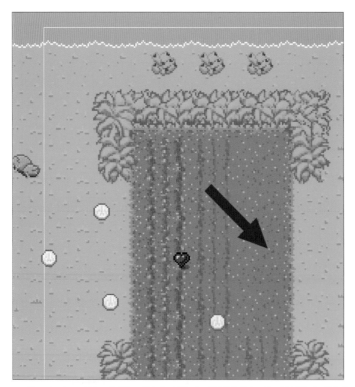

▲ 그림 7-2 스프라이트가 없는 게임 오브젝트는 씬 뷰에서 눈으로 확인하기 어렵다.

팁 게임이 실행 중이 아닐 때 씬에서 스폰 위치를 쉽게 찾으려면 스폰 위치 오브젝트를 선택한 뒤에 그림 7-3처럼 인스펙터에서 왼쪽 위에 있는 아이콘을 클릭한다.

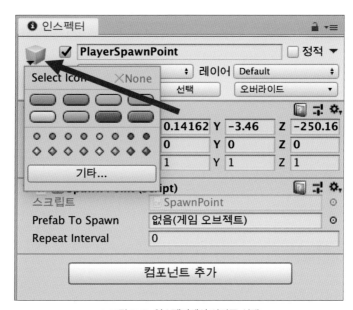
▲ 그림 7-3 인스펙터에서 아이콘 선택

씬에서 선택한 오브젝트를 대신할 아이콘을 선택하면 그림 7-4처럼 선택한 아이콘이 씬의 오브젝트 위에 나타난다.

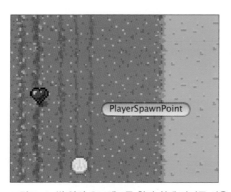
▲ 그림 7-4 씬 안의 오브젝트를 찾기 쉽게 아이콘 사용

그림 7-5처럼 게임 창의 오른쪽 위 구석에 있는 **기즈모** 버튼을 누르면 게임이 실행 중일 때도 아이콘을 볼 수 있다.

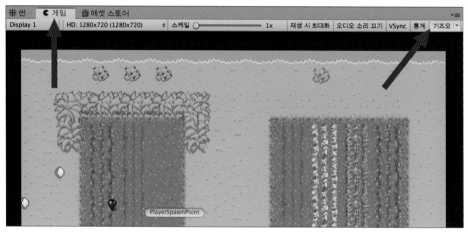

▲그림 7-5 기즈모 버튼을 사용하면 실행 중에도 아이콘을 볼 수 있다.

플레이어 스폰 위치 설정

이제 SpawnPoint 스크립트가 스폰할 프리팹을 설정해야 한다. 그림 7-6처럼 SpawnPoint 오브젝트에 추가한 Spawn Point 스크립트 컴포넌트의 "Prefab To Spawn" 속성으로 PlayerObject 프리팹을 끌어다 놓는다. 플레이어는 한 번만 스폰하고 싶으므로 "Repeat Interval" 속성은 0으로 놔둔다.

▲그림 7-6 Spawn Point 스크립트 설정

PlayerSpawnPoint로 플레이어를 스폰하려 하므로 계층 구조 창에 플레이어 인스턴스가 있으면 삭제한다.

이 상태로 **재생** 버튼을 누르면 아무 일도 일어나지 않는다. 플레이어가 어디에도 보이지 않는다. 아직 SpawnPoint 클래스의 SpawnObject() 메서드를 호출하는 코드가 없어서다. RPGGameManager가 SpawnObject()를 호출하게 고쳐보자.

유니티 에디터로 돌아와서 RPGGameManager 클래스를 연다.

플레이어 스폰

RPGGameManager 클래스의 맨 위에 다음 속성을 추가한다.

```
public class RPGGameManager : MonoBehaviour
{
// 1
    public SpawnPoint playerSpawnPoint;

        // ...RPGGameManager의 기존 코드...
}
```

```
// 1
```

playerSpawnPoint 속성에 플레이어 스폰 위치의 참조를 저장하려 한다. 플레이어가 죽으면 다시 스폰할 수 있게 플레이어용 스폰 위치의 참조는 계속 저장해 두려 한다.

다음 메서드를 추가한다.

```
public void SpawnPlayer()
{
// 1
    if (playerSpawnPoint != null)
    {
// 2
        GameObject player = playerSpawnPoint.SpawnObject();
```

```
    }
}
```

// 1

사용하기 전에 playerSpawnPoint가 null이 아닌지 확인한다.

// 2

playerSpawnPoint의 SpawnObject( ) 메서드를 호출해서 플레이어를 스폰하고, 만들어
진 플레이어 인스턴스의 로컬 참조를 저장한다.

RPGGameManager의 SetupScene( ) 메서드에 다음 한 줄을 추가한다.

```
public void SetupScene( )
{
// 1
    SpawnPlayer( );
}
```

// 1

방금 만든 SpawnPlayer( ) 메서드를 호출하는 코드다.

마지막으로 계층 구조 창의 RPGGameManager 인스턴스에 플레이어 스폰 위치의 참
조를 설정해야 한다. 그림 7-7처럼 계층 구조 창의 PlayerSpawnPoint를 RPGGame
Manager 인스턴스의 Player Spawn Point 속성으로 끌어다 놓는다.

▲그림 7-7 PlayerSpawnPoint 인스턴스로 Player Spawn Point 속성 설정

이제 **재생** 버튼을 누르면 씬에 지정한 스폰 위치에서 플레이어가 등장한다.

요약

1. Spawn Point 스크립트를 통해 스폰할 오브젝트의 종류와 스폰할 위치를 정한다. `PlayerSpawnPoint` 인스턴스에 PlayerObject 프리팹의 참조를 설정했다.
2. `RPGGameManager` 인스턴스의 Player Spawn Point 속성을 설정한다.
3. RPGGameManager의 `SetupScene()` 메서드에서 플레이어용 `SpawnPoint` 클래스의 `SpawnObject()`를 호출한다.

적의 스폰 위치

적을 스폰할 스폰 위치를 만들어보자. 이미 SpawnPoint 프리팹을 만들어놨으므로 금세 만들 수 있다.

1. SpawnPoint 프리팹을 씬으로 끌어다 놓는다.
2. 이름을 EnemySpawnPoint로 변경한다.
    - (선택)씬 뷰에서 찾기 쉽게 아이콘을 빨간색으로 변경한다.
3. "Prefab to Spawn" 속성에 EnemyObject 프리팹을 설정한다.
4. 적을 10초마다 스폰하게 Repeat Interval 속성을 10으로 설정한다.

적의 스폰 위치를 설정한 씬의 모습은 그림 7-8과 같다.

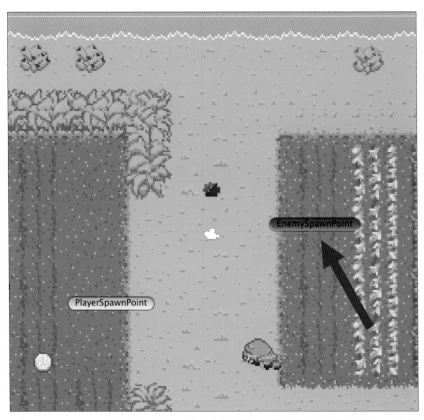

▲ 그림 7-8 SpawnPoint의 인스턴스가 적을 스폰하게 설정한다. 또 찾기 쉽게 빨간색 아이콘으로 설정한다.

재생 버튼을 누르고 적이 10초마다 만들어지는지 확인한다. 아직 적의 이동이나 공격과 관련한 인공지능을 만들지 않았으므로 당분간 플레이어는 안전하다.

플레이어로 맵을 돌아다녀 보면 이상한 점을 느낄 수 있다. 카메라가 플레이어를 따라다니지 않는다! 이제 시네머신 가상 카메라의 Follow 속성에 플레이어 프리팹 인스턴스를 설정하지 않고 플레이어를 동적으로 스폰하기 때문이다. 가상 카메라는 따라다닐 대상이 없어서 한 자리에 머문다.

카메라 매니저

다시 카메라가 플레이어를 따라다니게 하려면 카메라 매니저 클래스를 만들고 게임 매니저를 사용해서 가상 카메라를 적절하게 설정해야 한다. 카메라 매니저를 사용하면 카메라 코드를 앱의 여기저기에 끼워 넣지 않고 한 곳에서 카메라를 설정할 수 있어서 앞으로도 유용하다.

계층 구조 창에서 빈 게임 오브젝트를 새로 만들고 이름을 "RPGCameraManager"로 바꾼다. 프로젝트 창의 Scripts/Managers 폴더에 RPGCameraManager라는 스크립트를 새로 만들어서 RPGCameraManager 오브젝트에 추가한다. RPGCameraManager 스크립트를 비주얼 스튜디오에서 연다.

7장의 앞쪽에서 RPGGameManager를 만들었을 때처럼 다시 싱글톤 패턴을 사용하려 한다.

RPGCameraManager 클래스에 다음 코드를 입력한다.

```
using UnityEngine;

// 1
using Cinemachine;

public class RPGCameraManager : MonoBehaviour {
    public static RPGCameraManager sharedInstance = null;
// 2
    [HideInInspector]
    public CinemachineVirtualCamera virtualCamera;

// 3
    void Awake()
    {
        if (sharedInstance != null && sharedInstance != this)
        {
            Destroy(gameObject);
```

```
        }
        else
        {
            sharedInstance = this;
        }

// 4
        GameObject vCamGameObject =
            GameObject.FindWithTag("VirtualCamera");

//5
        virtualCamera =
            vCamGameObject.GetComponent<CinemachineVirtualCamera>();
    }
}
```

// 1

Cinemachine 네임스페이스를 임포트하면 RPGCameraManager에서 시네머신 클래스
와 데이터 형식을 사용할 수 있다.

// 2

시네머신 가상 카메라의 참조를 저장한다. 다른 클래스가 사용할 수 있게 public으로
만든다. 코드를 통해 설정할 속성이므로 [HideInInspector] 특성을 사용해서 유니티
에디터에 나타나지 않게 한다.

// 3

싱글톤 패턴을 구현한다.

// 4

현재 씬에서 VirtualCamera라는 태그가 있는 게임 오브젝트를 찾는다. 다음 줄은 가상 카메라 컴포넌트의 참조를 얻는 코드다. 유니티 에디터에서 이 태그를 만들고 사용할 가상 카메라에 설정할 예정이다.

하나의 게임 오브젝트에 각각 다른 기능을 제공하는 컴포넌트 여러 개를 추가할 수 있다는 점을 기억하기 바란다. 이런 방식을 "컴포지션Composition" 디자인 패턴이라고 한다.

// 5

직교 크기, Follow 등 가상 카메라의 모든 속성은 유니티 에디터뿐만 아니라 스크립트를 통해서도 설정할 수 있다. 가상 카메라 컴포넌트를 저장해 두면 코드를 통해 가상 카메라의 속성을 제어할 수 있다.

이제 RPGCameraManager를 Prefabs 폴더로 끌어다 놓아 프리팹을 만든다. 단 계층 구조 창의 인스턴스는 그대로 둔다.

카메라 매니저 사용

RPGGameManager 클래스의 맨 위에 다음 속성을 추가한다.

```
public RPGCameraManager cameraManager;
```

유니티 에디터를 통해 설정할 속성이라 public으로 만들었다. 바로 뒤에 나올 코드에서 볼 수 있듯이 RPGGameManager는 플레이어를 스폰할 때 이 RPGCameraManager의 참조를 사용한다.

RPGGameManager 클래스의 SpawnPlayer() 메서드를 다음과 같이 수정한다.

```
public void SpawnPlayer()
{
    if (playerSpawnPoint != null)
    {
        GameObject player = playerSpawnPoint.SpawnObject();
// 1
        cameraManager.virtualCamera.Follow = player.transform;
    }
}
```

// 1

SpawnPlayer()에 추가한 이 코드는 virtualCamera의 Follow 속성에 플레이어 오브젝
트의 트랜스폼을 설정하는 코드다. 이렇게 하면 시네머신 가상 카메라가 다시 맵을 돌
아다니는 플레이어를 따라다닌다.

유니티 에디터로 돌아와서 계층 구조 창의 **RPGGameManager** 인스턴스를 선택한다. 게임
매니저가 카메라 매니저를 사용하게 설정하려 한다.

계층 구조 창에서 RPGGameManager를 선택하고 그림 7-9처럼 **RPGCameraManager** 인
스턴스를 RPGGameManager의 Camera Manager 속성으로 끌어다 놓는다.

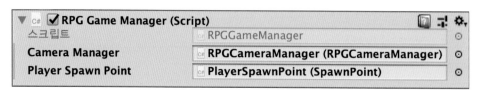

▲ 그림 7-9 Camera Manager 속성 설정

가상 카메라가 플레이어를 따라다니게 하려면 마지막으로 할 일이 하나 있다. RPG
CameraManager 스크립트가 가상 카메라를 찾을 수 있게 가상 카메라에 태그를 설정
해야 한다.

계층 구조 창에서 가상 카메라 오브젝트를 선택한다. 가상 카메라의 기본 이름은 CM vcam1이다. 인스펙터에서 **태그** 드롭다운 메뉴를 클릭한다. **태그** 드롭다운 메뉴의 위치가 기억나지 않으면 그림 7-10을 참고한다.

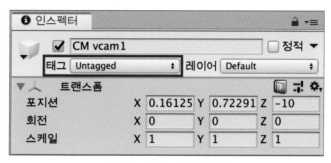

▲ 그림 7-10 태그 드롭다운 메뉴

"VirtualCamera"라는 태그를 추가한 뒤에 다시 계층 구조 창에서 가상 카메라 오브젝트를 선택하고 그림 7-11처럼 방금 만든 VirtualCamera 태그를 설정한다.

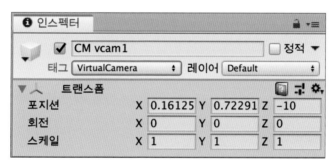

▲ 그림 7-11 RPGCameraManager 스크립트가 찾을 수 있게 가상 카메라의 태그를 설정한다.

다시 **재생** 버튼을 누르고 플레이어로 맵을 돌아다녀 본다. 카메라가 다시 플레이어를 따라다니는지 확인한다.

Character 클래스 설계

5장에서 Character 클래스를 만들었던 때를 떠올려 본다. 그때는 Player 클래스만 Character를 상속했지만 앞으로 Character를 상속할 클래스는 다른 캐릭터와 피해를 주고받고, 죽는 기능까지도 필요하다. 7장의 남은 부분을 통해 Character, Player, Enemy 클래스의 설계와 보강을 함께 진행하려 한다.

virtual 키워드

C#의 클래스, 메서드, 변수 선언에 "virtual" 키워드를 사용하면 현재 클래스에서 구현해야 하지만, 구현이 만족스럽지 않으면 상속한 클래스에서 재정의할 수도 있다는 뜻이다.

이제 캐릭터를 죽이는 기본적인 기능을 만들어 보려 한다. 하지만 상속한 클래스에서는 여기에 기능을 덧붙여서 재정의해야 할 수도 있다.

예제 게임의 모든 캐릭터는 불사신이 아니므로 부모 클래스를 통해 캐릭터를 죽이는 메서드를 제공하려 한다. Character 클래스의 아래쪽에 다음 코드를 추가한다.

```
// 1
public virtual void KillCharacter()
{
// 2
    Destroy(gameObject);
}
```

```
// 1
```

캐릭터의 체력이 0으로 떨어질 때 이 메서드를 호출할 예정이다.

```
// 2
```

캐릭터가 죽을 때 Destroy(gameObject)를 호출하면 현재 게임 오브젝트를 제거하고 씬에서 삭제한다.

Enemy 클래스

영웅이 가는 길에는 역경과 위험이 함께한다. 이제 Enemy 클래스를 확장해서 플레이어에게 피해를 주는 능력을 주려 한다.

앞서 5장에서 스크립팅 가능한 오브젝트인 HitPoints를 사용해서 플레이어의 체력 바와 데이터를 공유하는 방법을 소개했다. Character 클래스에는 Character 클래스를 상속한 Player 클래스가 사용할 Hitpoints 형식의 속성이 들어있다.

예제 게임은 화면에 적의 체력 바를 표시하지 않으므로 스크립팅 가능한 오브젝트인 HitPoints가 필요 없다. 체력 바가 있는 플레이어만 스크립팅 가능한 오브젝트인 HitPoints가 필요하다. 따라서 평범한 float 변수에 체력을 저장해서 Enemy 클래스의 체력 저장 방식을 단순화할 수 있다.

리팩토링

클래스의 구조를 단순화하려면 일부 코드를 리팩토링refactoring해야 한다. 리팩토링이란 기능을 바꾸지 않고 기존 코드를 재구성한다는 뜻을 지닌 용어다.

비주얼 스튜디오에서 Character 클래스와 Player 클래스를 열고 hitPoints 변수를 Character 클래스에서 Player 클래스로 옮긴다.

```
public HitPoints hitPoints;
```

Scripts/MonoBehaviours 폴더에 Enemy라는 스크립트를 새로 만든다. EnemyObject 프리팹을 선택하고 Enemy 스크립트를 추가한다. Enemy 스크립트를 열고 원래 코드를 다음과 같이 수정한다.

```
using UnityEngine;

// 1
public class Enemy : Character
{

// 2
    float hitPoints;
}
```

// 1

Enemy 클래스는 Character를 상속한다. 즉 Character 클래스의 public 속성과 메서드를 사용할 수 있다는 뜻이다.

// 2

float 형식으로 단순화한 hitPoints 변수다.

이렇게 코드를 바꾸고 나면 Player 클래스는 계속해서 6장에서 만든 스크립팅 오브젝트 HitPoints를 사용한다. 또 간단한 방식으로 체력을 저장하는 Enemy 클래스도 만들었다. Enemy 클래스는 Character 클래스의 체력 관련 속성인 startingHitPoints와 maxHitPoints를 사용할 수 있다.

팁   코드를 리팩토링할 때 새로운 버그가 끼어들 가능성을 최소화하려면 조금씩 수정하고 제대로 동작하는지 확인하면서 진행하는 방식이 최선이다. 조금씩 수정하고 확인하는 과정의 반복은 올바른 판단력을 유지할 수 있는 좋은 방법이다.

---

internal 접근 제한자

Enemy 클래스의 hitPoints 변수에 접근 제한자인 public, private을 사용하지 않았다는 점에 주의한다. C#에서 접근 제한자가 없으면 기본적으로 internal이라는 접근 제한자를 사용한다는 뜻이다. internal 접근 제한자는 같은 "어셈블리" 안의 변수 또는 메서드만 접근할 수 있게 제한한다. 어셈블리라는 용어는 C# 프로젝트를 아우르는 개념이라 생각하면 된다.

코루틴

Character와 Enemy 클래스의 구현을 잠시 멈추고 유니티의 중요하고 유용한 기능에 관해 이야기하려 한다. 유니티에서 메서드를 호출하면 메서드의 실행을 완료한 뒤에 원래 호출한 위치로 반환한다. 일반적인 메서드의 모든 작업은 유니티 엔진의 한 프레임 안에 일어난다. 한 프레임보다 더 길게 실행해야 할 메서드를 호출해도 유니티는 호출한 메서드 전체를 강제로 한 프레임 안에 실행한다. 이런 상황이 벌어지면 원하는 결과를 얻지 못할 수 있다. 몇 초에 걸쳐 실행해야 할 메서드를 한 프레임 안에 완료할 수 없으므로 메서드의 실행 결과가 사용자에게 보이지 않을 수 있다.

유니티는 이런 문제를 해결하려고 코루틴^{Coroutines}이라는 기능을 제공한다. 코루틴은 실행 도중에 일시 정지한 뒤에 다음 프레임에 재개할 수 있는 함수라 생각하면 된다. 여러 프레임에 걸쳐서 길게 실행해야 할 메서드를 코루틴으로 구현하곤 한다.

반환 형식으로 IEnumerator를 사용하는 것만으로 간단하게 코루틴을 선언할 수 있다. 그리고 메서드 본문 안에 실행을 일시 정지 또는 "양보^{yield}"하라고 유니티 엔진에 알리는 행을 추가해야 한다. 이 yield 행이 바로 실행을 일시 정지하고 다음 프레임에 같은 위치로 돌아가라고 엔진에 알리는 역할을 한다.

코루틴 호출

RunEveryFrame()이라는 가상의 코루틴이 있다고 할 때 다음과 같이 StartCoroutine() 메서드로 둘러싸서 코루틴을 시작할 수 있다.

```
StartCoroutine(RunEveryFrame());
```

실행의 일시 정지 또는 "양보"

RunEveryFrame()은 yield문을 만날 때까지 실행하고 다음 프레임까지 일시 정지한 뒤에 실행을 재개한다. yield문은 다음과 같을 수 있다.

```
yield return null;
```

코루틴 완료

다음 RunEveryFrame()은 코루틴의 한 예일 뿐이다. 이 코드는 예제 프로젝트에 추가하지 말고 작동 방식만 이해하기 바란다.

```
public IEnumerator RunEveryFrame()
{

// 1
    while(true)
    {
        print("I will print every Frame.");
        yield return null;
    }
}
```

print문과 yield문을 while( ) 루프로 감싸서 메서드를 끝없이 실행하게 했다. 즉 여러 프레임에 걸쳐 오래 실행하게 했다.

시간 간격을 두는 코루틴

또 코루틴을 사용해서 프레임마다가 아닌 3초마다 등 일정한 시간 간격으로 코드를 호출할 수도 있다. 다음과 같이 일시 정지하는 yield return null이 아닌 yield return new WaitForSeconds( )를 통해 시간 간격을 인수로 전달한다.

```
public IEnumerator RunEveryThreeSeconds()
{
    while (true)
    {
        print("I will print every three seconds.");
        yield return new WaitForSeconds(3.0f);
    }
}
```

이 코루틴 예제는 yield문을 만나면 3초 동안 실행을 멈춘 뒤에 재개한다. print문은 while( ) 루프 때문에 3초마다 계속 불린다.

이제 코루틴을 사용해서 Character, Player, Enemy 클래스에 추가할 기능을 만들려 한다.

abstract 키워드

C#의 "abstract" 키워드는 현재 클래스에서 구현할 수 없고 상속한 클래스에서 구현해야만 하는 클래스, 메서드, 변수를 선언할 때 사용한다.

Enemy, Player 클래스는 모두 Character 클래스를 상속한다. 다음 메서드 선언을 Character 클래스에 추가하면 게임을 컴파일하고 실행하기 전에 Enemy, Player 클래스에 이 메서드를 구현해야 한다.

다음 using문을 Character 클래스 맨 위에 추가한다. 코루틴을 사용하려면 System. Collections를 임포트해야 한다.

```
using System.Collections;
```

그런 다음 KillCharacter() 메서드 아래에 다음 코드를 추가한다.

```
// 1
public abstract void ResetCharacter();
// 2
public abstract IEnumerator DamageCharacter(int damage, float interval);
```

```
// 1
```

캐릭터를 다시 사용할 수 있게 원래 시작 상태로 되돌린다.

```
// 2
```

현재 캐릭터에게 피해를 주려고 다른 캐릭터가 호출하는 메서드다. 캐릭터가 입을 피해량과 시간 간격을 매개 변수로 한다. 시간 간격은 반복해서 피해를 받는 상황일 때 사용할 수 있다.

앞서 설명했듯이 코루틴의 반환 형식은 IEnumerator여야 한다. IEnumerator는 System.Collections 네임스페이스에 속한다. using System.Collections를 추가한 이유다.

추상(abstract) 메서드는 코드를 컴파일하고 실행하기 전에 구현해야 한다는 점을 기억하기 바란다. 방금 추가한 메서드는 Player, Enemy 클래스의 부모 클래스에 있는 추상 메서드이므로 두 클래스에 모두 구현해야 한다.

Enemy 클래스 구현

이제 코루틴을 배웠고 Character 클래스를 확장했으니 DamageCharacter() 코루틴을 시작으로 추상 메서드를 구현할 차례다.

예제 게임에서 적이 플레이어와 충돌했는데 플레이어가 뒤로 물러서지 않는다고 상상해보자. 예제 게임의 로직상 적과 플레이어가 닿아 있으면 플레이어는 계속 피해를 받는다. 또 플레이어가 녹은 용암에 둘러싸여서 일정한 시간 간격으로 피해를 받는 상황도 있을 수 있다. 그게 과학적이다.

이런 상황을 구현하려면 DamageCharacter()를 코루틴으로 구현해서 일정한 간격으로 피해를 적용할 수 있어야 한다. DamageCharacter()를 구현할 때 yield return new WaitForSeconds()를 사용해서 정해진 시간 동안 실행을 일시 정지하려 한다.

DamageCharacter() 메서드

다음 코드를 Enemy 클래스 위에 추가한다.

```
using System.Collections;
```

코루틴을 사용하려면 System.Collections를 임포트해야 한다. 그리고 Enemy 클래스 안에 다음과 같이 DamageCharacter() 메서드를 구현한다.

```
// 1
public override IEnumerator DamageCharacter(int damage,
```

```
       float interval)
{

// 2
   while (true)
   {
// 3
       hitPoints = hitPoints - damage;

// 4
       if (hitPoints <= float.Epsilon)
       {
// 5
           KillCharacter();
           break;
       }

// 6
       if (interval > float.Epsilon)
       {
           yield return new WaitForSeconds(interval);
       }
       else
       {
// 7
           break;
       }
   }
}
```

// 1

파생 클래스에서 추상 메서드를 구현할 땐 override 키워드를 써서 기본(부모) 클래스의
DamageCharacter() 메서드를 재정의한다고 알려야 한다.

이 메서드는 damage와 interval, 두 개의 매개변수를 받는다. damage는 캐릭터가 받을 피해량이고 interval은 피해 사이의 대기 시간이다. interval에 0을 전달하면 피해를 한 번만 입히고 반환한다.

// 2

이 while( ) 루프는 캐릭터가 죽을 때까지 계속 피해를 준다. interval이 0이면 루프를 빠져나와서 반환한다.

// 3

현재 hitPoints에서 피해량인 damage를 뺀 결과를 hitPoints에 설정한다.

// 4

적의 hitPoints를 변경한 뒤에 hitPoints가 0보다 작은지 확인한다. 하지만 hitPoints의 형식은 float이고, float의 내부 구현 방식 때문에 float 계산은 반올림 오류가 일어나기 쉽다. 이런 이유로 때로는 현재 시스템에서 "0보다 큰 가장 작은 양수 값"으로 정의한 float.Epsilon과 float 값을 비교하는 게 낫다. 적의 생사를 판단하려는 목적상 hitPoints가 float.Epsilon보다 작으면 캐릭터의 체력은 "0"이다.

// 5

---

hitPoints가 사실상 0인 float.Epsilon보다 작으면 적이 패배했다는 뜻이다. Kill Character( )를 호출하고 while( ) 루프를 빠져나간다.

interval이 float.Epsilon보다 크면 실행을 양보(yield)하고 interval 초만큼 대기한 뒤에 while() 루프의 실행을 재개한다. 이 상태에서는 캐릭터가 죽어야만 루프가 끝난다.

interval이 사실상 0인 float.Epsilon보다 크지 않다면 break문으로 가서 while() 루프를 빠져나오고 메서드를 반환한다. 지속적인 피해가 아니라 한 번 맞고 끝나는 상황 등이면 인수인 interval이 0이어야 한다.

Character 클래스에 선언했던 다른 추상 메서드도 Enemy 클래스에 마저 구현해보자.

ResetCharacter()

캐릭터의 변수를 원래 상태로 되돌리는 메서드를 구현해보자. 캐릭터가 죽은 뒤에 캐릭터 오브젝트를 다시 사용하고 싶다면 중요한 기능이다. 이 메서드는 캐릭터를 처음 만들고 변수를 설정할 때도 사용할 수 있다.

```
// 1
public override void ResetCharacter()
{
// 2
    hitPoints = startingHitPoints;
}
```

// 1

Enemy 클래스는 Character 클래스를 상속하므로 부모 클래스의 ResetCharacter() 선언을 재정의한다.

// 2

캐릭터를 재설정할 때 현재 체력을 startingHitPoints로 설정한다. startingHitPoints는 유니티 에디터에서 프리팹에 설정한다.

OnEnable()에서 ResetCharacter() 호출

Enemy 클래스는 MonoBehaviour를 상속한 Character를 상속한다. OnEnable() 메서드는 MonoBehaviour 클래스의 일부다. 클래스에 OnEnable()을 구현해 놓으면 오브젝트를 활성화할 때마다 불린다. OnEnable()을 사용해서 적 오브젝트를 활성화할 때마다 변수를 초기화하려 한다.

```
private void OnEnable()
{

// 1
    ResetCharacter();
}
```

// 1

방금 만든 적을 재설정하는 메서드를 호출한다. 지금은 "재설정"해도 hitPoints를 startingHitPoints로 설정할 뿐이지만 원한다면 다른 기능도 추가할 수 있다.

KillCharacter()

KillCharacter()는 Character 클래스에 가상(virtual) 메서드로 구현했으므로 Character를 상속한 Enemy 클래스에서 따로 구현하지 않아도 상관없다. Character 클래스에 구현한 기능이면 적에게 사용하기 충분하다.

Player 클래스 수정

이제 Player 클래스에 추상 메서드를 구현하려 한다. Player 클래스를 비주얼 스튜디오에서 열고 다음 코드를 사용해서 부모 클래스인 Character의 추상 메서드를 구현한다.

다음 코드를 클래스 위에 추가한다.

```
using System.Collections;
```

그리고 다음 메서드를 Player 클래스에 추가한다.

```
// 1
public override IEnumerator DamageCharacter(int damage,
    float interval)
{
    while (true)
    {
        hitPoints.value = hitPoints.value - damage;

        if (hitPoints.value <= float.Epsilon)
        {
            KillCharacter();
            break;
        }

        if (interval > float.Epsilon)
```

```
        {
            yield return new WaitForSeconds(interval);
        }
        else
        {
            break;
        }
    }
}
```

// 1

Enemy 클래스에서 했듯이 DamageCharacter( ) 메서드를 구현한다.

```
public override void KillCharacter()
{
// 1
    base.KillCharacter();

// 2
    Destroy(healthBar.gameObject);
    Destroy(inventory.gameObject);
}
```

// 1

base 키워드는 현재 클래스가 상속한 부모 또는 "기본" 클래스를 참조할 때 사용한다.
base.KillCharacter( )를 호출하면 부모 클래스의 KillCharacter( ) 메서드가 불린다.
부모 클래스의 KillCharacter( ) 메서드는 플레이어에 해당하는 현재 게임 오브젝트를
제거한다.

플레이어의 체력 바와 인벤토리를 제거한다.

프리팹을 인스턴스화 하는 코드의 리팩토링

6장에서는 Start( ) 메서드 안에서 체력 바와 인벤토리 프리팹의 인스턴스를 초기화했다. 그땐 ResetCharacter( ) 메서드가 없었다. 이제 Start( ) 메서드의 내용을 Reset Character( )로 옮기려 한다. 먼저 Start( ) 메서드 안의 코드를 모두 삭제한다.

그리고 다음과 같이 부모 클래스인 Character의 추상 메서드를 재정의한 Reset Character( ) 메서드를 만든다.

```
public override void ResetCharacter( )
{

// 1
    inventory = Instantiate(inventoryPrefab);
    healthBar = Instantiate(healthBarPrefab);
    healthBar.character = this;

// 2
    hitPoints.value = startingHitPoints;
}
```

// 1

체력 바와 인벤토리를 초기화하고 설정한다.

// 2

플레이어의 체력을 시작 값으로 설정한다. startingHitPoints는 public이라 유니티 에디터에서 설정할 수 있다는 점을 기억한다.

마지막으로 플레이어 오브젝트를 활성화할 때 값을 초기화할 수 있게 OnEnable( ) 메서드를 추가한다.

```
private void OnEnable()
{
    ResetCharacter();
}
```

재확인

지금까지의 작업을 확인해보자.

- Character 클래스는 플레이어와 적 등 게임 안의 모든 캐릭터가 사용할 기본 기능을 제공한다.
- Character 클래스의 기능은 다음과 같다.
  - 캐릭터를 죽이는 기본적인 기능
  - 캐릭터를 재설정하는 추상 메서드 정의
  - 캐릭터에게 피해를 주는 추상 메서드 정의

작성한 코드 사용

꽤 중요한 기능을 만들었지만, 아직 실제로 사용하진 않고 있다. 적이 플레이어에게 피해를 줄 수 있는 메서드가 있지만, 지금은 이 메서드를 호출하는 곳이 없다. DamageCharacter( )와 KillCharacter( ) 메서드가 제 몫을 할 수 있게 Enemy 클래스에 적과 플레이어가 부딪혔을 때 DamageCharacter( )를 호출하는 기능을 추가하려 한다.

Enemy 클래스 안에 다음과 같이 변수 두 개를 추가한다.

```
// 1
public int damageStrength;

// 2
Coroutine damageCoroutine;
```

```
// 1
```

유니티 에디터에서 설정할 이 변수는 플레이어와 충돌했을 때 적이 입힐 피해량을 결정한다.

```
// 2
```

실행 중인 코루틴을 가리키는 참조는 변수에 저장할 수 있고 나중에 코루틴을 중지할 때도 사용할 수 있다. DamageCharacter( ) 코루틴의 참조를 damageCoroutine에 저장해놓고 나중에 코루틴을 중지할 때 사용하려 한다.

OnCollisionEnter2D

OnCollisionEnter2D( )는 MonoBehaviours에 들어있는 메서드로 현재 오브젝트의 콜라이더 2D가 다른 오브젝트의 콜라이더 2D와 닿을 때마다 유니티 엔진이 호출하는 메서드다.

```
// 1
void OnCollisionEnter2D(Collision2D collision)
{
```

```
// 2
    if(collision.gameObject.CompareTag("Player"))
    {
// 3
        Player player =
            collision.gameObject.GetComponent<Player>();

// 4
        if (damageCoroutine == null)
        {
            damageCoroutine =
                StartCoroutine(player.DamageCharacter(damageStrength, 1.0f));
        }
    }
}
```

// 1

충돌의 세부 정보는 매개 변수인 collision을 통해 OnCollisionEnter2D( )로 전해진다.

// 2

적이 플레이어에게만 피해를 줄 수 있게 게임 로직을 작성하려 한다. 충돌한 오브젝트의 태그를 비교해서 적이 플레이어 오브젝트와 충돌했는지 확인한다.

// 3

이제 충돌한 오브젝트가 플레이어임을 알았으므로, Player 컴포넌트의 참조를 얻는다.

// 4

이 적이 이미 DamageCharacter( ) 코루틴을 실행 중인지 확인한다. 실행 중이 아니면 플레이어 오브젝트의 코루틴을 시작한다. 적과 플레이어가 닿아 있는 동안 계속 피해를 줘야 하므로 DamageCharacter( )로 damageStrength와 interval을 전달한다.

이런 식의 코드는 본 적이 없겠지만, 실행 중인 코루틴의 참조를 damageCoroutine 변수에 저장하고 있다. 이제 언제든 코루틴을 중지하고 싶으면 damageCoroutine을 인수로 StopCoroutine( )을 호출할 수 있다.

OnCollisionExit2D

OnCollisionExit2D( )는 현재 MonoBehaviour 오브젝트의 콜라이더 2D와 다른 오브젝트의 콜라이더 2D가 접촉을 끝낼 때 불린다.

```
// 1
void OnCollisionExit2D(Collision2D collision)
{

// 2
    if (collision.gameObject.CompareTag("Player"))
    {

// 3
        if (damageCoroutine != null)
        {
// 4
            StopCoroutine(damageCoroutine);
            damageCoroutine = null;
        }
    }
}
```

// 1

충돌의 세부 정보는 매개 변수인 collision을 통해 OnCollisionExit2D( )로 전해진다.

// 2

적과 충돌한 오브젝트가 플레이어 오브젝트인지 태그를 통해 확인한다.

// 3

damageCoroutine이 null이 아니면 코루틴이 실행 중이라는 뜻이므로 코루틴을 중지하고 null을 설정해야 한다.

// 4

실제로 DamageCharacter( )를 가리키는 damageCoroutine을 중지하고 null을 설정한다. 이렇게 하면 코루틴이 즉시 멈춘다.

Enemy 스크립트 설정

유니티 에디터로 돌아와서 Enemy 스크립트를 그림 7-12처럼 설정한다. Damage Strength는 적이 플레이어와 충돌할 때 플레이어에게 입힐 피해량이라는 점을 기억한다.

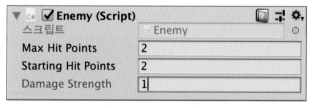

▲ 그림 7-12 Enemy 스크립트 설정

플레이어 오브젝트가 다른 오브젝트와 충돌할 때 회전하지 않게 설정했듯이 적 오브젝트도 회전하지 않게 설정해야 한다. EnemyObject 프리팹을 선택하고 리지드바디 2D 컴포넌트의 회전 고정 Z 속성을 선택한다.

재생 버튼을 누르고 플레이어를 적의 스폰 위치로 옮겨본다. 플레이어가 적과 충돌하면 플레이어가 피해를 볼 뿐만 아니라 적이 밀려나는 걸 볼 수 있다. 플레이어와 적 모두 리지드바디 2D 컴포넌트가 있어서 유니티 물리 엔진의 통제를 받기 때문이다.

최종적으로는 적이 플레이어를 뒤쫓게 하려 하지만 지금은 적을 맵의 가장자리까지 밀려난 상태로 둔다. 체력 바의 체력이 0으로 떨어지면 인벤토리, 체력 바, 플레이어가 화면에서 사라지는지 확인한다.

요약

예제 게임의 진정한 통합을 이제 시작했다. 게임 안의 다양한 캐릭터가 사용할 구조를 만들었고 C#을 사용하는 과정에서 몇 가지 기법을 배웠다. 이제 예제 게임에는 씬의 설정, 플레이어의 스폰, 카메라의 적절한 설정을 책임지는 게임 매니저가 있다. 유니티 에디터가 아닌, 코드를 사용한 카메라의 제어 방법을 배웠다. 다양한 캐릭터를 스폰할 수 있는 스폰 위치를 만들었고 유니티 개발자에게 중요한 도구인 코루틴을 배웠다.

인공지능과 무기

8장에서는 많은 내용을 다루고 있지만, 이 장을 마치면 잘 동작하는 게임 프로토타입을 완성할 수 있다. 먼저 침입자를 추적하는 인공지능을 재사용 가능한 컴포넌트로 만들어본다. 또 우리의 용기 있는 플레이어는 자신을 방어하는 데 필요한 새총을 받게 될 것이다. 전혀 필요 없을 것으로 생각했던 약간의 고교 수학과 함께 오브젝트 풀링^{Object Pooling}이라는 게임 프로그래밍에 폭넓게 쓰이는 최적화 기법을 배운다. 또한, 블렌드 트리^{Blend Trees}의 사용법도 배울 예정인데, 이는 애니메이션을 좀 더 효율적으로 수행하므로 장기적으로 좋은 게임 아키텍처를 구성하는 데 도움이 된다. 마지막으로 유니티 밖에서도 게임을 실행할 수 있게 컴파일하는 방법과 게임 프로그래밍의 다음 단계에 관한 짧은 이야기로 마무리한다.

배회 알고리즘

7장에서 배운 코루틴을 사용해서 적을 무작위로 배회하게 하는 스크립트를 만들어본다. 적은 가까이 있는 플레이어를 발견하면 플레이어가 도망가거나, 자신이 플레이어의 손에 죽거나, 아니면 플레이어가 죽을 때까지 플레이어를 뒤쫓는다.

배회 알고리즘은 복잡해 보일 수 있지만 하나하나 뜯어보면 충분히 이해할 수 있다.

그림 8-1은 배회 알고리즘의 흐름도다. 단계적으로 각 부분을 구현하면서 설명해 나갈 예정이니 주눅들 필요 없다.

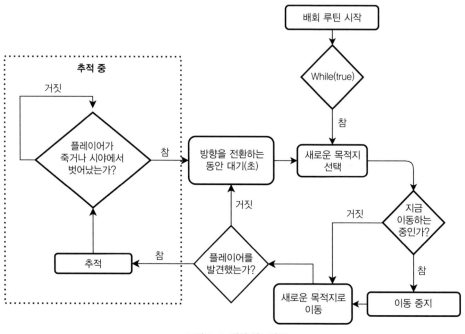

▲ 그림 8-1 배회 알고리즘

시작

EnemyObject 프리팹을 선택하고 씬으로 끌어다 놓는다. EnemyObject를 선택하고 써클 콜라이더 2D 컴포넌트를 추가한다. 그림 8-2처럼 써클 콜라이더 2D의 트리거 속성을 선택하고 반지름 속성에 1을 입력한다.

▲ 그림 8-2 트리거와 반지름 설정

이 써클 콜라이더는 적이 "볼" 수 있는 범위를 나타낸다. 다시 말해 플레이어의 콜라이더와 이 써클 콜라이더가 겹치면 적이 플레이어를 볼 수 있다. 써클 콜라이더의 트리거 속성을 선택해서 트리거 콜라이더로 만들었으므로 다른 오브젝트를 통과할 수 있다는 점을 떠올리기 바란다. 콜라이더가 겹쳐서 플레이어를 "발견"한 적은 경로를 바꿔서 플레이어를 추적해야 한다.

계층 구조 창의 EnemyObject를 선택하고 인스펙터에서 **오버라이드 > 모두 적용**을 눌러서 방금 추가한 써클 콜라이더를 프리팹에 적용한다. 남은 작업은 프리팹에 직접 하려 하므로 계층 구조 창에서 EnemyObject를 삭제한다.

배회 스크립트 작성

배회 스크립트를 MonoBehaviour로 만들면 나중에 적이 아닌 다른 게임 오브젝트에 추가해서 다시 사용할 수 있다. Scripts/MonoBehaviour 폴더에 "Wander"라는 스크립트를 새로 만든 뒤에 비주얼 스튜디오에서 열고 다음 코드를 추가한다.

```
// 1
using System.Collections;
using UnityEngine;

// 2
[RequireComponent(typeof(Rigidbody2D))]
[RequireComponent(typeof(CircleCollider2D))]
[RequireComponent(typeof(Animator))]
public class Wander : MonoBehaviour
{
}
```

// 1

배회 알고리즘에 코루틴과 IEnumerator를 사용하려 한다. 7장에서 이야기했듯이 IEnumerator는 System.Collections의 일부라 여기서 임포트한다.

// 2

나중에 Wander 스크립트를 추가할 게임 오브젝트에는 리지드바디 2D, 써클 콜라이더 2D, 애니메이터가 있어야 한다. 세 컴포넌트 모두 Wander 스크립트에 꼭 필요하다. RequireComponent를 사용해서 이 스크립트를 추가한 게임 오브젝트에 필요한 컴포넌트가 없으면 자동으로 추가하게 했다.

변수 추가

배회 알고리즘에 필요한 변수를 생각해보자. 다음 변수를 Wander 클래스에 추가한다.

```
// 1
    public float pursuitSpeed;
    public float wanderSpeed;
    float currentSpeed;

// 2
    public float directionChangeInterval;

// 3
    public bool followPlayer;

// 4
    Coroutine moveCoroutine;

// 5
    Rigidbody2D rb2d;
    Animator animator;

// 6
    Transform targetTransform = null;

// 7
    Vector3 endPosition;

// 8
    float currentAngle = 0;
```

// 1

여기 세 변수를 사용해서 적이 플레이어를 추적하는 속력, 추적할 때가 아닌 평상시 배회 속력, 앞의 둘 중에서 선택할 현재 속력을 설정한다.

// 2

유니티 에디터를 통해 설정할 `directionChangeInterval`은 배회할 방향의 전환 빈도를 결정할 때 사용한다.

// 3

이 스크립트를 추가하면 게임의 모든 캐릭터에 배회 동작을 추가할 수 있다. 다른 캐릭터를 추적하지 않고 배회만 하는 캐릭터를 만들고 싶을 수도 있다. `followPlayer`는 플레이어를 추적하는 기능을 켜거나 끌 수 있는 플래그다.

// 4

`moveCoroutine` 변수에 현재 실행 중인 이동 코루틴의 참조를 저장한다. 이 코루틴은 프레임마다 적을 조금씩 목적지로 옮기는 역할을 한다. 원하는 시점에 코루틴을 중지하려면 코루틴의 참조가 필요하므로 여기서 코루틴의 참조를 저장해 놓는다.

// 5

게임 오브젝트에 추가한 리지드바디 2D와 애니메이터다.

// 6

`targetTransform`은 적이 플레이어를 추적할 때 사용한다. PlayerObject의 트랜스폼을 얻어서 `targetTransform`에 대입하려 한다.

// 7

배회하고 있는 적의 목적지다.

// 8

배회할 방향을 바꿀 땐 기존 각도에 새로운 각도를 더한다. 이 각도를 사용해서 목적지
를 나타내는 벡터를 만든다.

Start() 메서드

일단 필요한 변수를 모두 만들었으니 Start() 메서드를 만들어보자.

```
void Start()
{
// 1
    animator = GetComponent<Animator>();
// 2
    currentSpeed = wanderSpeed;
// 3
    rb2d = GetComponent<Rigidbody2D>();
// 4
    StartCoroutine(WanderRoutine());
}
```

// 1

현재 게임 오브젝트의 애니메이터 컴포넌트를 얻어서 저장한다.

// 2

wanderSpeed를 현재 속력으로 설정한다. 처음에는 적이 느긋하게 움직인다.

```
// 3
```

실제로 적을 움직이려면 리지드바디 2D의 참조가 필요하다. 매번 얻지 않도록 참조를 저장해둔다.

```
// 4
```

배회 알고리즘의 시작점인 WanderRoutine() 코루틴을 시작한다.

배회 코루틴

WanderRoutine() 코루틴은 앞서 그림 8-1에서 설명한 배회 알고리즘에서 추적을 제외한 모든 로직을 포함한다. WanderRoutine()이 호출할 메서드를 몇 개 더 만들어야 하지만 아무튼 이 코루틴이 배회 알고리즘의 핵심이다.

```
// 1
public IEnumerator WanderRoutine()
{

// 2
    while (true)
    {
// 3
        ChooseNewEndpoint();

//4
        if (moveCoroutine != null)
        {
// 5
            StopCoroutine(moveCoroutine);
        }
// 6
        moveCoroutine = StartCoroutine(Move(rb2d, currentSpeed));
```

```
// 7
    yield return new WaitForSeconds(directionChangeInterval);
  }
}
```

// 1

이 메서드는 확실히 여러 프레임에 걸쳐 실행해야 할 코루틴이다.

// 2

적을 계속 배회하게 하고 싶으므로 while(true)을 사용해서 루프 안의 과정을 끝없이 반복한다.

// 3

나중에 작성할 ChooseNewEndpoint( ) 메서드는 이름 그대로 새로운 목적지를 선택하는 역할을 한다. 하지만 새로운 목적지를 향해 실제로 적을 움직이게 시작하진 않는다.

// 4

moveCoroutine이 null인지 아닌지 확인해서 적이 이미 이동 중인지 확인한다. null이 아니면 적이 이동 중이란 뜻이므로 새로운 방향으로 이동하기 전에 현재 이동을 중지해야 한다.

// 5

현재 실행 중인 이동 코루틴을 중지한다.

Move( ) 코루틴을 시작하고 시작한 코루틴의 참조를 moveCoroutine에 저장한다. 곧 작성할 Move( ) 코루틴은 실제로 적을 움직이는 역할을 한다.

// 7

directionChangeInterval에 설정한 값(초)만큼 코루틴의 실행을 양보한 뒤에 다시 루프를 시작해서 새로운 목적지를 선택한다.

새로운 목적지 선택

배회 코루틴을 만들고 시작하는 코드를 작성했으므로 이제 WanderCoroutine( )이 호출할 메서드를 만들 차례다. ChooseNewEndpoint( ) 메서드는 적이 이동할 새로운 목적지를 무작위로 선택하는 역할을 한다.

```
// 1
void ChooseNewEndpoint()
{
// 2
    currentAngle += Random.Range(0, 360);

// 3
    currentAngle = Mathf.Repeat(currentAngle, 360);

// 4
    endPosition += Vector3FromAngle(currentAngle);
}
```

// 1

Wander 클래스에서만 사용할 메서드라 접근 제한자를 생략했다.

// 2

0에서 360 사이의 값을 무작위로 선택한다. 이 값은 적이 움직일 새로운 방향을 나타내는 "도" 단위의 각도 값이다. 새 각도를 현재 각도에 더한다.

// 3

Mathf.Repeat(currentAngle, 360) 메서드는 % 연산자와 마찬가지로 주어진 값이 지정한 값의 범위 안에 들 때까지 반복하므로 반환 값이 절대 0보다 작거나 360보다 클 수 없다. 즉 0에서 360 사이의 새로운 각도를 currentAngle에 대입한다.

// 4

각도를 Vector3로 변환하는 메서드를 호출한 결과를 endPosition에 더한다. endPosition은 곧 Move() 코루틴에서 사용할 변수다.

각도, 호도, 벡터

Vector3FromAngle() 메서드는 인수로 전달한 각도를 호도^{radian}로 변환하고 ChooseNewEndpoint()가 사용할 방향 벡터 Vector3를 반환한다.

```
Vector3 Vector3FromAngle(float inputAngleDegrees)
{
```

```
// 1
    float inputAngleRadians = inputAngleDegrees * Mathf.Deg2Rad;

// 2
    return new Vector3(Mathf.Cos(inputAngleRadians),
    Mathf.Sin(inputAngleRadians), 0);
}
```

// 1

입력으로 받은 각도에 유니티가 제공하는 변환 상수 Mathf.Deg2Rad를 곱해서 호도로
변환한다.

// 2

변환한 호도를 사용해서 적의 방향으로 사용할 방향 벡터를 만든다.

적 애니메이션

지금까지 적의 애니메이션은 대기 동작밖에 없었다. 이제 3장에서 만들었던 적이 걷는
애니메이션 클립을 사용할 시간이다.

그림 8-3처럼 EnemyObject 프리팹을 선택하고 애니메이터 창을 연다.

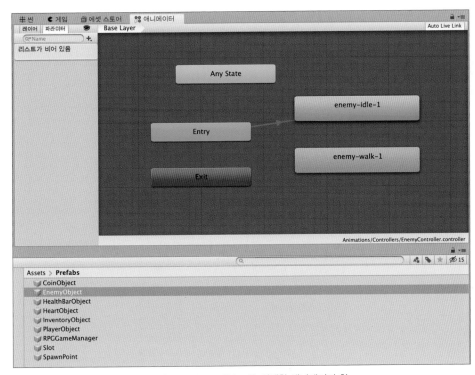

▲ 그림 8-3 EnemyObject를 선택한 애니메이터 창

"enemy-idle-1" 상태가 주황색, 즉 기본 상태여야 한다. 그렇지 않다면 "enemy-idle-1" 상태를 오른쪽 클릭하고 "레이어 기본 상태로 설정"을 선택한다.

보다시피 enemy-walk-1 상태가 있긴 하지만 사용하지 않고 있다. 이제 애니메이션 파라미터를 만들고 이 애니메이션 파라미터를 사용해서 대기 상태와 걷는 상태를 전환하려 한다.

그림 8-4처럼 애니메이터 창의 파라미터 탭에 있는 **덧셈 기호**를 클릭하고 Bool을 선택한다.

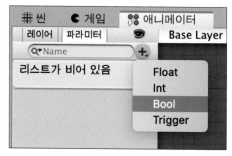

▲ 그림 8-4 Bool을 선택해서 불리언 형식의 애니메이션 파라미터 생성

그림 8-5처럼 파라미터의 이름을 "isWalking"으로 바꾼다.

▲ 그림 8-5 Bool 형식의 isWalking 파라미터 생성

Wander 스크립트는 이 파라미터를 사용해서 적의 애니메이션 상태를 전환한다. 간단하게 처리하고자 플레이어를 쫓으려고 달리는 동작과 느긋하게 걷는 동작을 모두 걷는 애니메이션 하나로 대신하려 한다.

enemy-idle-1 상태를 오른쪽 클릭하고 전환 만들기를 선택한 뒤에 enemy-idle-1 상태와 enemy-walk-1 상태 사이에 전환을 만든다. 그리고 반대로 enemy-walk-1 상태와 enemy-idle-1 상태 사이에 전환을 만든다. 그림 8-6은 이렇게 전환을 만들고 난 후 애니메이터 창의 모습이다.

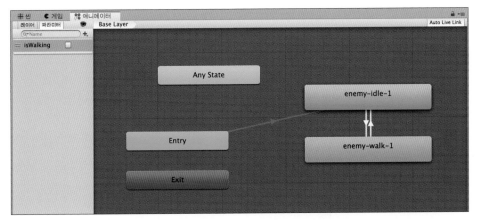

▲ 그림 8-6 대기 상태와 걷는 상태 사이에 전환을 만든다.

enemy-idle-1에서 enemy-walk-1으로 향하는 전환을 클릭하고 그림 8-7처럼 설정한다.

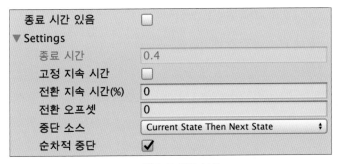

▲ 그림 8-7 전환 설정

enemy-walk-1에서 enemy-idle-1으로 향하는 전환을 클릭하고 그림 8-7과 똑같이 설정한다.

이제 두 전환이 조금 전에 만든 애니메이션 파라미터 isWalking을 사용하게 설정하려 한다. enemy-idle-1에서 enemy-walk-1으로 향하는 전환을 클릭하고 아래쪽에 있는 Conditions에서 **덧셈 기호**를 누른 뒤에 그림 8-8처럼 isWalking을 true로 설정한다.

▲그림 8-8 isWalking == true면 이 조건을 만족한다.

enemy-walk-1에서 enemy-idle-1으로 향하는 전환을 클릭하고 이번에는 Conditions의 isWalking을 false로 설정한다. 적이 걷는 애니메이션의 설정은 끝났다. 잠시 뒤에 만들 Move( ) 코루틴에서 보겠지만, 이제 isWalking을 true로 바꿔주면 적이 걷는 애니메이션 상태를 사용할 수 있다.

Move( ) 코루틴

Move( ) 코루틴은 정해진 속력으로 리지드바디 2D를 현재 위치에서 endPosition 변수의 위치로 옮기는 역할을 한다.

Wander 스크립트에 다음 코드를 추가한다.

```
public IEnumerator Move(Rigidbody2D rigidBodyToMove,
    float speed)
{

// 1
    float remainingDistance =
        (transform.position - endPosition).sqrMagnitude;

// 2
    while (remainingDistance > float.Epsilon)
    {

// 3
        if (targetTransform != null)
        {
```

```
            endPosition = targetTransform.position;
        }

// 4
        if (rigidBodyToMove != null)
        {

// 5
            animator.SetBool("isWalking", true);
// 6
            Vector3 newPosition =
                Vector3.MoveTowards(rigidBodyToMove.position, endPosition,
                    speed * Time.deltaTime);

// 7
            rb2d.MovePosition(newPosition);
// 8
            remainingDistance =
                (transform.position - endPosition).sqrMagnitude;
        }

// 9
        yield return new WaitForFixedUpdate();
    }

// 10
    animator.SetBool("isWalking", false);
}
```

// 1

(transform.position - endPosition)의 결과는 Vector3다. 여기서는 Vector3의 sqrMagnitude라는 속성을 사용해서 적의 현재 위치와 목적지 사이의 대략적인 거리를 구한다. 유니티가 제공하는 sqrMagnitude 속성을 사용하면 벡터의 크기를 빠르게 계산할 수 있다.

// 2

현재 위치와 endPosition 사이에 남은 거리가 사실상 0인 float.Epsilon보다 큰지 확인한다.

// 3

적이 플레이어를 추적 중이면 targetTransform의 값은 null이 아닌 플레이어의 트랜스폼이다. 그럴 땐 endPosition의 원래 값을 targetTransform으로 덮어쓴다. 이제 적은 원래 endPosition이 아닌 플레이어를 향해 움직인다. targetTransform은 사실 플레이어의 트랜스폼이므로 끊임없이 플레이어의 새로운 위치로 바뀐다. 이렇게 하면 적이 실시간으로 플레이어를 쫓을 수 있다.

// 4

Move( ) 메서드는 리지드바디 2D를 사용해서 적을 움직이므로 리지드바디 2D가 꼭 필요하다. 따라서 다음 단계로 넘어가기 전에 실제로 리지드바디 2D가 있는지 확인해야 한다.

// 5

Bool 형식인 애니메이션 파라미터 isWalking을 true로 설정한다. 이렇게 해서 상태 전환을 걷는 상태로 초기화하고 적이 걷는 애니메이션을 재생한다.

// 6

Vector3.MoveTowards 메서드는 리지드바디 2D의 움직임을 계산할 때 사용한다. 실제로 리지드바디 2D를 움직이진 않는다. 이 메서드는 현재 위치, 최종 위치, 프레임 안에 이동할 거리, 세 개의 매개변수를 받는다. 적이 추적 중인지 씬을 느긋하게 배회 중인지에 따라 speed 변수가 바뀔 수 있다는 점을 기억하기 바란다. 아직 작성하지 않은 추적 코드에서 이 값을 변경할 예정이다.

// 7

MovePosition( )을 사용해서 리지드바디 2D를 앞서 계산한 newPosition으로 옮긴다.

// 8

---

sqrMagnitude 속성을 사용해서 남은 거리를 수정한다.

// 9

다음 고정 프레임 업데이트^{FixedUpdate}까지 실행을 양보한다.

다음 고정 프레임 업데이트^{FixedUpdate}까지 실행을 양보한다.

// 10

적이 endPosition에 도착해서 새로운 방향의 선택을 기다린다. 따라서 애니메이션 상태를 대기 상태로 변경한다.

스크립트를 저장하고 유니티 에디터로 돌아온다.

Wander 스크립트 설정

EnemyObject 프리팹을 선택하고 Wander 스크립트를 끌어다 놓아 추가한 뒤에 그림 8-9처럼 설정한다. 추적 속력인 Pursuit Speed를 배회 속력인 Wander Speed보다 조금 빠르게 설정한다. Direction Change Interval은 배회 알고리즘이 얼마나 자주 ChooseNewEndpoint( )를 호출해서 새로운 방향을 선택할지를 나타낸다.

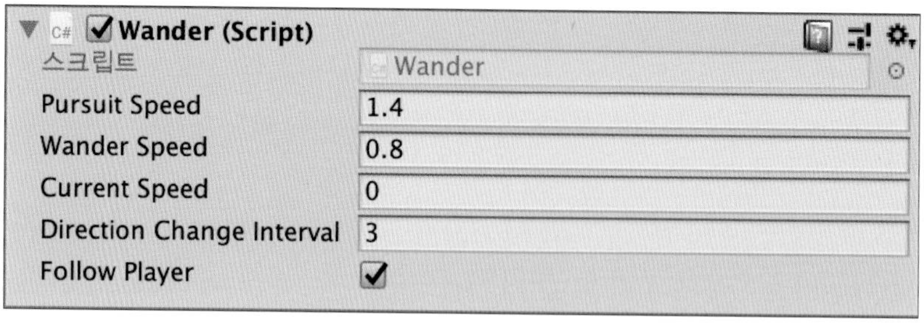

▲그림 8-9 Wander 스크립트 설정

재생 버튼을 누르고 적이 이리저리 돌아다니는지 확인한다. 플레이어가 적에게 가까이 다가가도 적은 아직 플레이어를 추적하지 않는다. 이제 추적 로직을 추가해보자.

지금까지 추적 로직을 제외한 모든 배회 알고리즘을 구현했다. 적이 플레이어를 추적하는 간단한 로직을 만들어 배회 알고리즘에 추가해보자.

추적 로직은 전적으로 MonoBehaviour가 제공하는 OnTriggerEnter2D( ) 메서드에 달려있다. 5장에서 배웠듯이 트리거 콜라이더, 즉 트리거 속성을 설정한 콜라이더를 사용하면 다른 게임 오브젝트가 콜라이더의 범위 안에 들어왔는지 감지할 수 있다. 충돌을 감지하면 충돌과 관련이 있는 MonoBehaviours 오브젝트의 OnTriggerEnter2D( ) 메서드가 불린다.

적에 추가한 써클 콜라이더 2D와 플레이어가 충돌하면 적은 플레이어를 "발견"하고 추적을 시작해야 한다.

이런 로직을 만들어보자. 다음 코드를 Wander 스크립트에 추가한다.

```
void OnTriggerEnter2D(Collider2D collision)
{
```

```
// 1
    if (collision.gameObject.CompareTag("Player") &&
        followPlayer)
    {

// 2

        currentSpeed = pursuitSpeed;

// 3

        targetTransform = collision.gameObject.transform;

// 4

        if (moveCoroutine != null)
        {
            StopCoroutine(moveCoroutine);
        }

// 5

        moveCoroutine = StartCoroutine(Move(rb2d,
            currentSpeed));
    }
}
```

// 1

충돌한 오브젝트가 플레이어 오브젝트인지 태그를 통해 확인한다. 또 followPlayer가 true인지 확인한다. 유니티 에디터를 통해 설정하는 followPlayer 변수는 추적 동작을 켜고 끄는 역할을 한다.

// 2

이제 충돌한 오브젝트가 플레이어로 밝혀졌으므로 현재 속력인 currentSpeed를 추적 속력인 pursuitSpeed로 변경한다.

// 3

targetTransform에 플레이어의 트랜스폼을 설정한다. 나중에 Move( ) 코루틴에서 targetTransform이 null이 아닌지 확인하고 null이 아니면 새로운 endPosition으로 사용한다. 이렇게 하면 적이 무작정 돌아다니지 않고 계속해서 플레이어를 추적한다.

// 4

moveCoroutine이 null이 아니면 적이 움직이는 중이라는 뜻이다. 다시 움직이기 시작하기 전에 멈춰야 한다.

// 5

이제 PlayerObject의 트랜스폼을 endPosition에 설정했으므로 Move( )를 호출해서 적을 플레이어 쪽으로 움직인다.

OnTriggerExit2D( )

적의 추적 속력인 pursuitSpeed가 플레이어의 movementSpeed보다 느리면 플레이어는 적에게서 달아날 수 있다. 플레이어가 적으로부터 멀어져 적의 트리거 콜라이더를 벗어나면 OnTriggerExit2D( )가 불린다. 그러면 이제 적은 플레이어를 보지 못하고 다시 배회하기 시작한다.

이 메서드는 약간의 차이가 있을 뿐 OnTriggerEnter2D( )와 거의 똑같다.

```
void OnTriggerExit2D(Collider2D collision)
{

// 1
```

```
    if (collision.gameObject.CompareTag("Player"))
    {
// 2
        animator.SetBool("isWalking", false);
// 3
        currentSpeed = wanderSpeed;

// 4
        if (moveCoroutine != null)
        {
            StopCoroutine(moveCoroutine);
        }

// 5
        targetTransform = null;
    }
}
```

// 1

콜라이더를 벗어난 오브젝트가 플레이어인지 확인한다.

// 2

적이 플레이어를 시야에서 놓치고 당황해서 잠시 멈춘다. isWalking을 false로 설정해서 대기 애니메이션으로 바꾼다.

// 3

적이 다시 움직이기 시작할 때 사용할 속력인 currentSpeed를 wanderSpeed로 바꾼다.

```
// 4
```

적의 추적을 멈추게 하고 싶으므로 moveCoroutine을 중지해야 한다.

```
// 5
```

이제 적이 플레이어를 추적하지 않으므로 targetTransform에 null을 설정한다.

스크립트를 저장하고 유니티 에디터로 돌아와서 **재생** 버튼을 누른다.

플레이어를 움직여서 적의 시야에 들어갔을 때 적이 플레이어를 쫓아 오는지 확인한다.

기즈모

유니티는 기즈모^{Gizmos}라는 시각적 디버깅, 설정 도구를 만들 수 있는 기능을 지원한다. 기즈모는 일련의 메서드를 통해 만들 수 있는 도구로 유니티 에디터에만 나타난다. 개발자가 따로 하드웨어를 선택해서 컴파일하고 실행하면 나타나지 않는다.

배회 알고리즘의 디버깅을 시각적으로 도와줄 기즈모 두 개를 만들려 한다. 첫 번째 기즈모는 플레이어가 적의 시야에 들어왔는지 감지하는 써클 콜라이더 2D의 외곽선을 보여준다. 이 기즈모를 통해 추적을 시작하는 시점을 쉽게 알 수 있다.

다음 변수를 Wander 클래스의 다른 변수 위에 추가한다.

```
CircleCollider2D circleCollider;
```

다음 코드를 Start()에 추가한다. 메서드 안 어디에 추가하든 상관없다.

```
circleCollider = GetComponent<CircleCollider2D>();
```

현재 적 오브젝트의 써클 콜라이더 2D 컴포넌트를 얻는 코드다. 화면에 써클 콜라이더를 시각적으로 표시할 원을 그릴 때 사용하려 한다.

기즈모를 구현하려면 MonoBehaviour가 제공하는 `OnDrawGizmos()`라는 메서드를 구현해야 한다.

```
void OnDrawGizmos()
{

// 1
    if (circleCollider != null)
    {

// 2
        Gizmos.DrawWireSphere(transform.position,
            circleCollider.radius);
    }
}
```

// 1

실제로 사용하기 전에 써클 콜라이더의 참조가 null이 아닌지 확인한다.

// 2

`Gizmos.DrawWireSphere()`를 호출하고 구sphere를 그릴 때 필요한 위치와 반지름을 전달한다.

스크립트를 저장하고 유니티 에디터로 돌아온다. 오른쪽 위의 **기즈모** 버튼이 눌려있는지 확인한 뒤에 **재생** 버튼을 누른다. 그림 8-10처럼 적을 둘러싼 기즈모가 보이는지 확인한다. 기즈모의 둘레와 위치는 써클 콜라이더 2D와 일치한다.

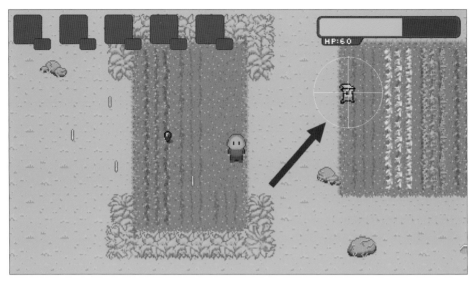

▲ 그림 8-10 적 주위의 써클 콜라이더 2D를 나타내는 기즈모

기즈모가 안 보이면 그림 8-11처럼 게임 창의 오른쪽 위에 있는 기즈모를 활성화했는
지 확인한다.

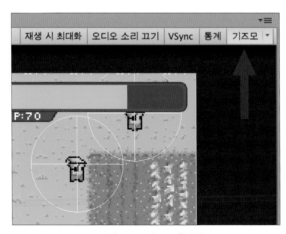

▲ 그림 8-11 기즈모 활성화

적의 목적지를 보여주는 선이 있다면 배회 알고리즘이 적을 어디로 움직일지 쉽게 알수 있을 것이다. 화면에 현재 적의 위치와 적의 목적지를 잇는 선을 그려보자.

Update( ) 메서드를 사용해서 프레임마다 선을 그리려 한다.

```
void Update()
{
// 1
    Debug.DrawLine(rb2d.position, endPosition, Color.red);
}
```

// 1

Debug.DrawLine( ) 메서드의 결과는 기즈모를 활성화해야 보인다. 이 메서드의 매개변수는 현재 위치와 목적지, 선의 색상이다.

그림 8-12를 보면 적의 중앙에서 목적지인 endPosition으로 이어지는 빨간 선을 볼 수있다.

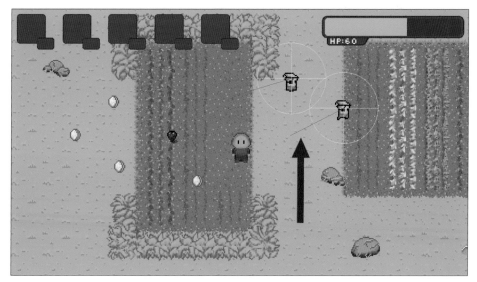

▲ 그림 8-12 적의 위치에서 목적지로 이어지는 빨간 선이 그려진다.

정당방위

이제 플레이어가 모험 중에 자신을 지킬 수 있게 새총으로 무장해주려 한다. 마우스 버튼을 누를 때마다 마우스를 클릭한 위치로 플레이어가 새총을 한 발씩 발사한다. 총알이 공기 중으로 날아가는 동작은 스크립트로 만들 예정이다. 총알은 목표를 향해 직선이 아닌 포물선을 그리며 날아가게 하려 한다.

필요한 클래스

플레이어에게 자신을 방어할 능력을 주려면 세 개의 클래스를 조합해야 한다.

Weapon 클래스는 새총의 기능을 캡슐화한다. 이 클래스는 플레이어 프리팹에 추가해야 하며 다음과 같은 일을 담당한다.

- 마우스의 버튼이 눌렸는지 확인하고 버튼을 누른 위치를 목표 지점으로 사용한다.
- 현재 애니메이션을 새총 발사 애니메이션으로 전환한다.
- 총알을 생성해서 목표 지점으로 움직인다.

새총을 떠난 총알을 표현할 Ammo라는 클래스가 필요하다. Ammo 클래스는 다음과 같은 일을 담당한다.

- Ammo 클래스를 추가한 총알 게임 오브젝트가 적과 충돌했는지 확인한다.
- 총알이 적과 충돌할 때 적에게 줄 피해량을 저장하고 있어야 한다.

또 총알 게임 오브젝트를 시작 위치에서 목표 위치까지 조금 과장한 포물선을 그리며 움직일 Arc 클래스를 만들어야 한다. 그렇지 않으면 총알이 직선으로 날아간다.

Ammo 클래스

당장 원하는 동작은 총알이 적에게만 피해를 주는 것이지만, 추후 다른 오브젝트에도 피해를 주도록 기능을 확장하는 일은 어렵지 않다. 총알 오브젝트는 피해량을 나타내는 속성을 유니티 에디터에 노출한다. 총알 오브젝트도 프리팹으로 만들 예정이다. 플레이어에게 두 종류의 총알을 만들어 주고 싶으면 총알 프리팹을 하나 더 만들고 스프라이트와 피해량을 수정해서 간단하게 처리할 수 있다.

계층 구조 창에 "AmmoObject"라는 빈 게임 오브젝트를 새로 만든다. AmmoObject를 만들고, 설정하고, 스크립트를 작성한 뒤에 프리팹으로 만들려 한다.

에셋 임포트

다운로드한 책의 예제 코드의 Chapter 8/Spritesheets 폴더에 있는 Ammo.png 파일을 Assets > Sprites > Objects 폴더로 끌어다 놓는다. Ammo 스프라이트 시트를 선택하고 인스펙터 창에서 임포트 설정을 다음과 같이 수정한다.

> 텍스처 타입: 스프라이트(2D 및 UI)
> 스프라이트 모드: 단일
> 단위당 픽셀: 32
> 필터 모드: 점(필터 없음)
> 기본 버튼을 누르고 압축 속성을 없음으로 변경.

적용 버튼을 누른다.

유니티 에디터가 자동으로 스프라이트의 테두리를 알아내므로 따로 스프라이트 에디터를 열거나 스프라이트를 자를 필요는 없다.

컴포넌트 추가, 레이어 설정

AmmoObject에 스프라이트 렌더러 컴포넌트를 추가한다.

스프라이트 렌더러의 정렬 레이어를 "Characters"로 설정하고 스프라이트 속성을 방금 임포트한 Ammo로 설정한다.

AmmoObject에 써클 콜라이더 2D를 추가한다. 트리거 속성을 선택하고 반지름을 0.2 로 설정한다. 콜라이더를 수정하고 싶다면 **Edit Collider** 버튼을 클릭하고 핸들을 원하는 위치로 움직여서 콜라이더가 Ammo 스프라이트를 둘러싸게 한다.

"Ammo"라는 레이어를 새로 만들고 그림 8-13처럼 AmmoObject의 레이어에 설정 한다.

▲ 그림 8-13 레이어를 Ammo로 설정

레이어 충돌 매트릭스 수정

5장에서 배운 레이어 기반 충돌 감지를 다시 떠올려보자. 요약하자면 다른 레이어에 있는 두 콜라이더는 레이어 충돌 매트릭스에서 서로를 인식하게 설정해야만 상호작용할 수 있다.

편집 메뉴의 **프로젝트 설정...** > **물리 2D**를 선택하고 아래쪽에 있는 레이어 충돌 매트릭스를 그림 8-14처럼 설정한다.

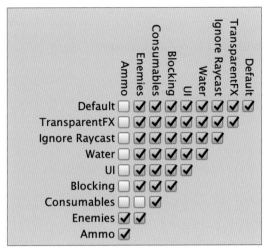

▲ 그림 8-14 Ammo 레이어 설정

총알의 콜라이더는 적의 콜라이더하고만 상호작용하고 다른 콜라이더와 상호작용하지 않았으면 한다. 5장에서 적이 Enemies 레이어를 사용하게 설정했고, 방금 Ammo Object가 Ammo 레이어를 사용하게 설정했다.

Ammo 스크립트 작성

"Ammo"라는 스크립트를 새로 만들어서 AmmoObject에 추가한 뒤에 비주얼 스튜디오에서 Ammo 스크립트를 연다.

다음 코드를 Ammo 클래스에 입력한다.

```
using UnityEngine;

public class Ammo : MonoBehaviour
{

// 1
    public int damageInflicted;
```

```
// 2
    void OnTriggerEnter2D(Collider2D collision)
    {
// 3
        if (collision is BoxCollider2D)
        {
// 4
            Enemy enemy =
                collision.gameObject.GetComponent<Enemy>();
// 5
            StartCoroutine(enemy.DamageCharacter(
                damageInflicted, 0.0f));
// 6
            gameObject.SetActive(false);
        }
    }
}
```

// 1

총알이 적에게 줄 피해량을 나타낸다.

// 2

총알 게임 오브젝트에 추가한 트리거 콜라이더의 범위에 다른 오브젝트가 들어올 때 불린다. 트리거 콜라이더는 "트리거" 속성을 선택한 콜라이더를 말한다. 여기서는 써클 콜라이더 2D다.

// 3

적 오브젝트의 박스 콜라이더 2D와 충돌했는지 확인해야 한다는 점이 중요하다. 적 오

브젝트의 써클 콜라이더 2D는 Wander 스크립트가 근처의 플레이어를 감지할 때 사용하는 콜라이더다. 실제로 적과 충돌한 오브젝트를 확인할 때 사용해야 하는 콜라이더는 박스 콜라이더 2D다.

// 4

---

collision의 gameObject에 들어있는 Enemy 스크립트 컴포넌트를 얻는다.

// 5

적에게 피해를 주는 코루틴을 시작한다. 7장을 떠올려 보면 DamageCharacter( )의 메서드 시그니처는 다음과 같다.

DamageCharacter(int damage, float interval)

첫 번째 매개변수인 damage는 적에게 줄 피해량이다. 두 번째 매개변수인 interval은 피해 사이의 대기 시간이다. interval에 0을 전달하면 피해를 한 번만 준다. 유니티 에디터에서 설정할 Ammo 클래스의 인스턴스 변수 damageInflicted를 첫 번째 인수로 전달한다.

// 6

총알이 적과 부딪쳤으므로 AmmoObject의 gameObject를 비활성화한다.

Destroy(gameObject)를 호출해서 gameObject를 완전히 제거하지 않고 비활성화한 이유가 뭘까?

좋은 질문이다. AmmoObject를 비활성 상태로 설정하면 오브젝트 풀링이라는 기법을 사용해서 게임의 성능을 좋게 유지할 수 있다.

잊기 전에 AmmoObject 프리팹 생성

오브젝트 풀링으로 넘어가기 전에 할 일이 남아있다. AmmoObject를 프리팹으로 만들어야 한다. 먼저 AmmoObject를 선택하고 Ammo 스크립트의 Damage Inflicted 속성에 1을 설정한 뒤에 다음과 같이 늘 사용했던 방법을 통해 AmmoObject를 프리팹으로 만든다.

1. 계층 구조 창의 AmmoObject를 Prefabs 폴더로 끌어다 놓아 프리팹으로 만든다.
2. 계층 구조 창에서 원래 AmmoObject를 삭제한다.

오브젝트 풀링

게임에 엄청나게 많은 오브젝트 인스턴스를 만들어놓고 짧은 시간 안에 제거하면 게임이 멈추거나 느려지거나 전체적인 성능이 떨어질 수 있다. 유니티에서 오브젝트의 인스턴스화와 제거는 오브젝트의 활성화, 비활성화보다 성능에 더욱 악영향을 주는 작업이다. 오브젝트를 제거하면 유니티 내부의 메모리 정리 프로세스가 작동한다. 이 프로세스는 짧은 시간에 반복해서 일어나며 특히 모바일 디바이스나 웹처럼 메모리가 제한적인 환경이면 성능에 악영향을 줄 수 있다. 오브젝트의 수가 적으면 이런 영향이 드러나지 않는다. 하지만 많은 수의 적이나 총알을 스폰해야 하는 게임이라면 더 좋은 최적화 방법이 필요할 수 있다.

오브젝트의 생성과 소멸에 관한 성능 문제를 피할 수 있는 오브젝트 풀링이라는 최적화 기법을 사용하려 한다. 오브젝트 풀링을 사용하려면 먼저 씬에 사용할 오브젝트의 복사본 여러 개를 미리 인스턴스화하고 비활성화한 뒤에 오브젝트 풀에 추가해야 한다. 씬에 오브젝트가 필요할 때 오브젝트 풀을 루프로 돌면서 첫 번째로 찾은 비활성화 상태의 오브젝트를 반환한다. 씬에서 사용이 끝난 오브젝트는 나중에 씬에서 다시 사용할 수 있게 비활성화한 뒤에 오브젝트 풀로 돌려보낸다.

간단히 말해 오브젝트 풀링은 오브젝트를 재사용해서 실행 중에 메모리의 할당, 해제 때문에 일어나는 성능 저하를 최소화하는 기법이다. 처음에는 오브젝트를 비활성화해 놓고 사용할 때만 활성화한다. 씬에서 사용이 끝난 오브젝트는 필요할 때 다시 사용할 수 있게 비활성화한다.

마우스 버튼을 연타하면 새총에서 여러 발의 총알을 빠르게 발사한다. 이런 상황은 오브젝트 풀링을 통해 런타임 성능을 개선할 수 있는 교과서적인 예다.

다음은 유니티에서 오브젝트 풀링을 사용하는 세 가지 핵심 단계다.

- 실제로 필요한 시점 전에 오브젝트 모음(풀)을 미리 인스턴스화하고 비활성화 해 놓는다.
- 게임에 오브젝트가 필요할 때 새로 인스턴스화하지 않고 풀에서 비활성화한 오브젝트를 가져와서 활성화한다.
- 사용이 끝난 오브젝트는 비활성화해서 풀로 돌려보낸다.

Weapon 클래스 작성

Weapon 클래스 안에 총알 오브젝트 풀을 만들어서 저장하려 한다. 앞서 설명했듯이 Weapon 클래스는 최종적으로 플레이어가 새총을 발사하는 애니메이션을 제어해야 할 뿐만 아니라 새총의 기능을 망라해야 한다.

먼저 총알을 저장할 오브젝트 풀을 만들어서 기본적인 새총의 기능을 만들어보자.

PlayerObject 프리팹을 선택하고 "Weapon"이라는 스크립트를 새로 추가한다. 비주얼 스튜디오에서 이 스크립트를 열고 다음 코드를 입력한다.

```
// 1
using System.Collections.Generic;
using UnityEngine;

// 2
public class Weapon : MonoBehaviour
{

// 3
    public GameObject ammoPrefab;

// 4
    static List<GameObject> ammoPool;

// 5
    public int poolSize;

// 6
    void Awake()
    {

// 7
        if (ammoPool == null)
        {
            ammoPool = new List<GameObject>();
        }

// 8
        for (int i = 0; i < poolSize; i++)
        {
            GameObject ammoObject = Instantiate(ammoPrefab);
            ammoObject.SetActive(false);
            ammoPool.Add(ammoObject);
        }
    }
}
```

// 1

리스트(List) 자료 구조를 사용하려면 System.Collections.Generic을 임포트해야 한다. 리스트 형식의 변수를 사용해서 미리 인스턴스화한 오브젝트의 모음인 오브젝트 풀을 구현하려 한다.

// 2

Weapon은 MonoBehaviour를 상속하므로 게임 오브젝트에 추가할 수 있다.

// 3

유니티 에디터를 통해 설정할 ammoPrefab 속성은 AmmoObject의 복사본을 인스턴스화할 때 사용한다. Awake( ) 메서드에서 이렇게 AmmoObject의 복사본을 만들어서 오브젝트 풀에 추가할 예정이다.

// 4

리스트 형식인 ammoPool 속성을 사용해서 오브젝트 풀을 구현한다.

C#의 리스트는 순서가 있는(ordered) 엄격한 자료형(strongly typed)의 컬렉션이다. 엄격한 자료형이므로 먼저 리스트에 저장할 오브젝트의 형식을 선언해야 한다. 형식이 맞지 않는 오브젝트를 넣으면 컴파일할 때 에러가 나서 게임을 실행할 수 없다. ammoPool 리스트는 GameObject만 저장하게 선언했다.

ammoPool 변수는 정적 변수다. 7장에서 설명했듯이 정적 변수는 클래스 자체에 속하며 메모리에 단 하나의 복사본만 존재한다.

// 5

poolSize는 미리 인스턴스화해서 오브젝트 풀에 넣을 수 있는 오브젝트의 수를 지정하는 속성이다. public 속성이므로 유니티 에디터를 통해 간단하게 설정할 수 있다.

// 6

오브젝트 풀을 만들고 AmmoObject를 미리 인스턴스화해서 풀에 저장하는 코드는 Awake( ) 메서드에 넣을 예정이다. Awake( )는 스크립트를 실행하는 내내 딱 한 번, 스크립트를 로드할 때 불린다.

// 7

오브젝트 풀인 ammoPool이 null인지 확인한다. null이면 게임 오브젝트를 저장할 리스트 형식의 ammoPool을 새로 만든다.

// 8

poolSize를 상한으로 하는 for 루프를 만든다. 루프를 반복할 때마다 ammoPrefab의 복사본을 인스턴스화해서 비활성화한 뒤에 ammoPool에 추가한다.

이제 오브젝트 풀인 ammoPool을 만들었고 씬에서 사용할 준비가 끝났다. 곧 보겠지만 플레이어가 새총에서 총알을 발사할 때마다 ammoPool에서 비활성 상태인 AmmoObject를 가져와서 활성화한다. 씬에서 AmmoObject의 사용이 끝나면 다시 비활성화해서 ammoPool에 되돌려 놓는다.

메서드 스텁

메서드 스텁^{method stub}은 아직 개발하지 않은 코드를 대신하는 코드다. 원하는 기능 구현에 필요한 메서드를 알아낼 때도 유용할 수 있다. 새총의 기본 기능에 필요한 나머지 여러 메서드를 메서드 스텁으로 만들어 보자.

Weapon 클래스에 다음 코드를 추가한다.

```
// 1
void Update()
{

// 2
    if (Input.GetMouseButtonDown(0))
    {

// 3
        FireAmmo();
    }
}

// 4
GameObject SpawnAmmo(Vector3 location)
{
    // 일단 비워 놓는다.
}

// 5
void FireAmmo()
{
    // 일단 비워 놓는다.
}

// 6
void OnDestroy()
{
```

```
    ammoPool = null;
}
```

// 1

Update( ) 메서드 안에서 프레임마다 새총을 발사하는 마우스 버튼이 눌렸는지 확인한다.

// 2

GetMouseButtonDown( ) 메서드는 Input 클래스에 속하며 매개변수가 하나다. 이 메서드는 마우스 버튼을 눌렀는지 뗐는지 확인하는 역할을 한다. 메서드의 인수가 0이면 첫 번째(왼쪽) 마우스 버튼을 확인하고 1이면 오른쪽 마우스 버튼을 확인한다.

// 3

왼쪽 마우스 버튼이 눌렸으므로 곧 작성할 FireAmmo( ) 메서드를 호출한다.

// 4

SpawnAmmo( ) 메서드는 오브젝트 풀에서 AmmoObject를 가져와서 반환하는 역할을 한다. 이 메서드의 유일한 매개변수인 location은 오브젝트 풀에서 가져온 AmmoObject를 놓을 위치를 나타낸다. SpawnAmmo( )가 반환하는 게임 오브젝트는 오브젝트 풀인 ammoPool에서 가져와서 활성화한 AmmoObject다.

// 5

FireAmmo( )는 AmmoObject를 SpawnAmmo( )가 스폰한 위치에서 마우스 버튼을 클릭한

위치로 옮기는 역할을 한다.

// 6

`ammoPool`에 `null`을 설정해서 오브젝트 풀을 제거하고 메모리에서 해제한다. Mono Behaviour에 들어 있는 `OnDestroy( )` 메서드는 해당 스크립트를 추가한 게임 오브젝트를 제거할 때 불린다.

SpawnAmmo 메서드

SpawnAmmo 메서드는 AmmoObjcet를 미리 인스턴스화해서 모아놓은 오브젝트 풀을 루프로 돌면서 비활성 상태인 오브젝트를 찾는다. 그런 다음 찾은 AmmoObject를 활성화하고 `transform.position`을 설정한 뒤에 반환한다. 비활성 상태인 Ammo Object가 없으면 `null`을 반환한다. ammoPool을 초기화할 때 `poolSize`의 값만큼 반복해서 AmmoObject를 만들었으므로 한 번에 화면에 등장할 수 있는 AmmoObject의 수는 `poolSize` 값과 같다는 제한이 있다. 유니티 에디터를 통해 `poolSize` 값을 바꾸면 총알 수 제한도 바뀐다.

팁　오브젝트 풀에 미리 인스턴스화해서 넣을 오브젝트의 이상적인 개수를 찾는 가장 좋은 방법은 게임을 많이 플레이해 보면서 적절한 값을 찾는 거다.

Weapon 클래스에 `SpawnAmmo( )` 메서드를 구현해보자.

```
public GameObject SpawnAmmo(Vector3 location)
{

// 1
```

```
        foreach (GameObject ammo in ammoPool)
        {
// 2
            if (ammo.activeSelf == false)
            {
// 3
                ammo.SetActive(true);

// 4
                ammo.transform.position = location;

// 5
                return ammo;
            }
        }

// 6
        return null;
}
```

// 1

미리 인스턴스화한 오브젝트의 풀을 루프로 반복한다.

// 2

현재 오브젝트가 비활성화 상태인지 확인한다.

// 3

비활성화 상태인 오브젝트를 찾았으므로 활성화 상태로 설정한다.

// 4

인수인 location을 오브젝트의 transform.position에 설정한다. 나중에 SpawnAmmo()를 호출할 때 새총에서 AmmoObject를 발사한 것처럼 보이게 할 위치인 location을 전달할 예정이다.

// 5

활성화한 오브젝트를 반환한다.

// 6

비활성화 상태인 오브젝트를 찾지 못했다. 즉 풀의 모든 오브젝트가 현재 사용 중이라는 뜻이다. null을 반환한다.

Arc 클래스와 선형보간

Arc 스크립트는 실제로 AmmoObject를 움직이는 역할을 한다. 총알이 포물선을 그리며 목표물을 향해 날아가게 하고 싶으므로 이런 기능을 담을 "Arc"라는 MonoBehaviour 클래스를 만들려 한다. Arc는 별도의 MonoBehaviour 클래스이므로 나중에 포물선을 그리며 날리고 싶은 다른 게임 오브젝트에도 추가할 수 있다.

편의상 총알을 일직선으로 날리는 Arc 스크립트를 먼저 구현한다. 이 스크립트가 게임 안에서 제대로 동작하는지 확인한 뒤에 살짝 수정해서 총알을 포물선으로 날아가게 하려 한다.

프로젝트 창에서 AmmoObject 프리팹을 선택하고 "Arc"라는 스크립트를 새로 만들어서 추가한다. 비주얼 스튜디오에서 Arc 스크립트를 열고 다음 코드를 추가한다.

```
using System.Collections;
using UnityEngine;

// 1
public class Arc : MonoBehaviour
{

// 2
    public IEnumerator TravelArc(Vector3 destination,
        float duration)
    {

// 3
        var startPosition = transform.position;

// 4
        var percentComplete = 0.0f;

// 5
        while (percentComplete < 1.0f)
        {
// 6
            percentComplete += Time.deltaTime / duration;
// 7
            transform.position = Vector3.Lerp(startPosition,
                destination, percentComplete);

// 8
            yield return null;
        }
// 9
        gameObject.SetActive(false);
    }
}
```

// 1

Arc는 MonoBehaviour라 게임 오브젝트에 추가할 수 있다.

// 2

TravelArc( )는 포물선을 따라 게임 오브젝트를 움직이는 메서드다. TravelAcr( )는 여러 프레임에 걸쳐 실행해야 하므로 코루틴으로 만들어야 제격이다. TravelArc( )의 매개변수는 destination과 duration이다. destination은 최종 위치고 duration은 Arc 스크립트를 추가한 게임 오브젝트를 시작 위치에서 destination으로 옮길 때까지 걸리는 시간이다.

// 3

현재 게임 오브젝트의 transform.position을 startPosition에 대입한다. startPosition은 위치 계산에 사용할 변수다.

// 4

percentComplete는 나중에 이 메서드에서 선형보간Lerp, Linear Interpolation을 계산할 때 사용할 변수다. 사용법은 실제로 사용할 때 설명한다.

// 5

percentComplete가 1.0보다 작은지 확인한다. 1.0은 100%에 해당한다. 즉 percentComplete가 100%에 도달할 때까지만 이 루프를 실행하려 한다. 이렇게 하는 이유는 바로 다음 행인 선형보간의 설명을 보면 이해할 수 있다.

AmmoObject를 목적지 방향으로 매끄럽게 움직이고 싶다. 프레임마다 총알을 이동할 거리는 총알을 움직이려는 시간과 이미 지난 시간에 따라 달라진다.

지난 프레임 이후로 흐른 시간을 총알을 움직이려는 시간으로 나누면 현재 프레임에서의 진행률을 구할 수 있다.

`percentComplete += Time.deltaTime / duration;` 행을 다시 자세히 살펴보자.

`Time.deltaTime`은 지난 프레임을 그린 이후로 흐른 시간이다. 이 행의 결과인 `percentageComplete`는 이전까지의 진행률에 현재 프레임에서의 진행률을 더한 현재까지의 총 진행률이다.

다음 행에서 이 총 진행률을 사용해서 AmmoObject를 매끄럽게 움직이려 한다.

AmmoObject가 두 지점 사이를 일정한 속력으로 매끄럽게 움직이는 효과를 내려면 게임 프로그래밍에 널리 쓰이는 기법인 선형보간을 사용해야 한다. 선형보간을 하려면 시작 지점, 종료 지점, 0에서 1 사이의 백분율이 필요하다. 선형보간으로 프레임당 이동 거리를 구할 때 총 진행률^{percentComplete}을 선형보간 메서드인 Lerp의 백분율 매개변수로 사용한다.

`Lerp()` 메서드에 총 진행률을 사용한다는 말은 AmmoObject를 화면의 어디로 발사하더라도 도달하는 시간이 같다는 뜻이다. 분명히 현실 세계에는 있을 수 없는 비현실적인 현상이다. 하지만 비디오 게임은 현실 세계의 규칙을 완벽하게 따르지 않아도 상관 없다.

`Lerp()` 메서드는 총 진행률을 바탕으로 시작 지점과 종료 지점 사이의 위치를 반환한다. 이 위치를 AmmoObject의 `transform.position`에 대입한다.

// 8

다음 프레임까지 코루틴의 실행을 일시 정지한다.

// 9

목적지에 도달하면 게임 오브젝트를 비활성화 한다.

잊지 말고 스크립트를 저장한다.

화면 공간과 월드 공간

다음 메서드를 작성하기 전에 화면 공간과 월드 공간을 이야기하려 한다.

화면 공간은 실제로 눈에 보이는 화면상의 공간을 말하며 픽셀을 기준으로 정의한다. 예를 들어 예제 게임의 화면 공간은 1280×720, 또는 가로로 1280픽셀, 세로로 720픽셀이다.

월드 공간은 크기에 제한이 없는 실제 게임 세계를 말한다. 이론상 월드 공간의 크기는 무한하며 단위unit를 기준으로 정의한다. 4장에서 PPU를 설정할 때 월드 단위를 화면 단위로 매핑하게 카메라를 설정했었다.

예제 게임의 오브젝트는 한 화면 안에서만 움직여야 한다는 제한 없이 어디로든 움직일 수 있다. 즉 오브젝트가 월드 공간상에서 움직인다는 뜻이다. 유니티는 화면 공간을 월드 공간으로 변환할 수 있는 편리한 메서드를 제공한다.

FireAmmo 메서드

지금까지 AmmoObject를 움직이는 Arc 컴포넌트를 만들었다. 이제 Weapon 클래스로 돌아와서 FireAmmo( ) 메서드를 구현해보자.

먼저 다음 변수를 Weapon 클래스의 poolSize 변수 아래에 추가한다. 이 변수는 새총에서 발사한 총알의 속력을 설정할 때 사용한다.

```
public float weaponVelocity;
```

그리고 다음 코드를 입력해서 FireAmmo( ) 메서드를 구현한다.

```
void FireAmmo( )
{

// 1
    Vector3 mousePosition = Camera.main.
    ScreenToWorldPoint(Input.mousePosition);
// 2
    GameObject ammo = SpawnAmmo(transform.position);

// 3
    if (ammo != null)
    {

// 4
        Arc arcScript = ammo.GetComponent<Arc>( );

// 5
        float travelDuration = 1.0f / weaponVelocity;

// 6
        StartCoroutine(arcScript.TravelArc(mousePosition,
            travelDuration));
    }
}
```

// 1

마우스는 화면 공간을 사용하므로 화면 공간의 마우스 위치를 월드 공간 위치로 변환한다.

// 2

SpawnAmmo( ) 메서드를 통해 총알 오브젝트 풀에서 활성화한 AmmoObject를 얻는다. 플레이어 오브젝트의 현재 `transform.position`을 AmmoObject의 시작 위치로 전달한다.

// 3

SpawnAmmo( )가 AmmoObject를 반환했는지 확인한다. 미리 인스턴스화한 오브젝트가 모두 사용 중이면 SpawnAmmo( )가 `null`을 반환할 수 있다는 점을 떠올리기 바란다.

// 4

AmmoObject의 Arc 컴포넌트를 가리키는 참조를 얻어서 `arcScript` 변수에 저장한다.

// 5

`weaponVelocity`의 값은 유니티 에디터를 통해 설정할 예정이다. 1.0을 `weaponVelocity`로 나누면 AmmoObject의 총 이동 시간으로 사용할 값이 나온다. 예를 들어 `weaponVelocity`가 2.0이면 1.0 / 2.0 = 0.5이므로 총알은 0.5초 만에 화면을 가로질러 목적지에 도달한다.

이 식에 따르면 목적지가 더 멀수록 총알의 속력이 빨라진다. 플레이어가 아주 가까운 곳에 새총을 발사했다고 상상해보자. 총알의 이동 거리에 상관없이 항상 0.5초라는 이동 시간을 보장하지 않는다면 새총에서 쏜 총알이 순식간에 적에 도달해서 아예 보이지 않을 가능성이 있다. 일인칭 슈팅 게임을 만들고 있다면 상관없다. 하지만 예제 게임은 RPG이므로 항상 새총에서 발사한 총알이 눈에 보였으면 한다. 솔직히 그쪽이 더 "재밌다".

// 6

Arc 스크립트에 만들었던 `TravelArc` 메서드를 호출한다. 메서드 시그니처를 다시 떠올려 보자.

```
TravelArc(Vector3 destination, float duration)
```

`destination` 매개변수로 마우스 클릭 위치를 전달한다. 그리고 `duration` 매개변수로 바로 앞 행에서 계산한 `travelDuration`을 전달한다.

```
float travelDuration = 1.0f / weaponVelocity;
```

`TravelArc()`는 `duration` 매개변수를 사용해서 AmmoObject가 시작 위치에서 목적지로 날아가는 시간을 정한다는 점을 떠올리기 바란다. 다음 절에서 Weapon 스크립트를 설정하면서 `weaponVelocity`의 값을 설정할 예정이다.

Weapon 스크립트 설정

거의 다 끝났다. 몇 가지만 더하면 플레이어가 새총을 쏘는 기능을 마무리할 수 있다. Weapon 스크립트를 저장하고 유니티 에디터로 돌아와서 PlayerObject 프리팹을 선택한다. 이미 PlayerObject에 추가해놓은 Weapon 스크립트의 Ammo Prefab 속성으로

AmmoObject 프리팹을 끌어다 놓는다. 그리고 그림 8-15처럼 Pool Size를 7로, Weapon Velocity를 2로 설정한다.

▲ 그림 8-15 Weapon 스크립트 설정

진짜 새총에서 쏜 총알과 비슷한 느낌을 주려고 총알이 0.5초 동안 날아가게 설정했다. 이 값을 자유롭게 고쳐가며 자연스럽고 재밌어 보이는 값을 찾아보기 바란다.

준비는 끝났다. **재생** 버튼을 누르고 적을 클릭해서 총알을 쏟아부은 뒤 적이 사라지는지 확인한다.

환상적이다! 새총에서 총알이 나간다. 하지만 포물선을 그리며 날아가진 않는다. 이제 고쳐보자.

포물선 궤적

비주얼 스튜디오에서 Arc 스크립트를 연다. Arc 스크립트라는 이름에 걸맞게 총알이 진짜로 포물선을 그리며 날아가게 스크립트를 약간 수정하려 한다.

Arc 스크립트의 while( ) 루프를 다음과 같이 수정한다.

```
while (percentComplete < 1.0f)
{
    // 바로 아래 행은 그대로 둔다.
    percentComplete += Time.deltaTime / duration;

    // 1
```

```
    var currentHeight = Mathf.Sin(
        Mathf.PI * percentComplete);

// 2
    transform.position =
        Vector3.Lerp(startPosition, destination, percentComplete)
        + Vector3.up * currentHeight;

// 바로 아래 행은 그대로 둔다.
    yield return null;
}
```

// 1

방금 수정한 코드를 이해하려면 고등학교 수준의 삼각함수를 알아야 한다. "주기"란 한 번의 파동을 완료하는 데 걸리는 시간이다. 그림 8-16을 보면 사인 파동의 주기는 (2 * π)고, 반주기는 (π)다.

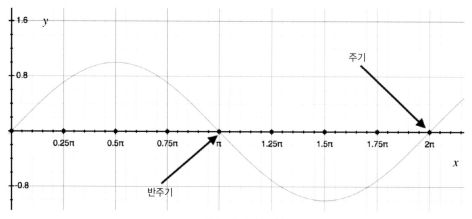

▲ 그림 8-16 사인 곡선

사인 함수에 (percentComplete × Mathf.PI)를 전달하면 실제로 0에서 반주기인 PI까지의 사인 곡선의 값을 얻을 수 있다. 이 결과를 currentHeight에 대입한다.

// 2

Vector3.up은 유니티가 제공하는 변수로 Vector3(0, 1, 0)을 나타낸다. Vector3.Lerp( )의 결과에 Vector3.up * currentHeight를 더해서 위치를 변경하면 AmmoObject가 Y축을 따라 위로 올라갔다가 아래로 떨어지면서 endPosition을 향해 날아간다.

스크립트를 저장하고 유니티 에디터로 돌아와서 **재생** 버튼을 누른다. 새총을 쏘면서 총알이 포물선을 그리는지 확인한다.

보면 알겠지만, 플레이어가 새총을 쏴도 실제로 새총을 발사하는 듯한 애니메이션을 재생하지 않는다. 다음 절에서 고쳐보려 한다.

새총 발사 애니메이션

지금까지 총알을 발사하는 코드를 만들었지만, 플레이어는 가만히 서 있는데 갑자기 총알이 나타나서 목표를 향해 날아가니 조금 이상해 보인다. 이제 플레이어가 새총을 발사하는 애니메이션을 재생하는 기능을 만들어 보려 한다. 또 애니메이션의 상태 관리를 단순화하는 새로운 기법도 배운다.

새로운 상태 관리 기법은 먼저 걷는 애니메이션에 적용하려 한다. 이미 상태 머신의 작동 방식과 애니메이션의 표현 방식을 잘 알고 있기 때문이다. 일단 새로운 기법에 익숙해지고 난 뒤에 발사 애니메이션에 적용하려 한다.

애니메이션과 블렌드 트리

3장에서 애니메이션 클립이 들어 있는 애니메이션 상태로 플레이어의 애니메이션 상태 머신을 설정했다. 그리고 애니메이터 컴포넌트에 애니메이션 파라미터를 설정해서 제어하는 "전환"으로 애니메이션 상태를 연결했다.

현재 플레이어의 애니메이션 상태 머신은 그림 8-17과 같다.

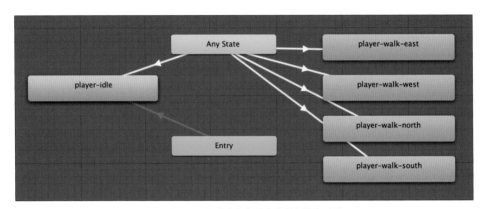

▲ 그림 8-17 플레이어의 애니메이션 상태 머신

플레이어는 네 방향으로 걸을 수 있으므로 당연히 네 방향으로 새총을 발사할 수 있어야 한다. 네 방향으로 발사하는 애니메이션 상태 네 개를 추가하면 이 상태 머신은 더 복잡해 보이기 시작할 것이다. 결국, 상태 머신에 더 많은 상태를 추가하다 보면 관리도 어려워지고, 눈으로 보기에도 헷갈려서 전체적인 개발 속도가 떨어질 수밖에 없다.

다행스럽게도 유니티는 블렌드 트리라는 해결책을 제공한다.

블렌드 트리

게임 프로그래밍을 하다 보면 걷고 있던 캐릭터가 서서히 뛰기 시작하는 등 두 애니메이션을 합쳐야 할 때가 종종 있다. 블렌드 트리를 사용하면 여러 애니메이션을 하나의 매끄러운 애니메이션으로 합칠 수 있다. 예제 게임에서 여러 애니메이션을 합칠 일은 없지만, 블렌드 트리가 지닌 부가적인 사용법을 사용하려 한다.

블렌드 트리를 애니메이션 상태 머신의 일부로 사용하면 애니메이션을 다른 애니메이션으로 부드럽게 전환할 수 있다. 블렌드 트리를 사용하면 다양한 애니메이션을 하나의 노드로 묶을 수 있어서 게임의 구조가 더 깔끔해지고 관리가 쉬워진다. 블렌드 트리를 제어하는 변수는 유니티 에디터에서 만들고 코드에서 설정한다.

두 개의 블렌드 트리를 만들 예정이다. 이미 걷는 애니메이션의 상태 머신은 잘 알고 있으니 첫 번째 블렌드 트리를 사용해서 걷는 상태를 다시 만들려 한다. 또 플레이어의 MovementController 코드가 이 블렌드 트리를 사용하게 수정한다. 익숙한 기능의 재구성은 블렌드 트리와 친해질 수 있는 좋은 방법이다.

걷기용 블렌드 트리를 다 만들고 나서 네 방향으로 발사하는 상태를 별도의 블렌드 트리로 추가하고 Weapon 클래스가 새로운 블렌드 트리를 사용하게 수정할 예정이다.

애니메이터 정리

지금까지 사용해온 애니메이션 상태 관리 방식과 작별할 시간이다. PlayerObject를 선택하고 애니메이터 창을 연 뒤에 애니메이션 상태 머신에 있는 네 가지 걷는 상태를 삭제한다. 그리고 더는 필요 없는 Any State와 대기 상태$^{player-idle}$ 사이의 전환을 삭제한다.

이제 애니메이터 창의 모습이 그림 8-18과 같아야 한다.

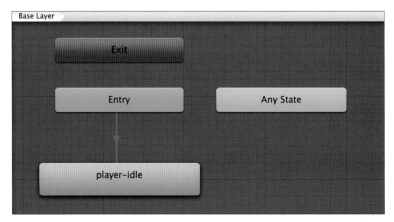

▲그림 8-18 플레이어가 걷는 상태를 삭제한 애니메이터 창의 모습

이제 다양한 걷기 애니메이션 상태를 저장할 일종의 컨테이너 역할을 하는 블렌드 트리 노드를 만들려 한다. 네 방향으로 걷는 애니메이션을 모두 담은 블렌드 트리 노드는 애니메이터 창에 하나의 노드로 나타난다. 예상하다시피 블렌드 트리를 사용하면 상태의 수가 늘어도 개발자가 훨씬 쉽게 상태를 눈으로 확인하고 관리할 수 있다.

걷기용 블렌드 트리 생성

1. 애니메이터 창을 오른쪽 클릭하고 **상태 생성 > "새 블렌드 트리에서"**를 선택한다.
2. 만들어진 블렌드 노드를 선택하고 인스펙터에서 이름을 "Walk Tree"로 바꾼다.
3. Walk Tree를 더블 클릭해서 블렌드 트리 그래프를 연다.

블렌드 트리가 그림 8-19처럼 보여야 한다.

▲그림 8-19 빈 블렌드 트리 그래프

4. 애니메이터 창의 Blend Tree 노드를 선택하고 인스펙터에서 블렌드 타입 속성을 2D Simple Directional로 변경한다. 블렌드 트리 설정이 끝나고 블렌드 타입에 관해 다시 이야기할 예정이다.

5. **Blend Tree** 노드를 오른쪽 클릭하고 "모션 추가"를 선택한다. 모션은 애니메이션 클립을 가리키는 참조와 입력 파라미터를 지닌다. 블렌드 트리를 전환용으로 사용할 때 이 입력 파라미터를 통해 재생할 모션을 결정한다.

6. 그림 8-20처럼 인스펙터 창에서 방금 추가한 모션의 오른쪽에 있는 동그라미를 클릭해서 Select Motion 창을 연다.

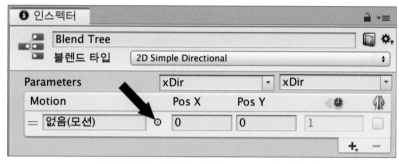

▲ 그림 8-20 동그라미를 클릭해서 Select Motion 창을 연다.

7. Select Motion 창에서 player-walk-east 애니메이션 클립을 선택한다. 이제 모션이 그림 8-21처럼 보여야 한다.

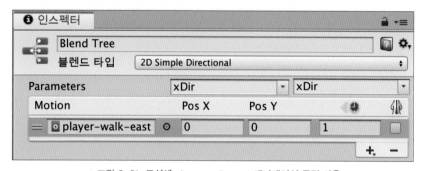

▲ 그림 8-21 모션에 player-walk-east 애니메이션 클립 사용

8. 모션을 세 개 더 추가하고 그림 8-22처럼 player-walk-south, player-walk-west, player-walk-north 애니메이션 클립을 추가한다.

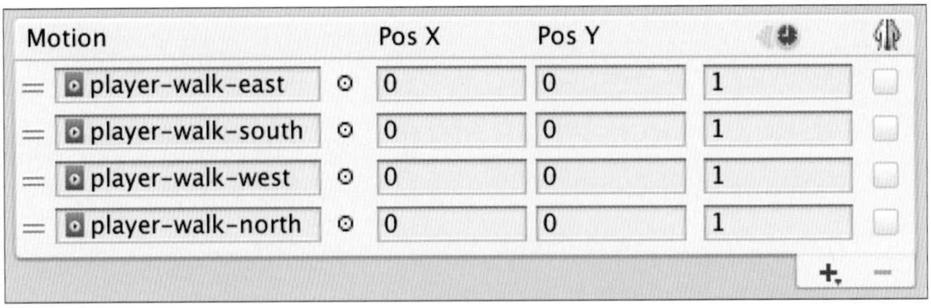

Motion		Pos X	Pos Y		
= player-walk-east	⊙	0	0	1	
= player-walk-south	⊙	0	0	1	
= player-walk-west	⊙	0	0	1	
= player-walk-north	⊙	0	0	1	

▲ 그림 8-22 블렌드 트리에 각 방향으로 걷는 애니메이션 클립을 지닌 모션 네 개를 추가

네 개의 모션을 모두 추가한 애니메이터 창의 모습은 그림 8-23과 같아야 한다. 각 모션은 블렌드 트리 노드의 자식 노드로 나타난다.

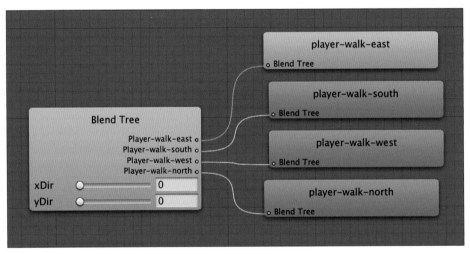

▲ 그림 8-23 애니메이션 클립을 지닌 모션 네 개가 있는 블렌드 트리

레이어 중첩

지금까지 네 개의 애니메이션 상태를 블렌드 트리 노드라는 컨테이너에 담았다. 이 블렌드 트리 노드는 기본base 레이어의 하위 레이어에 놓여있다. 그림 8-24처럼 애니메이터 창의 왼쪽 위에 있는 **Base Layer** 버튼을 클릭하면 애니메이터 창이 "기본 레이어"로 돌아가며 블렌드 트리 노드가 하나의 노드로 나타난다. 애니메이터 창에서 작업할 땐 필요에 따라 이렇게 레이어 안에 레이어, 그 안에 또 레이어를 중첩할 수 있다.

▲그림 8-24 Base Layer 버튼을 클릭하면 기본 애니메이터 창으로 돌아간다.

그림 8-25에서 보듯이 이렇게 상태 관리를 단순화하면 앞으로도 게임 구조를 깔끔하고 관리하기 쉽게 유지할 수 있다. 애니메이터 창에서 Walk Tree 블렌드 트리는 하나의 노드다.

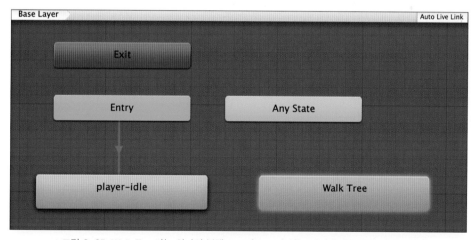

▲그림 8-25 Walk Tree라는 하나의 블렌드 트리 노드가 있는 애니메이터 창의 기본 레이어

블렌드 타입

블렌드 타입은 블렌드 트리가 모션을 합칠 방식을 지정할 때 사용한다. 알다시피 예제 게임에서는 실제로 모션을 합칠 일이 없으므로 블렌드 타입을 사용한다는 점이 조금 이상해 보일 수 있다. 예제 게임은 모션을 전환할 뿐이므로 블렌드 트리의 블렌드 타입을 2D Simple Directional로 설정했다. 이 블렌드 타입은 2개의 파라미터를 사용하며 상하좌우로 걷는 애니메이션처럼 각각 다른 방향을 나타내는 애니메이션에 가장 적합하다. 예제 게임은 블렌드 트리를 사용해서 상하좌우로 걷는 애니메이션을 전환하므로 2D Simple Directional이 목적에 딱 맞는다.

애니메이션 파라미터

3장에서는 먼저 플레이어의 애니메이션 상태 머신을 설정한 뒤에 "AnimationState"라는 애니메이션 파라미터를 만들었다.

애니메이터 창의 왼쪽에 있는 AnimationState 파라미터를 삭제한다. 이 파라미터를 사용하는 애니메이션 전환은 이미 삭제했다. AnimationState 파라미터와 이 파라미터를 사용하던 애니메이션 상태를 블렌드 트리와 블렌드 트리용 파라미터로 대체하려 한다. 블렌드 트리용 파라미터는 나중에 Weapon 클래스에 작성할 코드에서 사용한다.

다음과 같이 세 개의 애니메이션 파라미터를 만든다. 코드를 통해 참조할 예정이므로 대소문자에 주의한다.

- isWalking: Bool 형식
- xDir: Float 형식
- yDir: Float 형식

이제 애니메이터 창의 파라미터 탭의 모습이 그림 8-26과 같아야 한다.

▲그림 8-26 블렌드 트리에 사용할 새로운 애니메이션 파라미터

팁　애니메이션 파라미터를 만들 때 가장 흔히 하는 실수는 데이터 형식을 잘못 선택하는 것이다.

파라미터 사용

블렌드 트리를 선택하고 그림 8-27처럼 인스펙터 창의 드롭다운에서 xDir, yDir을 선택한다. 바로 다음 단계에서 사용할 파라미터다.

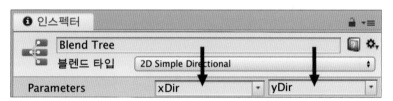

▲그림 8-27 드롭다운 메뉴에서 xDir, yDir 파라미터 선택

Blend Tree 노드를 선택한 채로 인스펙터에서 Parameters 바로 아래에 있는 시각화 창을 본다. 이 시각화 창은 블렌드 트리에 모션을 하나라도 추가하면 자동으로 나타난다.

그림 8-28처럼 시각화 창을 중앙이 (0, 0)인 데카르트 좌표 평면이라 상상해보자. 점선의 끝부분은 각각 네 개의 좌표 (1, 0), (0, -1), (-1, 0), (0, 1)에 해당한다. 시각화 창은 개발자가 눈으로 보면서 설정할 수 있게 돕는 역할을 한다.

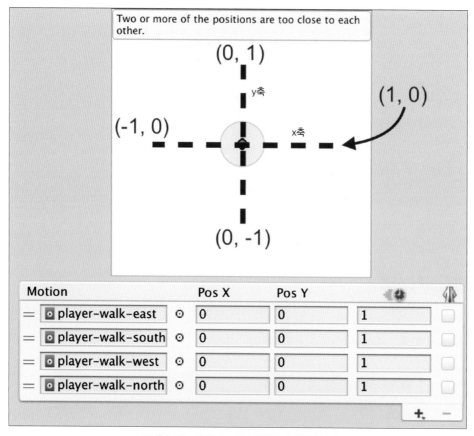

▲ 그림 8-28 데카르트 좌표 평면이라 상상해보자.

그림 8-28의 (0, 0) 위치에는 사실 네 개의 파란 점이 모여있지만, 중앙의 빨간 점 때문에 눈에 보이지 않는다. 파란 점은 각각 앞서 추가한 네 개의 모션을 나타낸다.

그림 8-29처럼 첫 번째 모션의 Pos X와 Pos Y를 각각 1, 0으로 수정하면 player-walk-east 모션을 나타내는 파란 점이 (1, 0) 위치에 나타난다.

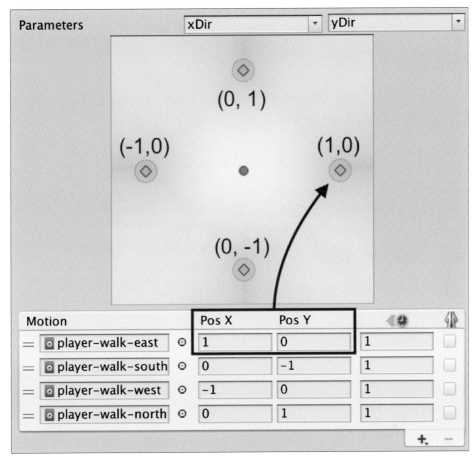

▲ 그림 8-29 네 개의 모션에 Pos X, Pos Y 설정

다른 세 모션의 위치도 설정해야 한다. 예를 들어 player-walk-south 모션의 위치는 (0, -1)이어야 한다. 그림 8-29처럼 나머지 세 모션의 Pos X, Pos Y를 수정한다.

설정의 이유

블렌드 트리가 새로운 애니메이션 파라미터를 사용하게 수정했고 각 모션의 Pos X, Pos Y도 설정했다. 이렇게 설정한 이유가 뭘까?

앞서 설명했듯이 애니메이터 컴포넌트에 설정한 변수를 통해 블렌드 트리의 2D 상태 전환을 관리할 수 있다. 3장에서 애니메이션 상태 머신에 변수를 설정했을 때와 비슷하다.

다시 말해 블렌드 트리를 사용하려면 다음과 같은 코드를 작성해야 한다는 뜻이다. 설명이 목적인 코드이므로 실제로 입력하지 말기 바란다.

```
// 1
movement.x = Input.GetAxisRaw("Horizontal");
movement.y = Input.GetAxisRaw("Vertical");

// 2
animator.SetBool("isWalking", true);

// 3
animator.SetFloat("xDir", movement.x);
animator.SetFloat("yDir", movement.y);
```

// 1

사용자의 입력값을 얻는다. movement 변수의 형식은 Vector2다.

// 2

애니메이션 파라미터인 isWalking을 플레이어가 걷는 중임을 나타내는 true로 설정해서 걷기용 블렌드 트리로 전환한다.

// 3

블렌드 트리가 사용하는 애니메이션 파라미터를 설정해서 정해진 모션으로 전환한다.

SetFloat으로 설정하는 이유는 Vector2 형식인 movement에 들어 있는 x, y 속성이 float 형식이기 때문이다.

사용자가 오른쪽 방향키를 누를 때의 입력값은 (0, 1)이다. 이 값을 애니메이터에 설정하면 블렌드 트리는 player-walk-east 애니메이션 클립을 재생한다.

루프 시간

블렌드 트리의 자식 노드 네 개를 하나하나 선택하면서 그림 8-30처럼 루프 시간 속성이 기본적으로 선택 중인지 확인한다. 선택하지 않은 노드가 있으면 선택해야 한다. 이 속성은 애니메이션 클립을 반복해서 재생하라고 애니메이터에게 알리는 역할을 한다.

▲ 그림 8-30 루프 시간 속성 확인

이 속성을 선택하지 않으면 애니메이션을 한 번 재생하고 멈춘다.

전환 생성

마지막으로 대기 상태와 새로 만든 걷기용 블렌드 트리 사이에 전환을 만들어야 한다.

애니메이터 창에서 대기 상태인 **player-idle** 노드를 오른쪽 클릭하고 "전환 만들기"를 선택한 뒤에 블렌드 트리를 클릭해서 연결한다. 만들어진 전환을 선택하고 다음과 같이 설정한다.

종료 시간 있음: 선택 해제

고정 지속 시간: 선택 해제

전환 지속 시간(%): 0

전환 오프셋: 0

중단 소스: 없음

아래쪽에 있는 Conditions에 isWalking 변수를 추가하고 true로 설정한다.

이번에는 걷기용 블렌드 트리에서 대기 상태로 향하는 전환을 하나 더 만들고 만들어진 전환을 선택한다. Conditions에 isWalking을 추가하고 false로 설정한다는 점 하나만 빼고 조금 전에 만든 전환과 똑같이 설정한다.

MovementController 수정

이제 블렌드 트리를 실제로 사용할 시간이다. MovementController 클래스를 연다.

MovementController에서 이제 필요 없는 다음 코드를 삭제한다.

```
string animationState = "AnimationState";
```

또 CharStates 열거형도 모두 삭제한다.

```
enum CharStates
{
    walkEast = 1,
    walkSouth = 2,
```

```
// ..기타 등등
}
```

UpdateState( ) 메서드를 다음과 같이 수정한다.

```
void UpdateState( )
{

// 1
    if (Mathf.Approximately(movement.x, 0) &&
            Mathf.Approximately(movement.y, 0))
    {
// 2
        animator.SetBool("isWalking", false);
    }
    else
    {
// 3
        animator.SetBool("isWalking", true);
    }

// 4
    animator.SetFloat("xDir", movement.x);
    animator.SetFloat("yDir", movement.y);
}
```

// 1

movement 벡터가 플레이어가 여전히 서 있음을 나타내는 0에 가까운 값인지 확인한다.

// 2

플레이어가 여전히 서 있으므로 isWalking을 false로 설정한다.

movement.x나 movement.y, 또는 둘 다 0이 아닌 값이면 플레이어가 움직이고 있다는 뜻이다.

새로운 movement 값으로 animator를 업데이트한다.

스크립트를 저장하고 유니티 에디터로 돌아온다. **재생** 버튼을 누르고 방향키로 플레이어를 움직여본다. 이제 전에 사용하던 애니메이션 상태를 모두 없앴고 블렌드 트리를 사용해서 새로운 걷기 애니메이션을 만들었다.

새총 발사 스프라이트 임포트

먼저 플레이어의 새총 발사 애니메이션에 사용할 스프라이트를 임포트한다. 다운로드한 예제 코드의 Chapter 8/Spritesheets 폴더에 있는 "PlayerFight32x32.png" 파일을 **Sprites > Player 폴더**로 끌어다 놓는다.

PlayerFight32×32 스프라이트 시트를 선택하고 인스펙터에서 임포트 설정을 다음과 같이 수정한다.

> 텍스처 타입: 스프라이트(2D 및 UI)
> 스프라이트 모드: 다중
> 단위당 픽셀: 32
> 필터 모드: 점(필터 없음)
> 기본 버튼 아래 압축 속성을 없음으로 설정

적용 버튼을 누르고 스프라이트 에디터를 연다.

Slice 메뉴에서 타입 속성으로 Grid By Cell Size를 선택하고 Pixel Size의 X, Y에 32를 입력한 뒤 Slice 버튼을 누른다. 오른쪽 위에 있는 **적용**을 누른 뒤에 스프라이트 에디터를 닫는다.

애니메이션 클립 생성

다음으로 애니메이션 클립을 만든다. 지금까지는 애니메이션의 각 프레임으로 사용할 스프라이트를 선택하고 게임 오브젝트로 끌어다 놓아 애니메이션 클립을 만들었다. 애니메이션 클립을 만들고 애니메이션 컨트롤러가 없으면 애니메이션 컨트롤러를 추가하는 일은 유니티가 자동으로 다 해줬다.

애니메이션을 관리할 블렌드 트리를 만들 예정이므로 이번에는 조금 다른 방법으로 애니메이션 클립을 만든다.

Sprites > Player 폴더로 가서 방금 자른 스프라이트 시트를 확장하고 그림 8-31처럼 처음 네 개의 프레임을 선택한다. 이 스프라이트는 플레이어가 새총을 당겼다가 발사하는 동작이다.

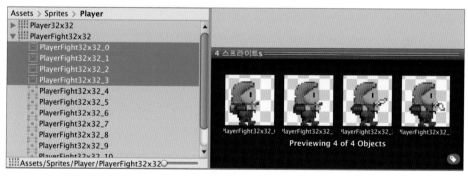

▲ 그림 8-31 프로젝트 창에서 플레이어가 새총을 발사하는 동작인 처음 네 개의 스프라이트를 선택

선택한 스프라이트를 오른쪽 클릭하고 그림 8-32처럼 **생성 > 애니메이션**을 선택한다.

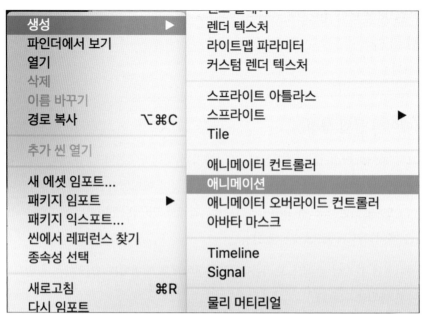

▲ 그림 8-32 직접 애니메이션 생성

만들어진 애니메이션의 이름을 "player-fire-east"로 바꾼다. 다음 네 개의 스프라이트를 선택하고 똑같은 과정을 반복한다. 이번에 만든 애니메이션의 이름은 "player-fire-west"로 바꾼다.

위로 쏘는 애니메이션은 "PlayerFight32x32_8", "PlayerFight32x32_9" 두 프레임뿐이다. 두 프레임으로 애니메이션을 만들고 이름을 "player-fire-north"로 바꾼다.

아래로 쏘는 애니메이션은 "PlayerFight32x32_10", "PlayerFight32x32_11", "PlayerFight32x32_12" 세 프레임이다. 세 프레임으로 애니메이션을 만들고 이름을 "player-fire-south"로 바꾼다.

방금 만든 애니메이션을 모두 Animations > Animations 폴더로 옮긴다.

발사용 블렌드 트리 생성

1. 애니메이터 창을 오른쪽 클릭하고 **상태 생성 > 새 블렌드 트리에서**를 선택한다.
2. 만들어진 블렌드 트리 노드를 선택하고 인스펙터에서 이름을 "Fire Tree"로 바꾼다.
3. **Fire Tree**를 더블 클릭해서 Fire Tree 레이어의 블렌드 트리 그래프를 연다.
4. **Blend Tree** 노드를 선택하고 인스펙터에서 블렌드 타입을 2D Simple Directional로 바꾼다.
5. **Blend Tree** 노드를 오른쪽 클릭하고 모션 추가를 선택한다.
6. 인스펙터에서 방금 추가한 모션의 오른쪽에 있는 동그라미를 클릭해서 Select Motion 창을 연다.
7. player-fire-east 애니메이션 클립을 선택한다.
8. 모션을 세 개 더 추가하고 각각 player-fire-south, player-fire-west, player-fire-north 애니메이션 클립을 추가한다.
9. 애니메이션 파라미터로 `isFiring`(Bool 형식), `fireXDir`(Float 형식), `fireYDir`(Float 형식)를 추가한다.
10. 인스펙터 창에서 블렌드 트리의 Parameters 드롭다운을 그림 8-33처럼 설정한다.

▲ 그림 8-33 애니메이션 파라미터 설정

11. 각 모션의 Pos X, Pos Y를 그림 8-34처럼 설정한다.

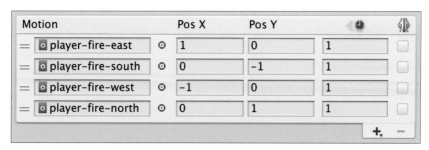

Motion	Pos X	Pos Y		
player-fire-east	1	0	1	
player-fire-south	0	-1	1	
player-fire-west	-1	0	1	
player-fire-north	0	1	1	

▲ 그림 8-34 각 모션의 Pos X, Pos Y 설정

12. 발사 애니메이션은 한 번만 재생하고 싶으므로, 블렌드 트리의 각 자식 노드에 있는 루프 시간 속성은 선택하지 않는다.

13. 애니메이터 창을 열고 player-idle에서 새로 만든 Fire Tree로 이어지는 전환을 생성한 후 선택해서 다음과 같이 설정한다.
    - 종료 시간 있음: 선택 해제
    - 고정 지속 시간: 선택 해제
    - 전환 지속 시간(%): 0
    - 전환 오프셋: 0
    - 중단 소스: 없음

    전환을 선택하고 인스펙터의 아래쪽에 있는 Conditions에 isFiring 변수를 추가하고 true로 설정한다.

14. Fire Tree에서 player-idle로 이어지는 전환을 생성한다. 만들어진 전환을 선택하고 다음 두 가지만 빼고 앞서 생성한 전환과 똑같이 설정한다.
    - Conditions에 isFiring 변수를 추가하고 false로 설정
    - "종료 시간 있음" 속성을 선택하고 "종료 시간" 속성에 1을 입력

종료 시간

전환의 종료 시간 속성은 애니메이션을 몇 퍼센트까지 재생한 뒤에 전환할지 애니메이터에게 알려주는 역할을 한다. 발사에서 대기로 전환하는 전환의 종료 시간 속성을 1로 설정하면 전환하기 전에 발사 애니메이션을 100% 재생하고 싶다는 뜻이다.

Weapon 클래스 수정

이제 Weapon 클래스가 방금 만든 발사 블렌드 트리를 사용하게 수정하려 한다.

Weapon 클래스 위에 다음과 같이 RequireComponent 특성을 추가한다.

```
[RequireComponent(typeof(Animator))]
public class Weapon : MonoBehaviour
```

방금 추가한 코드는 항상 애니메이터 컴포넌트를 사용할 수 있게 해준다.

변수 추가

플레이어를 움직일 변수 몇 개를 추가해야 한다. 다음 변수를 Weapon 클래스 안에 추가
한다.

```
// 1
bool isFiring;

// 2
[HideInInspector]
public Animator animator;

// 3
Camera localCamera;

// 4
float positiveSlope;
float negativeSlope;

// 5
enum Quadrant
{
    East,
    South,
    West,
    North
}
```

// 1

플레이어가 새총을 쏘는 중인지를 나타내는 불리언 변수다.

// 2

[HideInInspector] 특성과 public 접근자를 함께 사용한 animator 변수는 클래스 밖에서 접근할 수 있지만 인스펙터 창에는 나타나지 않는다. 코드를 통해 애니메이터 컴포넌트의 참조를 가져오려 하므로 animator를 인스펙터에 노출할 이유가 없다.

// 3

localCamera에 카메라의 참조를 저장해 놓으면 필요할 때마다 따로 가져오지 않아도 된다.

// 4

조금 뒤에 나올 사분면 계산에 사용할 두 직선의 기울기를 저장한다.

// 5

플레이어가 새총을 발사할 방향을 지정할 때 사용할 열거형이다.

Start()

다음과 같이 Weapon 클래스 전체에서 사용할 변수를 초기화하고 설정하는 Start() 메서드를 추가한다.

```
void Start()
{

// 1
    animator = GetComponent<Animator>();

// 2
    isFiring = false;

// 3
    localCamera = Camera.main;
}
```

// 1

필요할 때마다 가져올 필요가 없게 애니메이터 컴포넌트를 저장해 두는 방식으로 최적화한다.

// 2

isFiring 변수의 초기 값을 false로 설정한다.

// 3

필요할 때마다 가져올 필요가 없게 카메라를 가리키는 참조를 가져와서 저장한다.

Update() 수정

Update() 메서드에 다음 두 줄을 추가한다.

```
void Update()
{
    if (Input.GetMouseButtonDown(0))
    {
// 1
        isFiring = true;
        FireAmmo();
    }

// 2
    UpdateState();
}
```

// 1

왼쪽 마우스 버튼이 눌리면 isFiring 변수를 true로 설정한다. 이 변수는 Update
State() 메서드에서 사용한다.

// 2

UpdateState() 메서드는 사용자가 마우스 버튼을 누르는 것과 무관하게 프레임마다 애
니메이션 상태를 업데이트한다. 이 메서드는 곧 작성할 예정이다.

방향 결정

재생할 애니메이션을 결정하려면 플레이어를 기준으로 사용자가 클릭한 방향을 알아내
야 한다. 사용자가 플레이어의 왼쪽을 클릭했는데 플레이어가 오른쪽으로만 새총을 쏜
다면 이상해 보일 것이다.

사용자가 클릭한 방향을 알아내야 하므로 화면을 상, 하, 좌, 우, 네 개의 사분면으로 나
눈다. 사용자의 클릭 방향은 플레이어를 기준으로 생각해야 하므로 그림 8-35처럼 사

분면의 기준점은 플레이어다.

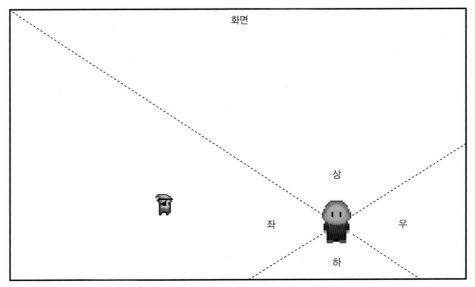

▲그림 8-35 현재 플레이어의 위치를 기준으로 한 네 개의 사분면

사용자가 클릭한 사분면을 확인해서 플레이어가 새총을 발사할 방향이 정해지면 적절한 애니메이션 클립을 재생할 수 있다.

플레이어의 위치를 기준으로 화면을 넷으로 나눈 것까지는 좋았다. 하지만 코드를 통해 사용자가 클릭한 사분면을 알아낼 방법이 필요하다.

고등학교 수학 시간에 배운 일차 함수의 공식을 떠올려보자.

$$y = mx + b,$$

m = 기울기(기울기는 양수 또는 음수일 수 있다)

x와 y는 점의 좌표다.

$b = y$ 절편, 즉 직선과 y축의 교차점이다.

이 공식을 통해 직선 상의 위치를 찾을 수 있다. 그림 8-35를 보면 화면을 넷으로 나누는 두 개의 직선이 있다. 이제 사용자가 화면 위의 특정 위치를 클릭했을 때 클릭한 위치를 기준으로 새로운 두 개의 직선이 만들어진다고 상상해볼 수 있다.

여기에 답이 있다. 마우스 클릭 위치를 기준으로 기울기가 양인 직선이 플레이어를 기준으로 기울기가 양인 직선보다 위에 있는지 아래에 있는지를 바탕으로 사용자가 클릭한 사분면을 알 수 있다. 마찬가지로 마우스를 클릭한 위치를 기준으로 기울기가 음인 직선이 플레이어를 기준으로 기울기가 음인 직선보다 위에 있는지 아래에 있는지 확인해야 한다.

이해를 도와줄 그림 8-36을 보자. 위쪽을 향해 기울어진 직선은 기울기가 양이고, 아래쪽을 향해 기울어진 직선은 기울기가 음이라는 점을 기억하기 바란다.

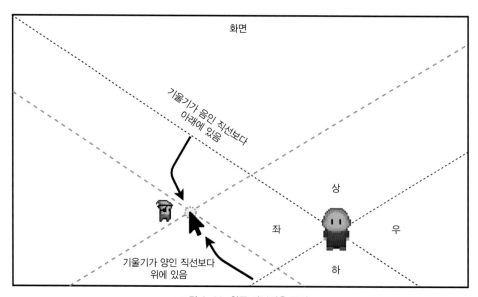

▲ 그림 8-36 왼쪽 사분면을 클릭

기울기가 같은 두 직선은 서로 평행하다.

기울기가 같은 두 직선의 y 절편을 비교하면 위나 아래에 있는 직선을 알 수 있다. 그림

8-36을 보면 마우스 클릭 위치에서 기울기가 음인 직선의 y 절편은 플레이어의 위치에서 기울기가 음인 직선의 y 절편보다 작고, 마우스 클릭 위치에서 기울기가 양인 직선의 y 절편은 플레이어 위치에서 기울기가 양인 직선의 y 절편보다 크다. 따라서 사용자가 왼쪽 사분면을 클릭했다는 뜻이다.

다음과 같은 점을 받아들여야 한다. 플레이어가 정확히 화면 중앙에 서 있다면 두 직선은 화면의 네 꼭짓점을 가로지른다. 플레이어가 씬에서 움직이면 직선도 같이 움직인다. 이때 눈에 보이는 사분면의 크기는 달라지지만, 화면을 나누는 두 직선의 기울기는 바뀌지 않는다. 플레이어의 위치만 바뀔 뿐 화면의 크기는 절대 바뀌지 않으므로 각 직선의 기울기는 일정한 값을 유지한다.

코드를 작성할 땐 y 절편을 비교하기 쉬운 형태로 일차 함수의 공식인 $y = mx + b$를 재구성하려 한다. y 절편을 비교해야 하므로 b를 구해야 한다. 따라서 공식을 다음과 같이 재구성한다.

$$b = y - mx$$

이제 코드를 작성해보자.

기울기 메서드

직선상에 있는 두 점 사이의 기울기를 구하는 기본 공식은 $(y2 - y1) / (x2 - x1) = m$이다. 여기서 m은 기울기다.

풀어쓰면 두 번째 y 좌표에서 첫 번째 y 좌표를 뺀 값을 두 번째 x 좌표에서 첫 번째 x 좌표를 뺀 값으로 나눈다는 뜻이다.

다음과 같이 직선의 기울기를 계산하는 메서드를 Weapon 클래스에 추가한다.

```
float GetSlope(Vector2 pointOne, Vector2 pointTwo)
{
```

```
    return (pointTwo.y - pointOne.y) / (pointTwo.x - pointOne.x);
}
```

기울기 계산

GetSlope( ) 메소드를 실제로 사용해 보자. 다음 코드를 Start( ) 메서드에 추가한다.

```
// 1
Vector2 lowerLeft =
    localCamera.ScreenToWorldPoint(new Vector2(0, 0));
Vector2 upperRight =
    localCamera.ScreenToWorldPoint(new Vector2(Screen.width, Screen.height));
Vector2 upperLeft =
    localCamera.ScreenToWorldPoint(new Vector2(0, Screen.height));
Vector2 lowerRight =
    localCamera.ScreenToWorldPoint(new Vector2(Screen.width, 0));

// 2
positiveSlope = GetSlope(lowerLeft, upperRight);
negativeSlope = GetSlope(upperLeft, lowerRight);
```

// 1

화면의 네 구석을 나타내는 네 개의 벡터를 만든다. 유니티의 화면 좌표계는 인벤토리 바와 체력 바를 만들 때 사용했던 GUI 좌표계와 달리 화면의 왼쪽 아래에서 (0, 0)으로 시작한다.

대입하기 전에 각 위치를 화면 좌표계에서 월드 좌표계로 변환한다. 곧 계산할 기울기 는 플레이어에 적용해야 하기 때문이다. 플레이어는 월드 좌표계를 사용하는 월드 공간 을 돌아다닌다. 앞서 설명했듯이 월드 공간은 크기에 제한이 없는 실제 게임 세계다.

GetSlope( ) 메서드를 사용해서 각 직선의 기울기를 구한다. 하나는 왼쪽 아래에서 오른쪽 위를 잇는 직선이고 다른 하나는 왼쪽 위에서 오른쪽 아래를 잇는 직선이다. 화면의 크기는 변하지 않으므로 기울기도 변하지 않는다. 기울기를 계산해서 변수에 저장해 놓으면 필요할 때마다 다시 계산할 필요가 없다.

y 절편 비교

HigherThanPositiveSlopeLine( ) 메서드는 실제로 마우스를 클릭한 위치가 플레이어를 기준으로 하는 기울기가 양인 직선보다 위에 있는지 비교하는 메서드다. 다음 코드를 Weapon 클래스에 추가한다.

```
bool HigherThanPositiveSlopeLine(Vector2 inputPosition)
{

// 1
    Vector2 playerPosition = gameObject.transform.position;
// 2
    Vector2 mousePosition =
        localCamera.ScreenToWorldPoint(inputPosition);
// 3
    float yIntercept =
        playerPosition.y - (positiveSlope * playerPosition.x);
// 4
    float inputIntercept =
        mousePosition.y - (positiveSlope * mousePosition.x);

// 5
    return inputIntercept > yIntercept;
}
```

// 1

현재 transform.position의 참조를 저장한다. 플레이어 오브젝트에 추가하는 스크립트이므로 이 위치는 결국 플레이어의 위치다.

// 2

마우스 클릭 위치인 inputPosition을 월드 좌표로 변환해서 저장한다.

// 3

$y = mx + b$를 b에 관해 재구성한다. 이렇게 하면 y 절편을 비교하기 쉽다. 이 코드는 결국 $b = y - mx$다.

// 4

재구성한 공식 $b = y - mx$를 사용해서 마우스 입력인 inputPosition을 기준으로 만들어진 기울기가 양인 직선의 y 절편을 구한다.

// 5

마우스 클릭의 y 절편과 플레이어를 기준으로 하는 직선의 y 절편을 비교한다. 마우스 클릭 위치가 더 위면 true를 반환한다.

HigherThanNegativeSlopeLine()

HigherThanNegativeSlopeLine() 메서드는 HigherThanPositiveSlopeLine() 메서드와 비슷하지만 마우스 클릭의 y 절편과 플레이어를 기준으로 기울기가 음인 직선의 y

절편을 비교한다는 차이가 있다. 다음 코드를 Weapon 클래스에 입력한다.

```
bool HigherThanNegativeSlopeLine(Vector2 inputPosition)
{
    Vector2 playerPosition = gameObject.transform.position;
    Vector2 mousePosition =
        localCamera.ScreenToWorldPoint(inputPosition);

    float yIntercept =
        playerPosition.y - (negativeSlope * playerPosition.x);
    float inputIntercept =
        mousePosition.y - (negativeSlope * mousePosition.x);

    return inputIntercept > yIntercept;
}
```

HigherThanNegativeSlopeLine( ) 메서드는 바로 앞에서 만든 메서드와 거의 비슷하므
로 따로 설명하지 않는다.

GetQuadrant( ) 메서드

GetQuadrant( ) 메서드는 방금 작성한 HigherThanPositiveSlopeLine( ), Higher
ThanNegativeSlopeLine( ) 메서드를 사용해서 사용자가 클릭한 사분면을 알아낸 뒤에
Quadrant 열거형으로 반환한다.

```
// 1
Quadrant GetQuadrant()
{

// 2
    bool higherThanPositiveSlopeLine =
        HigherThanPositiveSlopeLine(Input.mousePosition);
    bool higherThanNegativeSlopeLine =
```

```
            HigherThanNegativeSlopeLine(Input.mousePosition);

// 3
    if (!higherThanPositiveSlopeLine &&
        higherThanNegativeSlopeLine)
    {
// 4
        return Quadrant.East;
    }
    else if (!higherThanPositiveSlopeLine &&
        !higherThanNegativeSlopeLine)
    {
        return Quadrant.South;
    }
    else if (higherThanPositiveSlopeLine &&
        !higherThanNegativeSlopeLine)
    {
        return Quadrant.West;
    }
    else
    {
        return Quadrant.North;
    }
}
```

// 1

사용자가 클릭한 사분면을 나타내는 Quadrant 열거형을 반환한다.

// 2

사용자의 클릭 위치가 기울기가 양, 음인 직선보다 위에 있는지 확인한다.

// 3

사용자의 클릭 위치가 기울기가 양인 직선보다 위에 있지 않지만 기울기가 음인 직선보다 위에 있다면 오른쪽 사분면을 클릭했다는 뜻이다. 아직 이해가 안 간다면 다시 그림 8-36을 보기 바란다.

// 4

열거형 값 Quadrant.East를 반환한다.

나머지 if문은 남은 세 사분면을 확인해서 일치하는 Quadrant 값을 반환하는 코드다.

UpdateState() 메서드

UpdateState() 메서드는 플레이어가 새총을 쏘는 중인지 확인하고, 사용자가 클릭한 사분면을 확인해서 블렌드 트리가 올바른 애니메이션 클립을 보여줄 수 있게 애니메이터를 업데이트하는 역할을 한다.

```
void UpdateState()
{
// 1
    if (isFiring)
    {
// 2
        Vector2 quadrantVector;
// 3
        Quadrant quadEnum = GetQuadrant();

// 4
        switch (quadEnum)
        {
// 5
            case Quadrant.East:
                quadrantVector = new Vector2(1.0f, 0.0f);
                break;
```

```
            case Quadrant.South:
                quadrantVector = new Vector2(0.0f, -1.0f);
                break;
            case Quadrant.West:
                quadrantVector = new Vector2(-1.0f, 0.0f);
                break;
            case Quadrant.North:
                quadrantVector = new Vector2(0.0f, 1.0f);
                break;
            default:
                quadrantVector = new Vector2(0.0f, 0.0f);
                break;
        }

// 6
        animator.SetBool("isFiring", true);
// 7
        animator.SetFloat("fireXDir", quadrantVector.x);
        animator.SetFloat("fireYDir", quadrantVector.y);
// 8
        isFiring = false;
    }
    else
    {
// 9
        animator.SetBool("isFiring", false);
    }
}
```

// 1

Update( ) 메서드 안에서 사용자가 마우스 버튼을 클릭했는지 확인하고 클릭했으면
isFiring을 true로 설정했다.

// 2

블렌드 트리로 전달할 값을 저장할 Vector2 변수를 만든다.

// 3

GetQuadrant( )를 통해 사용자가 클릭한 사분면을 알아내서 quadEnum에 저장한다.

// 4

---

switch문으로 사분면을 나타내는 quadEnum을 판별한다.

// 5

---

quadEnum이 East면 값이 (1, 0)인 Vector2를 새로 만들어서 quadrantVector에 대입한다.

// 6

애니메이터의 isFiring 파라미터를 true로 설정해서 새총을 발사하는 블렌드 트리로
전환한다.

// 7

애니메이터의 fireXDir, fireYDir 변수에 사용자가 클릭한 사분면에 해당하는 값을 설
정한다. 이 변수는 새총을 발사하는 블렌드 트리가 가져가서 사용한다.

// 8

---

isFiring을 false로 되돌려 놓는다. 전환의 종료 시간을 1로 설정했으므로 발사 애니
메이션은 완전히 재생을 끝낸 뒤에 멈춘다.

isFiring이 false면 애니메이터의 isFiring 파라미터도 false로 설정한다.

Weapon 스크립트를 저장하고 유니티 에디터로 돌아온다.

재생 버튼을 누르고 씬의 여기저기를 마우스로 클릭하면서 새총을 발사한다. 플레이어가 클릭한 방향으로 새총을 발사하는 애니메이션이 보인 뒤에 대기 상태로 돌아오는지 확인한다.

맞았을 때 깜빡이는 효과

비디오 게임에서 캐릭터가 피해를 볼 때 시각적으로 입은 피해를 알려주는 효과가 있으면 매우 유용하다. 피해를 본 캐릭터를 십 분의 일 초 정도 빨갛게 보여주는 효과를 만들어서 게임의 완성도를 조금 높여보자. 이렇게 깜빡이는 효과는 몇 프레임에 걸쳐 일어나야 하므로 코루틴으로 구현해야 제격이다.

Character 클래스를 열고 아래쪽에 다음 코드를 추가한다.

```
public virtual IEnumerator FlickerCharacter()
{

// 1
    GetComponent<SpriteRenderer>().color = Color.red;

// 2
    yield return new WaitForSeconds(0.1f);

// 3
    GetComponent<SpriteRenderer>().color = Color.white;
}
```

// 1

스프라이트 렌더러 컴포넌트의 color 속성에 Color.red를 대입해서 스프라이트를 빨갛게 물들인다.

// 2

0.1초동안 실행을 양보한다.

// 3

스프라이트 렌더러가 기본적으로 사용하는 틴트 색상은 흰색이다. 스프라이트 렌더러의 틴트 색상을 기본 색상으로 되돌린다.

Player, Enemy 클래스 수정

Player, Enemy 클래스를 열고 각 클래스의 DamageCharacter() 메서드를 다음과 같이 수정한다. DamageCharacter() 메서드 안에 있는 while() 루프의 맨 위에 Start Coroutine 호출을 추가해야 한다.

```
public override IEnumerator DamageCharacter(int damage,
    float interval)
{
    while (true)
    {
// 1
        StartCoroutine(FlickerCharacter());
            //... 기존 코드
```

잠시 캐릭터를 빨간색으로 물들이는 `FlickerCharacter()` 코루틴을 시작한다.

끝났다! **재생** 버튼을 누르고 적에게 새총을 쏴보자. 총알을 맞은 적은 잠시 빨간색으로 깜빡여야 한다. 반대로 적이 플레이어를 따라와서 피해를 주면 플레이어도 잠시 빨간색으로 깜빡여야 한다.

기타 플랫폼용 빌드

이제 유니티 에디터를 벗어나 다양한 플랫폼에서 게임을 실행할 수 있게 빌드하는 방법을 배워보자.

파일 메뉴로 가서 빌드 설정을 선택한다. 그림 8–37처럼 빌드 설정 화면이 나타나야 한다.

▲ 그림 8-37 빌드 설정 화면

빌드 설정 화면을 통해 타깃 플랫폼을 선택하고, 몇몇 설정을 변경하고, 빌드에 포함할 씬을 선택한 뒤에 빌드할 수 있다. 여러 개의 씬으로 이뤄진 게임이라면 **열린 씬 추가** 버튼을 클릭하고 필요한 씬을 추가해야 한다.

그림 8-37에서 선택한 타깃 플랫폼은 Mac OS X지만, PC에서 작업 중이면 타깃 플랫폼은 Windows일 것이다.

빌드 버튼을 누른 뒤에 바이너리를 저장할 이름과 위치를 입력하고 Save 버튼을 누르면 유니티가 빌드를 만들기 시작한다. 빌드가 끝나면 빌드 결과를 알려준다.

게임을 실행하려면 빌드를 저장한 위치로 가서 아이콘을 더블 클릭한다.

게임 종료

모든 일에는 끝이 있는 법이고, 사용자가 게임을 끝내고 싶을 때도 있다. 이제 사용자가 Esc 키를 눌러서 게임을 끝낼 수 있는 기능을 만드는 방법을 배워보자.

게임 종료 기능은 유니티 에디터에서 게임을 실행할 때는 작동하지 않는다. 게임을 에디터 밖에서 실행할 수 있게 빌드해야만 작동한다는 뜻이다.

RPGGameManager 클래스를 열고 다음 코드를 추가한다.

```
void Update()
{
    if (Input.GetKey("escape"))
    {
        Application.Quit();
    }
}
```

Update( ) 메서드는 프레임마다 사용자가 Esc 키를 눌렀는지 확인하고 애플리케이션을 종료한다.

요약

8장을 통해 상당히 많은 내용을 설명했다. 코루틴을 사용해서 플레이어를 추적하는 인공지능을 만들었고 그렇게 사용자에게 첫 번째 시련을 안겨줬다. 이제 플레이어가 죽을 위험이 있으므로 스스로 방어할 수 있게 적에게 총알을 쏠 수 있는 새총을 만들었다. 새총 기능은 폭넓게 쓰이는 최적화 기법인 오브젝트 풀링을 사용한다. 그리고 고등학교 수준의 삼각함수를 사용해서 총알의 탄도가 포물선을 그리게 했다. 블렌드 트리를 배웠고 블렌드 트리로 게임 구조의 체계화를 돕는 방법과 나중에 더 많은 애니메이션을 추가할 때를 대비해서 상태 머신을 간소화하는 방법을 배웠다. 또 유니티를 벗어나 PC나 맥에서 실행할 수 있는 게임을 아주 간단하게 빌드하는 방법도 배웠다.

이제 게임을 수정하고 싶거나 좋은 개선 아이디어가 떠오르면 직접 처리할 수 있다. 실험하고, 분석하고, 스크립트를 다뤄보고, 문서를 읽고, 다른 개발자의 코드를 살펴보면서 배움을 이어가야 한다. 만들 수 있는 게임의 한계는 쏟아붓는 열정에 따라 달라진다.

앞으로 할 일

앞으로 계속해서 게임 개발 지식을 넓히고 더 좋은 게임을 만들려면 어떻게 해야 할지 궁금할 수 있다. 게임 개발 커뮤니티는 매우 훌륭한 출발점이다.

커뮤니티

태어날 때부터 전문가인 사람은 없다. 더 나은 개발자로 성장하는 비결은 경험이 많은 개발자에게 배우는 거다. 스스로 자신이 최고의 개발자라 생각하며 만족하고 싶지 않다면 배울 점이 있는 훌륭한 개발자를 찾아 나서야 한다.

밋업(Meetup.com)은 매달 게임 개발자 모임을 찾아볼 수 있는 멋진 사이트다. 또 밋업에는 공식 유니티 사용자 그룹도 있다. 자신이 살고 있는 도시에 유니티 밋업이 있는데 몰랐을 수도 있다. 공식 유니티 사용자 그룹은 전 세계에 퍼져 있다. 자신의 지역에 유니티 밋업이 없다면 직접 시작해보는 것도 생각해보기 바란다.

디스코드Discord는 게이머 전용 음성, 텍스트 채팅 애플리케이션이다. 또 온라인 상으로 개발자를 만날 수 있는 멋진 곳이기도 하다. 디스코드 커뮤니티를 통해 질문에 답을 구할 수 있을 뿐만 아니라 커뮤니티의 다른 개발자와 유익한 정보를 나눌 수 있다. 자신의 게임 전용 디스코드 서버를 만들어서 피드백과 버그 리포트를 수집하고 사전 빌드를 배포하는 게임 개발자도 있다.

커뮤니티를 이야기하면서 트위터를 빼놓을 수는 없다. 트위터는 다른 유니티 개발자와의 교류는 물론 입소문을 퍼뜨리고 게임을 홍보하는데 유용할 수 있다.

레딧(reddit.com)에는 게임 개발자에게 유익한 /r/unity2d와 /r/gamedev라는 두 개의 서브레딧이 있다. 이 서브레딧은 다른 열정적인 개발자와 의견을 나눌 수 있을 뿐만 아니라 데모 버전을 올리고 피드백을 얻을 수 있는 멋진 곳이다. 또 /r/gamedev 서브레딧은 자체적으로 디스코드 서버를 운영하고 있다.

추가 학습

유니티는 https://unity.com/kr/learn이라는 자체 학습 사이트에 다양한 교육 콘텐츠를 자주 올리고 있다. 완전 초보부터 고급 개발자까지 아우르는 폭넓은 콘텐츠가 있으니 반드시 확인해야 한다.

https://80.lv에는 게임 개발자가 흥미를 느낄만한 다양한 주제의 멋진 글이 많다. 유니티에 한정된 글도 있고 더 일반적인 기법을 다루는 글도 있다.

콘텐츠의 품질이 천차만별이긴 하지만 유튜브도 새로운 기술을 배울 때 유용할 수 있다. 지난 유니티 컨퍼런스에 관한 다양한 이야기도 쉽게 찾아볼 수 있다.

도움을 구할 곳

누구나 풀지 못할 듯한 문제를 마주할 때가 있다. 그럴 때를 대비해서 알아두면 좋을 만한 사이트 몇 곳을 소개한다.

유니티 앤서즈(https://answers.unity.com)는 긴 토론이 아닌 질문과 답변을 나눌 수 있는 유용한 사이트다.

유니티 포럼(https://forum.unity.com)은 유니티 직원과 수많은 게임 개발자가 자주 방문하는 활기찬 게시판이다. 포럼을 통해 단순한 Q&A를 뛰어넘는 다양한 주제를 논의할 수 있다. "최적화 기법"같은 주제에 관한 유익한 논의는 유니티 앤서와 비교할 수 없을 정도로 엄청나게 많이 찾아볼 수 있다.

마지막으로 Q&A 웹사이트 네트워크인 스택 익스체인지의 https://gamedev. stackexchange.com을 소개한다. 다른 유니티 사이트처럼 활발하진 않지만, 문제가 생겼을 때 확실히 찾아볼 가치가 있다.

게임잼

게임잼Game Jams은 비디오 게임 제작 해커톤이다. 대개 게임잼은 압박을 통해 참가자가 창의력을 끌어올려 게임 제작에만 집중할 수 있게 48시간 같은 시간 제한을 둔다. 게임잼에는 아티스트, 프로그램, 기획자, 사운드 디자이너, 작가 등 모든 분야의 참가자가 필요하다. 게임잼에 특별한 주제가 있을 때도 있다. 대개 주제는 시작 전까지 비밀에 부쳐진다.

게임잼은 다른 게임 개발자를 만나고, 자신을 몰아붙이고, 지식을 넓히고, 게임을 완성할 희망을 가져 볼 환상적인 기회일 수 있다. 글로벌 게임잼(https://globalgamejam.org)은 매년 전 세계의 다양한 사이트와 수백 명의 참가자가 함께하는 세계적인 게임잼이다. 루둠 데어(https://ldjam.com)는 넉 달에 한 번씩 주말 동안 열리는 게임잼이다. 둘 다멋진 게임을 보고 싶거나 만들고 싶다면 참가하기 좋은 게임잼이다. 그 밖에 온라인 게임잼으로는 이치아이오(https://itch.io) 잼이 있다.

새로운 소식과 기사

가마수트라(Gamasutra.com)는 게임 소식, 구인·구직, 게임 업계 이야기에 관한 대표적인 소식통이다. 또 인디게임 소식, 리뷰, 인디게임 개발자 인터뷰를 볼 수 있는 indiegamesplus.com도 멋진 사이트다.

게임과 에셋

1장에서 언급했듯이 유니티 에셋 스토어에는 무수히 많은 게임 에셋과 모델, 스크립트, 텍스처, 셰이더가 유료 또는 무료로 올라와 있다. 단 스토어에서 구한 에셋에 지나치게 의존해서 게임을 만들면 "비슷비슷한 게임"이라는 비평을 피할 수 없다는 점을 알고 있어야 한다.

이치아이오(itch.io)는 인디 게임과 에셋을 공개할 수 있는 유명한 커뮤니티다. 이치아이오를 통해 직접 만든 게임을 올리거나, 무료로 다른 인디 게임을 플레이하거나, 게임을 구매해서 다른 개발자를 후원할 수 있다. 또 이치아이오는 게임에 사용할 아트나 사운드 에셋을 구매하기도 좋은 곳이다. 게임졸트(Gamejolt.com)는 이치아이오와 비슷하지만, 전적으로 인디 게임에만 초점을 맞추고 있으며 에셋은 취급하지 않는다.

OpenGameArt.org는 사용자가 올린 게임 아트를 어마어마하게 많이 보유하고 있다. 게임 아트마다 따르는 라이선스도 매우 다양하다.

마치며

지금까지 이 긴 여정을 함께 해왔다면 수백 페이지의 프로그래밍 책을 읽을 끈기가 있다는 뜻이다. 이런 끈기는 게임 프로그래밍에 큰 도움을 준다. 게임 프로그래밍의 기초를 가르치는 책과 예제는 넘칠 정도로 많지만, 정말 독특하고 재미있는 게임은 학습만으로는 배울 수 없는 요소를 통해 만들어질 때가 많기 때문이다. 흥미롭고 재미있는 게임을 만들기는 매우 어렵다. 하지만 그만큼 보람 있고 창의적인 모험은 찾아보기 어렵다. 더 나은 게임 프로그래머로 성장하려면 게임 개발을 멈추지 않아야 한다는 점을 잊지 말아야 한다. 게임 개발은 다른 학문과 마찬가지다. 꾸준히 연습하다가 어느 날 뒤를 돌아보면 스스로 깜짝 놀랄 만큼 발전한 자신과 마주할 것이다.

찾아보기

유니티 2D 게임 개발

유니티와 C#으로 시작하는 인디 게임 개발

발 행 ┃ 2020년 4월 29일

지은이 ┃ 재레드 할펀
옮긴이 ┃ 김 홍 중

펴낸이 ┃ 권 성 준
편집장 ┃ 황 영 주
편 집 ┃ 조 유 나
          조 경 빈
디자인 ┃ 윤 서 빈

에이콘출판주식회사
서울특별시 양천구 국회대로 287 (목동)
전화 02-2653-7600, 팩스 02-2653-0433
www.acornpub.co.kr / editor@acornpub.co.kr

한국어판 ⓒ 에이콘출판주식회사, 2020, Printed in Korea.
ISBN 979-11-6175-413-0
http://www.acornpub.co.kr/book/2d-unity-game

이 도서의 국립중앙도서관 출판시도서목록(CIP)은 서지정보유통지원시스템 홈페이지(http://seoji.nl.go.kr)와
국가자료공동목록시스템(http://www.nl.go.kr/kolisnet)에서 이용하실 수 있습니다.(CIP제어번호: CIP2020015380)

책값은 뒤표지에 있습니다.